Penny Lewis

Schöpferische Prozesse

Penny Lewis

Schöpferische Prozesse

Kunst in der therapeutischen Praxis

Walter Verlag Zürich und Düsseldorf

Titel der amerikanischen Originalausgabe:
Creative Transformation
The Healing Power of the Arts
Copyright © der amerikanischen Ausgabe 1993 by Chiron Publications,
Wilmette, Illinois

Übertragung aus dem Amerikanischen: Sieglinde Denzel und Susanne Naumann

*Für meine Studenten und Patienten,
die durch ihre Transformationserfahrungen zu meinen Lehrern wurden.*

Die Deutsche Bibliothek – CIP-Einheitsaufnahme

Lewis, Penny:
Schöpferische Prozesse : Kunst in der therapeutischen Praxis / Penny Lewis. [Übertr. aus dem Amerikan.: Sieglinde Denzel und Susanne Naumann]. – Zürich ; Düsseldorf : Walter, 1999
  Einheitssacht.: Creative transformation <dt.>
  ISBN 3-530-40057-2

Abbildungen: soweit nicht anders vermerkt, in Privatbesitz

© 1999 Walter Verlag, Zürich / Düsseldorf
Alle Rechte, einschließlich derjenigen des auszugsweisen Abdrucks sowie der fotomechanischen und elektronischen Wiedergabe, vorbehalten.
Satz: Josefine Urban – KompetenzCenter, Düsseldorf
Druck und Bindearbeiten: Wiener Verlag, Himberg
ISBN 3-530-40057-2

Inhalt

Vorwort 9

Teil I Der Tanz zwischen dem Bewußten und
dem Unbewußten
Der Transformationsprozeß im imaginativen Raum

Kapitel 1 Einführung 15

Kapitel 2 Die Gefäße des imaginativen Raums 18
Die Ausdruckskünste als Gefäße der Transformation – Der Körper des Patienten als Gefäß der Transformation – Der Körper des Therapeuten als Gefäß der Transformation – Das Gefäß des bipersonalen Feldes zwischen Patient und Therapeut – Die Gruppe als Gefäß der Transformation – Zusammenfassung

Kapitel 3 Indikationen für die therapeutische Wahl
künstlerischer Ausdrucksmittel 47
Das Medium der Kunst und die innere psychische Struktur – Der Einfluß des Entwicklungsstadiums auf die Wahl des künstlerischen Mediums – Zusammenfassung

Teil II Dichterische Gestaltung von Lebensdramen
Die Phasen menschlicher Entwicklung und der Prozeß
der Transformation

Kapitel 4   Die Ontogenese und der
therapeutische Prozeß   65
Einführung – Das Bewußtwerden – Der Transformationsprozeß – Die Bereitschaft zur schöpferischen Leere – Der Sucher

Kapitel 5   Das undifferenzierte Archetypische und die
symbiotische Phase   75
*Die Geburt und das undifferenzierte Archetypische
– Die Schlange als Geburtshelferin – Symbiose und
Vertrauen – Zusammenfassung*

Kapitel 6   Die Phase der Loslösung und Individuation,
Grenzziehung und Autonomie   101
*Die Subphase der Differenzierung – Die Subphasen der Übung und der Wiederannäherung –
Zusammenfassung*

Kapitel 7   Selbst- und Objektkonstanz: Bewahrung des
inneren Kindes, Initiative und Kreativität
in der chthonischen Phase   151
*Selbst- und Objektkonstanz – Chthonische Phase
und Kreativität – Zusammenfassung*

Kapitel 8   Die magisch-kriegerische und die
magisch-schöpferische Phase   175
Die magisch-kriegerische Phase – Die magisch-schöpferische Phase – Zusammenfassung

Kapitel 9   Latenz und Übergangsriten von der Pubertät
in die Adoleszenz   198
*Latenz, Leistung und Geschlechtsgruppenzugehörigkeit – Pubertätsriten – Absonderung, Übergang
und Wiederaufnahme – Die lunar-zyklische Phase
– Die solar-kriegerische Phase – Adoleszenz –
Zusammenfassung*

Kapitel 10	Die Suche nach dem Heiligen Gral	219
	Die Entwicklung des Schattens – Coniunctio – Tod und Abstieg – Aufstieg, Auferstehung und Wiedergeburt	
Kapitel 11	Die Ich-Selbst-Achse und der Stand der Gnade	261

Teil III	**Das Hohelied**
Kapitel 12	Nachwort 269
	Bibliographie 275
	Register 281

Vorwort

Es war der langerwartete Morgen, an dem ich mit dem Schreiben dieses Buches beginnen wollte, eines Buches, das über Jahre hinweg in meinen Gedanken Gestalt angenommen hatte. Ich hatte mich von der Unterrichtsarbeit freigemacht und über einen längeren Zeitraum weniger Patienten angenommen, um mir einen Freiraum für diese Arbeit zu schaffen. Ein wunderschöner Julitag dämmerte herauf, aber es gelang mir nicht, in ein klares Wachbewußtsein vorzudringen und aufzustehen. Widerwillig gab ich dem Drängen meines Unbewußten nach, das mir eindeutig etwas sagen wollte, bevor ich mit der Arbeit begann.

Ich glitt in einen Traum. In dem Traum rodeten Männer weite Flächen der Amazonasregion. Riesige sauerstoffspendende Bäume wurden gefällt, nur um irgendeinen scheußlichen Supermarkt zu bauen. Ich sah in ohnmächtiger Trauer zu. Plötzlich bemerkte ich, wie eine Schar Indianerkinder aus dem Dschungel huschte. Sie streiften Blätter von den Bäumen und häuften sie vor einem der Bulldozer auf. Ein spitzbübisches Grinsen lag auf ihren Gesichtern. Sie machten den Eindruck, als seien sie nie zuvor mit den Auswirkungen der sogenannten Zivilisation in Berührung gekommen. Ich fragte mich, was sie da taten. Immerhin wurde hier gerade ihre Heimat dem Erdboden gleichgemacht. Was sollte da dieser scheinbar sinnlose Akt?

Die Planierraupe setzte sich in Richtung auf den Blätterhaufen in Bewegung. Der Luftstoß, den die Maschine verursachte, wirbelte die Blätter hoch und saugte sie in den Motor ein. Der Motor hustete und erstarb. An dieser Stelle begriff mein Traum-Ich. Diese Kinder wehrten sich gegen die Zerstörung ihrer Heimat, der Natur und des ganzen Planeten. Mit ihrer kreativen

Phantasie brachten sie etwas fertig, was keine internationale Lobby fertigbringen konnte.

Es war für mich innerlich keine Frage, auf welche Seite ich mich stellen würde. Die ganze Logik der Männer, die den Göttern der Macht, der Industrie und des Geldes huldigten, wurde durch den Einfallsreichtum dieser Kinder ad absurdum geführt, die aus der spielerischen Improvisation heraus Macht über sie gewannen. Ihre Stärke und ihr Wissen stammten aus einer völlig anderen Quelle: aus dem Leben in Harmonie mit der Natur der Dinge. Sie hatten aus Erfahrung gelernt und immer mit dem Tao gelebt.

Dieser Traum wollte mir nicht etwa sagen, daß ich Umweltschützerin bin, daß ich mir große Sorgen um das Weiterbestehen unseres Planeten mache und daß die Menschen, die unsere Welt durch Verschmutzung, Kriege und ökonomische Gier zugrunde richten, nicht mehr im Gleichgewicht mit der Natur, dem inneren Kind und dem Weiblichen sind. All das weiß ich bereits. Was der Traum mir ins Gedächtnis rief, betraf das Wesen des vorliegenden Buches selbst: daß es nämlich darauf ankommt, den kreativen, *imaginativen Raum* (imaginal realm) in uns wertzuschätzen, unser inneres Amazonien, das unser «zivilisiertes» Bewußtsein mit lebensspendendem Sauerstoff versorgt.

Die alte freudianische Schule befürwortete traditionell die ständige Ausdehnung des Ich-Bereichs in den Bereich des Unbewußten hinein. Wenn es nur einen Dschungel, einen Urwald oder Ozean des Unbewußten gäbe, ohne ein Ich, das zwischen den inneren und äußeren Instanzen vermittelt, würde sich darin in der Tat ein Ungleichgewicht spiegeln, wie es uns in der Psychose und anderen schweren Störungen begegnet. Ich glaube aber, daß der alte Gedanke, das Unbewußte langsam zu planieren, äußerst gefährlich ist, sowohl für den einzelnen als auch für die ganze Welt. Meiner Ansicht nach entstand dieses Modell aus einer Sicht des Unbewußten, in der dieser Bereich gleichsam als eine Art Schuttabladeplatz betrachtet wurde, eine Müllhalde für unterdrückte, schmerzlich-traumatische Beziehungen und abgespaltete Teile des Selbst, die nicht akzeptierbar waren. Die Anhänger der Psychologie C. G. Jungs und andere gehen dagegen davon aus, daß noch eine tiefere Schicht des Unbewußten existiert, die uns mit der ganzen Menschheit, den natürlichen Zyklen und dem Universum verbindet. Ohne diese Verbindung werden wir ganz sicher sterben. Der Wert des Materiellen, des Herrschaftsbereichs des Dollars, scheint auf manche Menschen mehr Macht auszuüben als die Sorge um die Umwelt, die Selbstbestimmung über den eigenen Körper (man denke an die Diskussion über Abtreibung und Euthanasie) und die tiefere Bedeutung der Seele. Diese Leute klammern sich verbissen an das Rationale und Empirische, häufen mehr und mehr materielle Güter an und begreifen nicht, warum es nie genug ist. Sie leben ohne einen echten Sinn im Leben, sie leben in einer Wüste. Ihre Bäuche sind voll, aber ihre Seelen hungern. Alles Innen und Außen trocknet für sie aus, genauso wie die geplünderte Amazonasregion in wenigen Jahren zu einer trockenen Einöde werden wird, wenn sie all ihrer natürlichen Reichtümer beraubt ist.

Ich glaube, daß es ungeheuer wichtig ist, seine eigenen kleinen Eingeborenenkinder zu kennen, die im Unbewußten zu Hause sind, denn sie können durch das schöpferische Spiel Dinge zurechtrücken, wenn das Ich seine Verbindung zum Tao oder zur Harmonie des Lebens verliert.

Mir ist außerdem klar, daß das vorliegende Buch, wenn nicht diese meine kleinen Gefährten beim Schreiben mitwirken, austrocknen könnte wie eine Wüste, und daß die Reichtümer des Unbewußten von einem übereifrigen Ich dem Erdboden gleichgemacht werden könnten.

Ich möchte meine Leserinnen und Leser deshalb ermutigen, das, was schöpferisch und «eingeboren» in ihnen ist, in die Beschäftigung mit diesem Buch einfließen zu lassen. Wenn das geschieht, dann kann es vielleicht ein wenig dazu beitragen, ein stärkeres Gleichgewicht zwischen analytischem Denken und imaginativen Prozessen in uns selbst und in den anderen, mit denen wir interagieren, und schließlich in unserem Umgang mit unserem Planeten zu schaffen.

Teil I

Der Tanz zwischen dem Bewußten und dem Unbewußten

Der Transformationsprozeß im imaginativen Raum

Kapitel 1

Einführung

Der Tanz zwischen dem Bewußten und dem Unbewußten wird auf der magischen Bühne des imaginativen Raums choreographiert. Hier spielen Kinder und werden Heldinnen und Helden in spontanen, schöpferischen Dramen lebendig. Hier leben die Träume, die sich in unser Wachbewußtsein drängen, um uns von unserem fehlgeleiteten Denken und Tun abzubringen. Hier haben alle schöpferischen Künste ihren Ursprung: Malerei, Bildhauerei, Gesang, Tanz, Schauspiel, Komposition, Dichtung. Hier entspringen neue Ideen und intuitive Erkenntnisse. Hier findet das Unbewußte einer Kultur seinen Ausdruck in Mythen, Märchen und Göttersagen. Hier hat auch unsere persönliche Geschichte ihren Sitz, jene emotionalen Muster unserer Kindheit und der frühen Beziehungen zu unseren ersten Bezugspersonen, die unser gegenwärtiges Leben beeinflussen, indem sie den Augenblick verformen und die Vergangenheit in einem imaginären Drama immer wieder neu erstehen lassen, ohne daß wir uns dessen bewußt sind.

In diesem Übergangsraum ist alles enthalten, was uns an Wachstum und Ganzwerdung hindert, aber auch alles, was uns dabei helfen kann, unsere Wunden zu heilen, ein Gleichgewicht zu finden, innere Beziehungen zu transformieren und unseren ganz eigenen, einzigartigen Lebensweg zu gehen.

In früheren Zeiten hielten die Gesellschaften bestimmte Gefäße für die Erfahrung des imaginativen Raums in Gestalt von Ritualen, Gemeinschaftsfeiern und Übergangsriten bereit. Viele dieser Rituale werden heute nicht mehr praktiziert, und noch mehr haben das Mysterium verloren, das sie einst umgab. Ich glaube, daß dies zum Teil auf ein Ungleichgewicht zwischen dem

Rationalen und dem Imaginativen in unserer modernen Welt zurückzuführen ist.

Die Selbsthilfebücher, mit denen der Markt überschwemmt ist, konzentrieren sich in der Regel stärker auf den einzelnen als auf die Gemeinschaft und verstärken dadurch letztlich die alte, patriarchalische Weltsicht. Mir geht es dagegen eher darum, auf dem Hintergrund eines Bezugsrahmens zu arbeiten, in dem sich das Selbst in Beziehung erlebt. Da die meisten Verletzungen und Spaltungen in der Psyche eines Menschen im Rahmen der Beziehung zu einem *signifikanten anderen* (significant other) auftreten, können sie nicht in Isolation, d. h. durch das Lesen eines Buches, geheilt werden (Surrey 1985, Miller 1984). Dazu bedarf es vielmehr wiederum einer Beziehung.

Dieser Bezugsrahmen des sich in Beziehung erlebenden Selbst (self-in-relation frame) braucht ein «Gefäß», in dem das Erleben des imaginativen Raumes möglich wird. Dieses Gefäß ist ein heiliger Ort, ein *temenos*. In neuerer Zeit sind die traditionellen spirituellen Gefäße, die die institutionalisierten Religionen anboten, zu sinnentleerten Hohlräumen geworden. Der Schatten des Geldes und der Macht, der die Kirche oder den Tempel zu einem weltlichen Ort macht, hat sich ihrer in einem Maße bemächtigt, daß viele Menschen sich von den entweihten Heiligtümern abwandten. Wo aber finden wir heilige Orte, Gefäße für den imaginativen Raum, in denen wir Beziehung in einer Form erleben, die uns helfen kann, die Spaltung in uns zu heilen?

Bei der therapeutischen Arbeit mit Kindern, die die Fähigkeit zu spielen noch nicht verloren haben, ist der Weg zum symbolischen Bereich noch unverstellt. Anders sieht es meist bei Erwachsenen aus. Jung stellte fest, daß die Träume seiner Analysanden eine Tür zu diesem Übergangsbereich aufstießen, doch es gibt immer auch Patienten, deren Abwehrmechanismen den Zugang zu diesen nächtlichen Besuchern und Botschaften blockieren. Immer mehr Therapeutinnen und Therapeuten suchen deshalb nach anderen Wegen zum und aus dem *mundus imaginalis* im therapeutischen Prozeß. Hier kann das schöpferische Medium der Kunst eine wichtige Rolle spielen. Die verschiedenen Kunstformen stellen Vehikel für den Zugang zu früheren traumatischen Ereignissen und Beziehungen dar und bieten die Möglichkeit, diese nochmals zu durchleben. Zugleich wirken sie aber auch als ein Medium der Heilung und Transformation. Die Ausdruckskünste erlauben darüber hinaus einen individuellen Zugang zum tieferen Sinn des Daseins, zu einem Gefühl der Verbundenheit mit der ganzen Menschheit und dem Göttlichen, indem sie die Phasen und Übergangsriten des Lebens im archetypischen Raum durchschreiten.

Von diesen heilmachenden Reisen handelt das vorliegende Buch. Ganz besonders handelt es davon, wie Therapeuten und Patienten die verschiedenen Kunstformen auf jeder Lebensstufe im imaginativen Raum einsetzen können.

Tabelle 1.1   Das Rationale versus das Imaginative

Rational	Imaginativ
analytisch/reduktiv	kreativ
individuell	gemeinschaftsbezogen
Logos	Eros
von Menschen gemacht	natürlich
linear	zyklisch
männlich	weiblich
empirisch	magisch/mythisch
bewußte Realität	imaginativer Raum
yang – aktiv	yin – empfangend
Ratio	Intuition
Zeit als etwas Quantitatives	Zeit als etwas Qualitatives
eindringend	umschließend
alchemistischer Sol	alchemistische Luna
linke Gehirnhälfte	rechte Gehirnhälfte

Kapitel 2
Die Gefäße des imaginativen Raums

Lassen Sie es mich noch einmal wiederholen: Die Choreographie des Tanzes zwischen dem Bewußten und dem Unbewußten spielt sich im Übergangsbereich des imaginativen Raumes ab. Kunsttherapeuten wissen schon lange, daß die Transformation zur Ganzheit nur durch Erfahrungen in diesem symbolischen Bereich geschehen kann. Als Träger fungieren dabei die Medien der Ausdruckskünste, der Körper des Patienten und der des Therapeuten, die als Gefäße für die somatische Gegenübertragung und das bipersonale Feld zwischen Patient und Therapeut oder innerhalb einer Gruppe dienen. Sie bilden jenen liminalen Raum, in dem sich Heilung vollziehen kann.

Dieser zugleich reale und unwirkliche Raum ist das therapeutische Arbeitsfeld der Tiefenpsychologie (Winnicott 1979, Lewis Bernstein und Singer 1983). Da stampfen eine Patientin und ich zum Beispiel in meinem Arbeitszimmer herum, hocken uns immer wieder hin und knurren uns an. Wir wissen beide, daß wir nicht etwa in irgendeinen animalischen Urzustand zurückgefallen sind – vielmehr macht hier das innere, bisher unterdrückte, wütende zweijährige Ich die Erfahrung, daß seine instinktive Selbstbehauptung endlich zum Ausdruck kommen darf und von einem Gegenüber gespiegelt wird. Im Spiel schlüpft sie in einen abgespaltenen Teil ihrer selbst, der nicht gelebt werden durfte, als sie ein kleines Kind war, und erobert ihn so zurück.

Unsere Patienten sind sicherlich nicht die ersten, die die transformierende Kraft des liminalen Raumes erleben. Die Anfänge dieses Phänomens wurden schon von Menschen des Paläolithikums vor dreißigtausend Jahren an die Höhlenwände gemalt. In der schamanischen Tradition fanden die Menschen ein Bindeglied zur Welt des Numinosen, in der jeder imaginierte Geist, sei es nun ein Vorfahr, ein Tier oder ein Phantasiewesen, den Heilungsprozeß fördern konnte.

Die Schamanen, die bei bei ihrer Initiation uralte, geheimnisvolle Riten durchliefen, wußten wohl, daß sie nicht wirklich das Sterben oder Geborenwerden aus dem Leib der Großen Mutter tanzten, doch tief in ihnen, wo Demut und Ehrfurcht wohnten, wurde dieses Erlebnis zu einer umfassenden Wahrheit.

Therapeuten, die mit dem Medium der Künste arbeiten, wissen wie ihre früheren schamanischen Pendants, daß Heilung und Transformation nur durch das Erleben des symbolischen, imaginativen Raumes möglich sind.

Diese Erfahrung kann jedoch nicht durch das Erlernen einer Technik vermittelt werden. Man kann zum Beispiel nicht erwarten, daß ein Patient, der bisher unfähig war, einen eigenen Standpunkt in seinem Leben einzunehmen, dies durch wiederholtes Rollenspiel oder die Bewegungsübungen eines Assertiveness-Trainings lernen kann. Eine solche naive, reduktionistische Sichtweise setzt voraus, daß ein Verhaltensmuster einfach von einem anderen überlagert oder durch ein anderes ersetzt werden kann. Um den Gedanken der Transformation in der Psychotherapie zu verstehen, ist es nötig, das flüchtige Phänomen des Übergangsbereiches oder intermediären Raumes (Winnicott 1979) und der Liminalität im rituellen Prozeß (Turner 1989) zu erhellen.

Winnicotts *intermediärer Raum* (transitional space) in der Analyse und die *liminale Phase* (liminal phase) in der rituellen Heilung haben ein gemeinsames Erlebniselement. In beiden Fällen erlebt das Individuum den Augenblick in einem Bereich, der zwischen Realität und Unbewußtem liegt und dem kindlichen Phantasiespiel verwandt ist. Die meisten Menschen haben als Kinder Phantasiespiele gespielt und dabei alle möglichen Charaktere dargestellt. Sie wußten natürlich, daß sie nicht wirklich diese oder jene Person waren. Trotzdem war es eine bereichernde Erfahrung für sie, diese Person mit jeder Faser des Körpers zu sein, so daß ihr Bewußtsein frei war, alle relevanten Attribute dieser Archetypen einzusetzen.

Therapeuten, die ihr Behandlungszimmer als *temenos* begreifen, als Gefäß für diesen Tanz zwischen den Sphären, und selbst in ständiger Verbindung mit diesem liminalen Bereich von Körperbild und imaginativer Kreativität sind, können diesen Raum bei ihren Patienten konstellieren und seine Herausbildung fördern. Kostüme, Stoffpuppen, Kissen, Fallschirme, Schaumstoffbälle, Musik, Rhythmus, Sandspielfiguren, Körperstellungen, räumliche Distanzen, Ton, Papier, Malerei usw. – all dies kann mit symbolischer Bedeutung aufgeladen werden.

Ein Beispiel dafür, wie äußere Objekte eine ganz bestimmte Bedeutung erhalten können, ist das Verhalten eines anorektischen Mädchens. Während wir synchron zueinander tanzten, hob sie immer wieder Fäden auf, die aus meinem Fransenschal fielen. Sie legte die Fäden in das Nest, das ich für den kleinen Keramikvogel zurechtgemacht hatte, den sie zu einer früheren Sitzung mitgebracht hatte. Dann fügte sie einem kleinen Sandbild, das sie gestaltet hatte, noch etwas mehr Sand hinzu. Ihre Augen begegneten dabei den meinen in einem kurzen, bedeutungsschweren Blick, dann fuhren wir fort, miteinander zu tanzen und zu singen. Sie und ich bauten so zusammen ein Nest, das hoffentlich ein bergendes Gefäß für ihr vogelartiges Selbst werden konnte, das solche Angst davor hatte, irgendwelche Erdenschwere anzunehmen. Sandkorn für Sandkorn gaben wir dabei der Selbstsicherheit, die sie brauchte, auf symbolische Weise mehr Gewicht.

Eine andere Patientin formte drei winzige Figürchen, die Aspekte von ihr selbst und von mir darstellten. Ich stellte sie auf den Kaminsims in meinem Arbeitszimmer. Jede Woche zu Beginn der Sitzung arrangierte sie die Figürchen in einem bestimmten räumlichen Verhältnis zueinander, um damit den momentanen Stand der Selbst-Objekt-Choreographie deutlich zu machen. Ich betrachtete diese wichtige Information als ikonische Darstellung des bipersonalen Dramas im therapeutischen Prozeß *(siehe Abb. 2.1)*.

Abb. 2.1   Skulpturen des Selbst und des anderen.

In diesem besonderen Raum können die Körper der Patienten und ihre Bewegungen zu Gefäßen der Personifikation jener fernen Regionen des Inneren werden, in denen Mythen und Märchen entstehen, und zu Vehikeln für die Reise dorthin. Der Therapeut kann dabei durch somatische Gegenübertragung auf imaginativem Wege abgespaltene Teile wieder anfügen, die gesunde Entwicklung des kindlichen Selbst des Patienten nähren und fördern oder negative Komplexe entgiften und heilen (Schwartz-Salant 1983–1984; Schwartz-Salant und Stein 1984).

Viele meiner Patienten, die tiefe innere Verletzungen mit sich herumtrugen, haben das Risiko der Verkörperung ihres abgespaltenen, sogenannten «bösen» Selbst auf sich genommen. Es handelt sich dabei um Teile von ihnen, die von ihren Eltern nicht akzeptiert wurden. Manche Eltern gestatten ihren Kindern nicht, Ärger und Wut zu zeigen; andere wollen nicht, daß die Kinder Bedürfnisse haben, indem sie ihnen einreden, daß sie selbstsüchtig seien, und ihnen solche Schuldgefühle machen, daß sie sich entweder nur noch um den Elternteil kümmern oder im wahrsten Sinn des Wortes zu bedürfnis- und seelenlosen Automaten werden. Ich habe miterlebt, wie verstümmelte, amöbenhafte, hungernde, zutiefst verwundete Mutanten endlich Anspruch auf zuvor blockierte Körper erhoben. Über eine Reihe von Monaten nehmen diese Körper allmählich menschliche Gestalt an. Aus einem sabbernden Mund kommen die ersten ununterscheidbaren gutturalen Laute, strömen schließlich Worte der Sehnsucht und des Zorns.

Im bipersonalen Raum können Patient und Therapeutin auf eine Zeitreise in die Choreographie des Mutter-Kind-Dramas mitgenommen werden. Gruppen können zu Fanalen des Numinosen werden, das universale Themen und Bilder heraufzuholen und diesen wieder Leben einzuhauchen vermag, damit sie Menschen transformieren, wie sie es seit Jahrtausenden getan haben.

Im folgenden habe ich einige Beispiele ausgewählt, die alle ein ähnliches Thema haben: Durch sie soll Zugang zur eigenen Kraft und Sicherheit sowie zum eigenen Zorn gewonnen werden. Es werden dabei lediglich die Medien variiert, über die diese Rückeroberung sich vollzieht.

Ausdruckskünste als Gefäße der Transformation

Der Einsatz des Mediums Kunst als Gefäß für die innere Transformation kann an einem Mädchen mit einer Schulphobie und Borderline-Symptomatik deutlich gemacht werden, das an einer Familientherapiesitzung teilnahm. Das Mädchen übernahm in der eindeutig dysfunktionalen Familie die Rolle der Patientin. Der Familie wurde die Anfertigung eines diagnostischen Gruppenbildes mit Pastellkreiden vorgeschlagen. Gleichgültig, an welcher Stelle das Kind auf dem Malpapier zu zeichnen begann, kam ihm die Mutter nach und verschönerte zunächst den Gegenstand, den das Kind gemalt hatte, um ihn schließlich zu verändern, so daß das Mädchen den Zugriff auf seine eigene Idee, die Aussage, die es machen wollte, und damit auch seine Identität im Familienbild verlieren mußte. Am Ende gab es frustriert auf. Ich dachte, daß eine Körperübung diese Dynamik vielleicht noch plastischer hervortreten lassen würde. Eine strukturierte Bewegungsübung, die als «Bewegungsnetz» (movement web) bezeichnet wird, wurde eingesetzt, um den Familienmitgliedern bewußtzumachen, wie massiv die Kontrolle der Mutter über die Familie und ganz besonders über die identifizierte Patientin war (Bell 1984). Sie sollten sich aufrecht in einem Kreis aufstellen und an den Händen fassen. Ich wies die Mutter an, sich zu bewegen. Die anderen konnten sich entweder fallen lassen, aggressiv Gegenwehr leisten oder sich ihr anpassen. Jedesmal, wenn das Mädchen ihre Position zu behaupten versuchte, wurde sie mitgezogen und verlor ihren Standpunkt. Ich konnte spüren, wie der dringend notwendige Zorn allmählich in ihr zu brodeln begann. Schließlich entzog sie sich der Hand der Mutter. Diese drehte sich mit erstauntem Blick nach ihr um. Ich hoffte, daß das Kind imstande sein würde, seine neugefundene Trennungsenergie weiterhin aufrechtzuerhalten. Die Rückkehr zum gemalten Familienbild gab die Möglichkeit festzustellen, ob sich bei diesem zweiten Durchlauf irgendwelche Unterschiede in der Interaktion zeigten. Indem ich kein Wort über die Bewegungserfahrung verlor, machte ich das Medium des Malens zum Aufhänger für das Erlebte. Ich pinnte ein Stück braunes Papier an die Tafel und schlug der Familie vor, die Stunde damit ausklingen zu lassen, daß sie ihre «Phantasie noch einmal durch die Kreide sprechen» ließen. Das Mädchen begann damit, daß sie zunächst einmal eine schwarze und eine rote Grenzlinie um den Bereich zog, der auf dem Bild der ihre sein sollte. Die Botschaft war klar. «Das ist mein Raum. Eintritt verboten!» – Die Schulphobie verschwand; es wurden keine anderen direkten Interventionen bei dem Kind durchgeführt. Da ich erwartete, daß die Mutter weitere Schritte ihrer Tochter in Richtung auf Trennung und Selbstsicherheit sabotieren würde, arbeitete ich mehrere Sitzungen mit der Mutter allein. Schließlich wurde noch der bis dahin zögernde Ehemann zu einer längst überfälligen Paartherapie hinzugezogen.

Ein anderes, äußerst hilfreiches Medium ist das Sandspiel – eine jungianische projektive Technik, bei der die Person Sand in einem Kasten hin und her bewegt und formt und/oder kleine Symbole auswählt und in dem Kasten anordnet. Dieser Vorgang wird stärker vom imaginativen Bereich gesteuert als vom realitätsorientierten Ich. Der Therapeut hält dafür zahlreiche kleine Symbolfiguren unterschiedlichster Kategorien bereit: Tiere – Haustiere und wilde Tiere; Personen verschiedenen Alters und Charakters; Gebäude und Baumaterialien; Puppenhausmöbel und kleine Gegenstände wie Schlüssel, Waffen und Behälter; Transportmittel – Autos, Boote, Flugzeuge usw.; natürliche Objekte und Objekte, die die Natur verkörpern – Steine, Muscheln, Samenkörner, Bäume usw.; mythische und religiöse Symbole, zum Beispiel Einhörner, Buddhas, Christusfiguren; und Körperteile – Herzen, Skelette usw.

Eine Frau, die sich der Kraft der Kunst auf ihrer persönlichen Entwicklungsreise wohl bewußt war, stellte folgendes Sandbild: Sie legte ein Kristallherz in den Sand, stülpte ein Kästchen darüber und umgab das Ganze mit mehreren mauerartig aufgestellten Holzbauklötzchen. Oben auf den Barrieren befanden sich zombieartige Geschöpfe und Schlangen, der Festung zugewandt, offensichtlich versuchten sie hineinzugelangen.

Ich ermutigte die Patientin, in eines dieser Geschöpfe zu schlüpfen und es sprechen zu lassen. Es sagte: «Wir sind aus dem Dschungel gekommen und haben's satt, hier herumzuhängen. Wir werden diese Barriere stürmen. Wir haben Hunger und sind mächtig sauer.» Ich fragte: «Seid ihr immer draußen gehalten worden?» Es antwortete: «Schon ewig lange. Ich weiß gar nicht mehr, wie lange.»

Daraufhin schlug ich der Frau vor, ihr Herz zu verkörpern. Sie deckte sich mit einer Decke zu und rollte sich zu einem Knäuel zusammen. Sie wirkte stumm, verängstigt. Ich fragte: «Hast du Angst?» Ihr Kopf nickte zustimmend. «Kannst du sprechen?» Ihr Kopf bewegte sich verneinend. «Kannst du aufmalen, was dir angst macht?» Ich schob ein Stück Papier und einige Filzstifte unter die Decke. Rasch kritzelte sie eine Anzahl schwarzer Angreifer, die ihr Herz durchbohrten.

Nun bat ich sie, noch einmal in die Rolle der Sandspiel-Zombies zu schlüpfen. «Habt ihr das Herz angegriffen?» – «Nein», lautete die Antwort. «Wir sind rausgeschmissen worden. Wir haben dem Herz nichts getan. Es hat uns rausgeschmissen.»

«Warum hat es das getan?» hakte ich nach.

«Weil wir es dauernd in Schwierigkeiten gebracht haben. Wir wollten Sachen haben, weißt du, so Sachen wie Aufmerksamkeit, und der Typ da drüben (auf eine andere Figur zeigend), der wurde ständig wütend. Wir waren böse.»

«Wer hat euch das gesagt?»

«Das Herz.»

«Ist das Herz auf diesen Gedanken gekommen?» fragte ich.

«Na ja, hm, wir wollten dauernd irgendwelches Zeug, weißt du, und weil wir dann wütend wurden, na ja, da wurde meine Mutter wütend; niemand sonst durfte wütend werden. Sonst konnte man echt in Schwierigkeiten kommen.»

«Also hat euch das Herz weggeschickt, damit es nicht mehr von eurer Mutter mißbraucht wurde. Ihr seid ihre natürlichen Bedürfnisse, geliebt zu werden, umsorgt zu werden und zornig zu werden, wenn diese Bedürfnisse nicht erfüllt werden. Ihr seid Bedürfnisse und Empfindungen, die allen Kindern angeboren sind und auf deren Erfüllung sie ein Recht haben.

Hört mal zu. Das Herz war schutzlos, seit es euch weggeschickt hat, deshalb mußte es eine Mauer um sich herum bauen, um nicht verletzt zu werden. Aber das bedeutet, daß es sich auch nicht geliebt fühlen kann. Wenn ihr wieder hineindürftet, könntet ihr den Bedürfnissen und Empfindungen des Herzens Worte geben, und der zornige Geselle da drüben könnte ihnen Sicherheit und Schutz spenden.»

Die Patientin dachte eine Weile nach und kehrte dann zu dem

Kasten mit dem Sand zurück und fing langsam an, die Bauklotzbarrieren zu öffnen, bis das Kästchen, in dem das Herz lag, offen dastand. Sie stellte die Figur eines Zauberers in die Nähe des Herzens, und dann öffnete sie mit Tränen in den Augen das Kästchen und befreite das Herz *(siehe Abb. 2.2 und 2.3)*.

Der Körper des Patienten als Gefäß der Transformation

Ein Beispiel dafür, wie man den eigenen Körper als Gefäß für die Transformation einsetzen kann, ist die tanztherapeutische Technik der authentischen Bewegung (authentic movement). Diese Technik gestattet es dem unbewußten imaginativen Bereich, vom Körper einer Person, von ihrem Bewußtsein und ihren Bewegungen Besitz zu ergreifen (Lewis Bernstein 1982). In der Regel sucht sich die Person dafür einen bequemen Platz im Therapiezimmer aus und nimmt eine bestimmte Körperhaltung ein, zum Beispiel legt sie sich hin, kauert sich in der Fötusposition zusammen oder steht. Dann wartet sie und versucht, ihren Geist ganz leer zu machen, ähnlich der Vorbereitung für eine Meditation. Indem so Raum geschaffen wird, bekommt das Unbewußte Platz, sich zu manifestieren; Gefühle, Empfindungen, Bilder und/oder angedeutete Körperbewegungen stellen sich ein. Manche Personen finden sich in einer imaginären Umgebung wieder, in der sie sich bewegen und verhalten. Andere machen eine stärker nach innen gekehrte Erfahrung durch, in deren Mittelpunkt der innere Raum ihres Körpers steht, in den ihr beobachtendes Selbst auf eine ganz besondere, «phantastische Reise» geht. Wieder andere sehen andere Personen im Raum plötzlich als projizierte Teile ihrer selbst, als signifikante Personen ihrer Außenwelt oder archetypisch-mythische Gestalten und agieren diesen Gruppenmitgliedern oder auch mir gegenüber, als ob sie diese Gestalt oder dieser Aspekt ihrer selbst wären.

Ein Mann, der sich in meinem Therapiezimmer in authentische Bewegung versetzte, schilderte später, er habe sich vorge-

Abb. 2.2   Sandbild: Herz hinter Barrieren.

Abb. 2.3   Sandbild: Nicht verbarrikadiertes und doch geschütztes Herz.

stellt, immer tiefer und tiefer in sich selbst hinabzusteigen, bis er an einen dunklen, verlassenen Ort am Grund seines Rumpfes kam. An dieser Stelle befand sich eine Tür, die seit langem verschlossen war. Er wußte, daß etwas auf der anderen Seite war. Nicht ohne Angst öffnete er die Tür. Das Etwas stürzte auf ihn zu und ergriff von ihm Besitz, bevor er die Möglichkeit hatte, es zu sehen. Nun war er dieses Etwas. Er spürte einen Strom von Energie. Seine Augen fühlten sich an wie Leitungen für riesige Energiemengen, «wie zwei Laserkanonen». Der Mann hatte sich zuvor als depressiv beschrieben, unfähig, an irgend etwas Freude zu finden. Er hatte erzählt, daß er sich innerlich starr fühle. Er haßte seine Arbeit und fühlte sich von allen kontrolliert – von seinem Chef, seiner Frau, seinem inneren Richter. Jetzt aber spürte er auf einmal, daß er jeden verschmoren lassen konnte, der ihm zu nahe kam. Seine Muskeln schwollen vor Zorn. Die anwesenden anderen Gruppenmitglieder rückten deutlich von ihm ab. Ein tiefer, grollender Laut stieg aus seinem Innern auf, während er auf dem Boden kauerte. Am selben Abend, unmittelbar vor dieser Erfahrung bei der authentischen Bewegung, hatte er in der Gruppe gesagt, daß er «keine Lust habe, sich bemuttern zu lassen». Jetzt berichtete er, daß er eigentlich auf der Suche nach jemandem sei, an dem er seine aufgestaute Wut und seine Kraft auslassen könnte. Das Grollen schwoll an und wurde zu einem Brüllen, als er in eine senkrechte Position hochschnellte, mit erhobenen Handflächen, zu allem bereit. Er bewegte sich so, daß die Grenzen seines Körpers und seine Grenzen gegenüber anderen deutlich betont wurden.

Die Art, wie er von dieser Erfahrung erzählte, unterschied sich auffällig von seiner freudlosen Reaktion zuvor in der Sitzung. Er hatte angefangen, durch eine unmittelbare, körperbezogene, imaginative Erfahrung mit seiner Kraft und seiner Selbstsicherheit in Kontakt zu treten.

Der Körper des Therapeuten als Gefäß der Transformation

Der Einsatz somatischer Gegenübertragung
Im imaginativen Raum ist es dem Therapeuten als Schamanen möglich, Botschaften vom Körpergefäß des Patienten zu empfangen und diesem wiederum Botschaften zu übermitteln. Dieses Phänomen hat sich mir schrittweise erschlossen, nachdem mein Interesse daran seit den späten Siebzigern immer mehr gewachsen war. Da ich keinen rationalen Grund dafür finden konnte, warum ich während Sitzungen mit Patienten bestimmte Empfindungen oder Gefühle hatte oder sich bestimmte Imaginationen bei mir einstellten, die sich alle als überaus nützlich für mein körperliches Verständnis des Patienten erwiesen, fing ich an, andere Tanztherapeuten über ihre Erfahrungen zu befragen. Ich wählte bewußt Personen, die schon mehrere Jahre mit ganz verschiedenen theoretischen Ansätzen arbeiteten, sich mit verschiedenen Patientenpopulationen beschäftigt hatten und aus unterschiedlichen Regionen kamen.

Alle bestätigten, daß auch sie solche Erfahrungen gemacht und mit Erfolg in ihrer Arbeit eingesetzt hätten. Meine Befragung führte zu einer phänomenologischen Forschungsarbeit, die ich später auf der *American Dance Therapy Association Conference* im Jahr 1981 vorstellte. Als ich dann eine Ausbildung als jungianische Analytikerin begann, sah ich meine Ergebnisse bestätigt und entdeckte, daß Jung sich in seiner Arbeit *Die Psychologie der Übertragung* bereits mit dieser Verbindung zwischen Unbewußtem und Unbewußtem auseinandergesetzt hatte. Allmählich wurde mir klar, daß bestimmte Bilder, Empfindungen und Gefühle charakteristisch für ganz bestimmte Krankheitsbilder sind. Ich habe gelernt, dem Wissen meines Körpers zu vertrauen und mich nicht nur auf analytische Erkenntnisse zu stützen, wenn ich eine Diagnose oder den Fortschritt eines therapeutischen Prozesses bestätigen möchte. Wichtiger ist jedoch, daß das Phänomen sich als äußerst hilfreich im therapeutischen Wandlungsprozeß erwiesen hat, denn der Therapeut ist nicht nur Empfänger in diesem imaginativen, synchronistischen Bereich, sondern kann transformierend auf den Patienten einwirken und ihm seinerseits Botschaften senden (Schwartz-Salant 1983–1984).

Was man empfängt, variiert natürlich auf Grund der Einzigartigkeit jedes Menschen und meiner Ansicht nach auch je nach dem, wie empfänglich der Therapeut ist. Manchmal sind es ganz einfach physische Empfindungen, zum Beispiel Wärme oder Kälte, knotenartige Verspannungen, Schwindel oder Übelkeit. Ein andermal spürt man Gefühle, etwa eine tiefe Traurigkeit, quälenden Schmerz, Wut, Furcht, Eros oder Freude.

In anderen Fällen können sich ganze Bilder, Geschichten, Umgebungen und Erinnerungen einstellen. Ich habe zum Beispiel Gefangene in Türmen oder hinter Mauern wahrgenommen, wütende Ungeheuer, hungrige, ausgedörrte Leiber, Verletzte oder hexenartige Medusen-Muttergestalten. Gelegentlich habe ich auch den Traum eines Patienten, Bilder, die in der authentischen Bewegung ausgelöst wurden, oder frühe Kindheitserfahrungen empfangen können.

Es braucht nicht eigens betont zu werden, daß die Patienten sich dabei nicht unbedingt in einem therapeutischen Prozeß befinden müssen, in dem Medien der Ausdruckskunst verwendet werden. Allerdings erleichtert die Verbindung zum Unbewußten, die durch diese Medien entsteht, häufig den Kontakt von Unbewußtem zu Unbewußtem.

Der Therapeut kann sich auf solche Erfahrungen vorbereiten, indem er seinen Geist in ganz ähnlicher Weise leer macht, wie man es tut, wenn man meditieren oder in die Ausdrucksform der authentischen Bewegung eintauchen möchte, und dann in sich ein imaginatives inneres Gefäß schafft, das bereit ist, zu empfangen und hervorzubringen, wenn es angezeigt ist. Die Wände dieses inneren Gefäßes müssen elastisch und zugleich fest sein, um es vor Kontaminationen von beiden Seiten zu schützen. Auf keinen Fall soll die persönliche Gegenübertragung des Therapeuten störend darauf einwirken, noch darf das Material des Patienten in das Leben des Therapeuten einsikkern.

Psychotiker und Patienten mit psychotischem Kern
Personen ohne lebensfähiges Ich, wie Psychotiker oder Patienten mit stark psychotischen Zügen, erfüllen den Therapeuten im wahrsten Sinne des Wortes mit ihren Psychosen. In der Gegenübertragung kann der Therapeut sich aufgelöst, körperlos, tot, roboterartig, benommen, apathisch oder schläfrig fühlen. Er kann das Gefühl haben, mit dem Patienten zu verschmelzen, von Tausenden chaotischer Fetzen des fragmentierten Selbst des Patienten überschwemmt oder von einer entsetzlichen, alles überlagernden Furcht vor drohendem Unheil überwältigt zu werden.

Schwartz-Salant (1983–1984) ist sogar der Überzeugung, daß die Fähigkeit, die Psychosen des anderen in sich aufzunehmen, ohne zu fliehen, einzuschlafen oder sich von ihnen abzuspalten, entscheidend für die Entwicklung eines Vertrauensverhältnisses zwischen Patient und Therapeut ist. Im Erleben des gespaltenen Selbst kann der Therapeut den imaginativen Bereich einsetzen und sich über die Imagination an die einzelnen Stücke erinnern und sie sammeln oder dem aufgelösten Individuum Festigkeit verleihen, indem er zugleich klar die Körpergrenzen wahrt. Sich der psychotischen Schicht des Unbewußten in der Vorstellung fest entgegenzustemmen und die zersprengten Fragmente der Persönlichkeit des Patienten auf diese Weise zur Ruhe zu bringen, kann ein starkes Bollwerk gegen weitere Angriffe aus dieser Schicht sein. Alle hier genannten Interventionen erfolgen nonverbal, auf der Ebene der Imagination. Parallel dazu unterstützt der Therapeut natürlich durch den Einsatz des realitätsorientierten Dialogs und Aktivitäten der Ausdruckskunst auf einer bewußten Ebene die Bemühungen des Patienten, Raum für die Ausformung des eigenen Ich zu schaffen.

Narzißtische Persönlichkeiten und Patienten mit narzißtischen Verletzungen

Bei Patienten mit narzißtischer Persönlichkeitsstörung hat der Therapeut häufig das Gefühl, durch die Selbstüberschätzung und den Größenwahn des Patienten förmlich an die Wand gedrückt zu werden. In der Gegenübertragung stellt sich beim Therapeuten die Empfindung ein, keinen Raum zum Atmen oder Reden zu haben. Unter Umständen nimmt er auch das abgespaltene, monströse kindliche Selbst des ungeliebten Patienten wahr. Das Bild eines deformierten, fötusartigen Gebildes erscheint häufig vor dem Hintergrund einer düsteren, öden Umgebung. In anderen Fällen spürt der Therapeut eventuell körperlich die bodenlose Leere im Patienten, die von der Unfähigkeit des mütterlichen Gegenübers herrührt, als bergendes Gefäß zu fungieren. Bei diesen Menschen ist es entscheidend, ihnen ihr übersteigertes Selbst zu spiegeln und sich in der Imagination auf das Halten, Nähren und Umsorgen des verletzten, monströsen Selbst zu konzentrieren, um so ein sicheres, haltendes Gefäß anzubieten – einen Raum der Geborgenheit, der keine undichten Stellen hat und weiche, aber feste Wände aufweist.

An narzißtischen Kränkungen leidende Patienten, die von ihren Müttern physisch oder emotional abgelehnt wurden, lösen oft genau gegenteilige Übertragungsphänomene aus. Der Therapeut hat hier das Empfinden, sehr viel größer zu sein als das verletzliche, allein gelassene kindliche Selbst, das die Verschmelzung sucht. In diesen Fällen sollte der Therapeut seinem Körper gestatten, sich aufzulösen und in einer symbiotischen, dualen Einheit mit dem Patienten zu verschmelzen (Mahler 1968, Mahler und McDevitt 1982), wobei es nicht nötig ist, den Patienten tatsächlich zu berühren oder zu halten. Der Therapeut mag ähnliche Empfindungen in der Gegenübertragung von einem Patienten mit psychotischen Zügen und einer Person mit narzißtischer Kränkung empfangen, doch die imaginative Reaktion darauf ist unterschiedlich. Im ersten Fall ist das Ich schwach, und die psychotischen Fragmente müssen aufgefangen werden, während im zweiten Fall ein genügend ausgeprägtes Ich vorhanden ist, so daß die starke, undifferenzierte psychische Energie weniger problematisch, sondern eher positiv wirkt, da die Gefahr des Zerfließens weniger stark gegeben ist.

Schizoide Persönlichkeiten und Patienten mit schizoidalen Abwehrmechanismen
Im Umgang mit Abwehrmechanismen bei schizoider Persönlichkeitsstruktur wird der Therapeut beim Einsatz der somatischen Gegenübertragung häufig etwas vom abgespaltenen, verwundeten Selbst des Patienten spüren oder von der Mauer oder dem Schutzpanzer, die den Patienten von seinen körperlichen Empfindungen trennen, so daß er sie weder wahrnehmen noch ausdrücken kann. Ein andermal erlebt der Therapeut möglicherweise die projizierte, übertragene negative Mutter, die das Kind so massiv mißbrauchte, daß es gezwungen war, sich hinter einem Schutzschild zu verschanzen.

Wenn der Therapeut das verletzte Kind in seinem Innern spürt, kann er sich nicht nur in seiner Imagination um das kindliche Selbst kümmern und es mit Geborgenheit umgeben, bei manchen Patienten ist es sogar möglich, diesen Teil ihrer selbst verbal zu reflektieren. Man kann zum Beispiel sagen: «Während ich Sie jetzt gerade ohne sichtbares intensiveres Gefühl sprechen höre, spüre ich gleichzeitig ein kleines Kind, das in Ihnen verborgen oder gefangen ist und ganz tief empfindet und sich verzweifelt danach sehnt, von Ihnen wahrgenommen zu werden.» Dann kann ich dem Patienten unter Umständen vorschlagen, seine Aufmerksamkeit tief in sein Inneres zu richten, auf jenen düsteren, kalten Ort, und das Kind in sich zu entdecken. Ich kann diese körperbezogene Imagination dabei durch die somatische Gegenübertragung modifizieren und auf sie einwirken; wenn beispielsweise die Mauer erhöht wird als Schutz gegen die Wiederaufnahme des abgespaltenen Selbst, werde ich das meist spüren und kommentieren, indem ich etwa frage: «Was ist gerade passiert?»

Tritt die Person dann wirklich in Kontakt zu ihrem kindlichen Selbst, werden die imaginierten Empfindungen in mir abebben und in den Patienten zurückströmen. Wenn der Patient die negative Mutter in mich verlagert, erlaubt mir dies ein umfassendes Verständnis für all das, was der Patient durchzumachen hatte. Möglicherweise spiegle ich empathisch, wie sich mein Patient wohl gefühlt haben muß. Zugleich erfrage und kommentiere ich, was der Patient in seiner Beziehung zu mir empfinden muß. Ich ermutige die Äußerung von soviel negativem Übertragungsmaterial, wie im Augenblick zusammengetragen werden kann. Während ich dieses Material in mich aufnehme, bin ich im imaginativen Raum damit beschäftigt, mir vorzustellen, wie die giftige Hexenmutter geheilt oder ihre Macht gemindert werden kann. Ich gehe dabei in ganz ähnlicher Weise vor, wie wenn ich mir das glückliche Ende eines Märchens ausmalen würde.

Borderline-Persönlichkeiten und Patienten mit Borderline-Abwehrmechanismen

Bei Patienten mit Borderline-Merkmalen empfängt der Therapeut bei der somatischen Gegenübertragung Selbst- und Objektabspaltungen. Die idealisierte gute Mutter und die verweigernde oder verschlingende böse Mutter können dabei im Wechsel auftauchen. Vom Therapeuten ist hier gefordert, daß er für die gute Mutter einen ruhigen Raum schafft und die böse neutralisiert und ihr Grenzen setzt.

Bei den abgespaltenen Teilen des Selbst begegnet der Therapeut dem Selbst des «braven» Kindes, das Verschmelzung sucht, und/oder dem zornerfüllten, «bösen» Selbst, das Trennung und Unabhängigkeit von der Mutter sucht. Er imaginiert beim «braven» Kind Nähe, Halt und Einfühlung. Wenn jedoch das «böse» Selbst auftritt, sollte der Therapeut unbedingt Stolz auf die Leistung und Unabhängigkeit des Patienten empfinden. Die Zusammenführung dieser abgespaltenen Teile im Patienten ist entscheidend für das Erleben persönlicher Ganzheit (Schwartz-Salant 1983–1984, Mahler 1972).

Ein Beispiel für den Versuch, solche Selbst- und Objektabspaltungen zusammenzufügen, ist die folgende therapeutische Arbeit mit einer jungen Frau: Während sie den Wechsel zwischen Intimität und Verschmelzung auf der einen und Trennung und Unabhängigkeit auf der anderen Seite ausagierte, indem sie einmal dicht bei mir oder sogar auf meinem Schoß saß und dann wieder alles im Zimmer durcheinanderwarf oder mich aufforderte, den Raum zu verlassen, damit sie mehr Platz habe, spiegelte ich ihr die Existenz beider Seiten in ihr und in mir. «Du bist ein und dieselbe Person, die wahrgenommen und geliebt werden will, wie sie ist, und wertgeschätzt werden möchte für ihre Selbstsicherheit und Unabhängigkeit. Und ich kann mich als ein und dieselbe Person um dich kümmern, dich halten und dir nah sein und zugleich deinen Standpunkt, deine Unterschiedenheit, deine Leistungen schätzen.» Sie kämpfte darum, die Wahrheit dieser Aussage annehmen zu können, doch es gelang ihr im intermediären Raum allmählich immer mehr, ihre Richtigkeit zu spüren.

Patienten mit ausgebildetem Ich und realistischem Selbst und Objektinternalisierung

Bei einer Person, deren Ich, Selbst und Objektinternalisierung genügend ausgeprägt sind, erweitert sich das Feld der Projektionen. Der Therapeut kann in solchen Fällen ganz verschiedene Aspekte der psychischen Befindlichkeit des anderen empfangen – die Möglichkeiten sind hier nahezu unbegrenzt (Racker 1978, Searles 1981).

Der Therapeut kann von einer Frau die sinnliche, ihre Sexualität betonende *hetaera* oder ihre starke, amazonenhafte Seite wahrnehmen. Er kann sich zutiefst empfänglich fühlen und den weiblichen medialen Aspekt spüren. Oder er kann Botschaften von der weisen Frau in seinem Gegenüber empfangen. Vielleicht verlagert die Frau aber auch Aspekte ihrer männlichen Seite auf den Therapeuten. Der Therapeut fühlt sich dann vielleicht wie ein richtender Patriarch oder wie ein Lotse, der den Weg weist.

Von einem Mann kann der Therapeut Signale des kriegerischen Mars, des instinktgeleiteten, von Natur aus leidenschaftlichen Dionysos oder des verfeinerten, künstlerischen Apoll empfangen. Oder der Mann möchte seine Anima in das somatische Gefäß legen. Der Therapeut fühlt sich dann möglicherweise für seine Schönheit bewundert, geheimnisvoll weise oder, auf der negativen Seite, launisch, schwermütig und auf kastrierende Weise verführerisch.

Der Therapeut verfährt mit allen Empfindungen, die sich auf der Ebene der somatischen Gegenübertragung bei ihm einstellen, im Grunde genommen ähnlich, indem er sie in sich hält und sie stellvertretend erfährt, um sie dem Patienten zurückzugeben, wenn dieser bereit ist, sich wieder mit ihnen zu identifizieren. Wenn Material auftaucht, das dem Schatten zuzuordnen ist, ist der Therapeut häufig gefordert, bei der Zähmung dieser zuvor abgelehnten Teile des Ich zu assistieren oder die Elternrolle dabei einzunehmen. Da diese Teile schon in früher Kindheit ins Unbewußte abgedrängt wurden, haben sie nicht den Reifungsprozeß durchlaufen, den die übrige Psyche der Person durchgemacht hat. Beim Malen von Bildern, in der authentischen Bewegung oder im improvisierten Drama kriechen hier Geschöpfe aus Wald und Dschungel, aus den Tiefen des Meeres, aus Höhlen, aus Kellerlöchern und Dachböden hervor, die in den Therapeuten projiziert werden können, damit er die Elternrolle für sie übernimmt *(siehe Tab. 2.1)*.

Bei der Projektion gegengeschlechtlicher Aspekte gestaltet sich die Beziehung möglicherweise noch komplexer. Ein Beispiel dafür schildere ich in Kapitel 10.

Ein Beispiel für den Einsatz somatischer Gegenübertragung bei der Erarbeitung von Selbstsicherheit, innerer Stärke und dem Zugang zur eigenen Wut erlebte ich, als ich mit einer Frau arbeitete, die von den immer wiederkehrenden Erinnerungen an Mißbrauchserlebnisse aus ihrer Kindheit erzählte, als ob sie den Wetterbericht für die kommende Woche ablese. Ich hatte mich zu Beginn der Stunde vorbereitet und auf imaginativem Wege einen gefäßartigen Raum in meinem Innern geschaffen, der undurchdringliche, aber nachgiebige Wände hatte (Lewis 1988a). Zuallererst verspürte ich eine Art Brennen in diesem inneren «Behälter». Dann stellte sich das Bild eines schwelenden Feuers ein, und schließlich explodierte ein intensiver Zorn in meinem Bauch. An dieser Stelle hatte ich mehrere Alternativen: Ich konnte weiterhin als Gefäß für den abgespaltenen Zorn der Patientin fungieren; ich konnte ihren Zorn durch mich sprechen lassen und Wut über diesen abscheulichen Mißbrauch ausdrücken; ich konnte auf die Inkongruenz zwischen ihrem Gefühlsmangel und dem Inhalt dessen, was sie sagte, hinweisen; und/oder ich konnte ihr von den Gefühlen und Empfindungen in meinem Körper erzählen und versuchen, sie dazu zu ermutigen, sie wieder für sich selbst zu reklamieren. Für diesen letzteren Weg entschied ich mich.

Ich sagte: «Auch wenn Sie von diesem schrecklichen Mißbrauch ohne sichtbare Gefühlsregung sprechen, spüre ich eine ganze Menge Ärger und Wut im Raum. Können Sie jetzt versuchen, das auch zu spüren?»

«Was meinen Sie damit?» sagte sie. «Das liegt doch alles lange zurück. Es hätte keinen Sinn, jetzt noch wütend zu werden. Ich habe heute eine ganz normale Beziehung zu meinem Vater.»

«Es geht nicht so sehr um den äußeren Vater und Ihr momentanes Verhältnis zu ihm. Problematisch sind eher diese Kindheitserinnerungen, die ständig wieder hochschießen wie unerwünschtes Unkraut.» Sie widersprach mir nicht, schien jedoch weiterhin nicht besonders interessiert. Ich blieb beharrlich. «Ein Teil von Ihnen hat äußerst starke Empfindungen im Hinblick auf diese Vorfälle, und solange Sie sich diesen Teil nicht zurückerobern, werden Sie weiter von diesen Erinnerungen gequält werden, die sich immer wieder in die intime Nähe mit Ihrem Geliebten drängen und Sie daran hindern, ein Gefühl von Sicherheit und eigener innerer Kraft zu entwickeln.» Sie wirkte aufgeschreckt. «Was empfanden Sie als Kind, wenn er Sie mißbrauchte?»

«Ich hatte Angst.»

Ich hakte nach. «Sicherlich. Aber hier im Raum sind auch Gefühle der Wut.»

«Oh», sagte sie, «ich durfte nicht wütend werden. Dann hätte er mich umgebracht.»

«Ja», sagte ich, «natürlich haben Sie Ihre Wut abgespalten, um zu überleben. Sie waren so klein, und er war so groß und völlig außer sich. Aber jetzt haben Sie einen Erwachsenen als Verbündeten – Ihr eigenes erwachsenes Selbst. Gehen Sie zurück zu einem der Mißbrauchserlebnisse, und ersetzen Sie diesmal Ihr kindliches Selbst durch Ihr erwachsenes.»

Es dauerte einige Augenblicke, aber ich spürte den kochenden Zorn in mir hochschießen, als meine Patientin auch schon zu brüllen begann: «Du Bastard! Du willst ein Vater sein!? Du versoffene Sau! Du wirst ihr nie mehr etwas antun!» Es genügte, eine Stoffpuppe vor sie hinzulegen, um sie dazu zu bringen aufzustehen, die Puppe zu packen und quer durch den Raum zu schleudern. Nachdem sie wiederholt nach ihr getreten hatte, öffnete sie schließlich die Tür des Therapiezimmers, warf die Gestalt hinaus und schmetterte die Tür hinter ihr zu.

Tabelle 2.1 Somatische Gegenübertragung bei verschiedenen Patientenpopulationen

	Bilder, Gefühle und Empfindungen, die vom somatischen Unbewußten des Therapeuten durch Abspaltung und unbewußte Projektion empfangen werden	Imaginative, nonverbale innere Reaktion beim Therapeuten
Psychotiker und Patienten mit psychotischem Kern	• Auflösung, Fehlen von Grenzen oder Verschmelzungsgefühle mit dem Patienten.	• Festhalten des Bildes des Patienten als von einer Pufferschicht umgebenes, integriertes Ganzes.

	• Körperverlust, Gefühl des Totseins, Robotergefühl. • benommen, geistesabwesend oder schläfrig.	• Erinnerung an das fragmentierte Selbst des Patienten. • als fester Puffer gegen das psychotische archetypische Unbewußte des Patienten fungieren.
	• tiefsitzende Furcht vor drohendem Unheil oder Aggression.	• ein waches Bewußtsein bewahren und den Angriff der Komplexe des Patienten auf dessen Bewußtsein auffangen.
Narzißtische Persönlichkeitsstörung (NPS) und Patienten mit narzißtischen Verletzungen	• Tausende aufgeladener Fragmente des chaotischen Selbst. • psychotische archetypische Energie. • bei NPS Gefühl, von der Selbstüberschätzung und dem Größenwahn des Patienten erdrückt zu werden. • bei NPS kein Raum zum Reden.	• Spiegeln des grandiosen Selbst. • Choreographiertes Halten, Nähren, Heilen und Einstimmen auf das bedürftige, kindliche MonsterSelbst.
	• abgespaltenes böses kindliches MonsterSelbst des Patienten; Bilder ähneln Ungeheuern, drücken Hunger oder grausame Verletzungen aus. • bodenloses, leeres Gefäß, das entweder die innere Leere des Patienten oder der Mutter des Patienten verkörpert.	• Imaginieren eines sicheren, weichen, aber festen, umschließenden Gefäßes. • Imaginieren eines Beschützers, der das kindliche Selbst vor der hungernden, verschlingenden Mutter beschützt.

Schizoide Persönlichkeitsstörungen und Patienten mit schizoidalen Abwehrmechanismen	• abgespaltene Gefühle des Patienten, z. B. Wut, Verletztheit, Angst, Sehnsucht nach Liebe. • abgespaltenes, verletztes Selbst. • Mauer oder Schutzschild, das die Körpererfahrung des Patienten abtrennt, so daß sie weder wahrgenommen noch ausgedrückt werden kann. • Übertragung der negativen Mutter.	• Halten, Nähren und Fördern des Wachstums und der Sicherheit des abgespaltenen Selbst des Patienten. • Auflösen oder Durchdringen der schizoiden Barriere durch Liebe. • Neutralisieren und Entgiften der negativen Mutter.
Borderline-Persönlichkeitsstörungen und Patienten mit Borderline-Abwehrmechanismen	• Selbstspaltungen, d. h. das selbstsichere Selbst oder das symbiotische Kind-Selbst. • Objektspaltungen, d. h. das verschmelzende, erstickende oder das zornig-verweigernde Objekt.	• Halten und Sich-Einfühlen in das symbiotische Kind. • Stolz auf und Vertrauen in das selbstbewußte, nach Unabhängigkeit strebende Selbst. • Umfassen und Unterwerfen des verschlingenden Objekts. • Neutralisieren des zornig-verweigernden Objekts, das will, daß der Patient niemals unabhängig wird.
Patienten mit ausgebildetem Ich und konstantem, realistischem Selbst- und Objektgefühl	• noch nicht bewußte oder transformierende Aspekte des Ich (Schatten).	• Behälter und Spiegel dieser Aspekte sein, bis der Patient sie annehmen und durch projektive Identifikation integrieren kann.

- noch nicht bewußte oder transformierte gegengeschlechtliche Aspekte der Persönlichkeit (bei Frauen Animus, bei Männern Anima).

- archetypische, numinose Energie für die persönliche Individuationsreise des Patienten.

- in Kontakt zum Selbst stehen (der organisierenden Energie, die den Patienten in Richtung Gleichgewicht und Ganzheit vorantreibt).

- ein ruhiger und stabiler Leiter für das Durchströmen dieser archetypischen Energie sein.

Das Gefäß des bipersonalen Feldes zwischen Patient und Therapeut

Der imaginative Bereich kann in das bipersonale Feld zwischen Patient und Therapeut hineinragen. In diesem intermediären Raum gestalten beide gemeinsam die Choreographie, in der sich zwischen Unbewußtem und Bewußtem der Heilungsprozeß vollzieht (Lewis Bernstein 1985). Der Therapeut kann dabei in den aktuellen, imaginativen Prozeß des Patienten eingreifen, indem er bestimmte Charaktere personifiziert oder Figuren, die in den Bildern, Sandspielen oder Träumen des Patienten auftauchen, verkörpert. Durch das Darstellen in der Übertragung sichtbar werdender elterlicher Komplexe oder abgespaltener Aspekte der Psyche des Patienten kann dieser möglicherweise bestimmte Teile seiner Psyche erforschen und sie am Ende in transformierter Form internalisieren.

Ein Beispiel für den Einsatz des Imaginativen im bipersonalen Feld ist meine Arbeit mit Claire. Claire, der massive narzißtische Kränkungen zugefügt worden waren, hatte den größten Teil ihres Lebens damit verbracht, die Bedürfnisse anderer zu befriedigen. Dabei hoffte sie vergeblich darauf, daß diese anderen entsprechend reagieren und ihrem hungernden, kindlichen Selbst

Abb. 2.4   Sklavin von Monstern.
          Illustration von Marc Croteau.

Nahrung geben würden. Nun, nach zahlreichen Therapiestunden, saß sie bei mir auf meinem L-förmigen Sofa. Tief in ihr schwelte ein nie verlöschender Zorn. Claire erzählte einen Traum, in dem sie die Sklavin von Monstern gewesen war, die absoluten Gehorsam von ihr verlangten. Sie versuchte im Traum zu fliehen, doch es gelang ihr nicht zu entkommen *(siehe Abb. 2.4)*.

Ich schlug ihr vor herauszufinden, wer der Anführer der Monsterschar sein könnte. Claire sah eine riesige, an einen KZ-Aufseher erinnernde, wütende, behaarte Kreatur in voller Montur vor sich. Als ich ihr begreiflich gemacht hatte, daß alle Teile eines Traumes Aspekte ihrer eigenen Psyche repräsentierten, willigte sie etwas zögernd ein, das Ungeheuer zu verkörpern, während ich im Rollenspiel sie, die Träumerin, darstellte. Als ich mich dem Ungeheuer neugierig und offen näherte, bekam es Angst vor der eigenen Courage, rannte zu einem Zaun und bot schließlich, als es sich in die Enge getrieben fühlte, ein richtig jämmerliches Bild.

Daraufhin übernahm Claire ihre eigene Rolle im Traum und fing auf meinen Vorschlag hin an, die weichen Seiten des Monsters zu betrachten. Sie erzählte, daß seine Augen, sein Atem, sein Herz und seine Lenden verletzlich erschienen. Zu diesem Zeitpunkt saßen sie und ich ganz nah beieinander und hatten nur noch ein Eckchen zwischen uns für das imaginäre Monster freigelassen. «Ich kann nicht näher an ihn herankommen, aber er vertraut Ihnen», flüsterte sie mir ins Ohr.

Immer noch im bipersonalen imaginativen Raum flüsterte ich zurück: »Ich werde jetzt sanft seinen Kopf an meine Brust drücken.»

«Gut», antwortete sie, «er sitzt da, er fühlt sich geborgen.» Daraufhin streckte ich meinen anderen Arm nach ihr aus, um sie in diesen zärtlichen Augenblick mit einzubeziehen. Ich streichelte sanft ihren Kopf, während sie leise weinte.

Die Fähigkeit, die Kluft zwischen ihrem «guten» und ihrem «bösen» Selbst zu heilen, mußte erst von mir ausgedrückt werden, bevor sie sie internalisieren konnte. Wie das gute Mutter-Objekt, das das sogenannte gute und böse kindliche Selbst liebt und mit ihm umgeht, so kann auch der Therapeut im imaginativen Raum damit beginnen, den verbannten Teil der Persönlichkeit des Patienten zu zähmen, menschlich zu machen und die Spaltung zu heilen.

In der nächsten Stunde berichtete Claire, daß sie sich, wenn sie sich ärgerlich und gereizt fühlte, vorstellte, daß ich eine eiternde Wunde, die das Monster hatte, berührte und heilte. Außerdem erzählte sie den folgenden Traum: «Dasselbe bärenartige Ungeheuer verstümmelte und zerriß Menschen. Ich sollte hingehen und mit ihm reden. Freunde sagten zu mir: ‹Sei vorsichtig, es ist gefährlich.› Aber Sie, Penny, sagten mir übers Telefon, was ich sagen und tun sollte. Also ging ich so nah zu ihm hin, daß ich es berühren konnte, und es fing an, sich zu transformieren und eher wie ein Mensch auszusehen.» Das imaginäre Monster veränderte sich allmählich, und ödipale und pubertäre Themen tauchten auf. Wie in dem Märchen *Die Schöne und das Biest* begann Claire, einen bisher unterdrückten Teil ihres Verhältnisses zum Männlichen zu vermenschlichen, um so für eine eventuelle künftige, imaginäre Vereinigung bereit zu werden.

Die Gruppe als Gefäß der Transformation

Die Fähigkeit von Gruppen, die transformierende Kraft des imaginativen Bereiches zu aktivieren, ist in ethnologischen Untersuchungen gut dokumentiert. Gemeinschaftsrituale bedienen sich verschiedener Ausdrucksformen wie des Tanzes, der dramatischen Darstellung, des Gesangs und der Beschwörung. Sie schlagen eine Brücke zwischen der menschlichen Welt und der Welt des Transzendenten. Durch die bildliche Darstellung begleiten sie die Gemeinschaft und ihre einzelnen Glieder in den Zyklen der Jahreszeiten und bei den Übergangsriten der verschiedenen Entwicklungsstufen.

Das Gruppenritual, das in unserer Kultur stark zurückgedrängt wurde, ist im Begriff, durch die Bildung von Frauen- und Männergruppen, durch indianische Schwitzhüttenrituale, durch «vision quests» und Gruppen, in denen kunsttherapeutisch gearbeitet wird, in unsere Gesellschaft zurückzukehren.

Ein Beispiel dafür, wie die Kraft einer Gruppe zum Gefäß für die Transformation von Zorn werden kann, zeigt das Geschehen in einer noch laufenden Therapiegruppe, in der wir mit authentischer Bewegung, Klang und Drama arbeiten. Die betreffende dreistündige Sitzung begann damit, daß alle Teilnehmer sich auf die authentische Bewegung einließen. Jeder fand seinen Platz im Raum und richtete sein Bewußtsein nach innen. Nach einiger Zeit fing einer der männlichen Teilnehmer an, vor sich hin zu murmeln. Schließlich verstand ich die Worte: «Verdammt, das ist doch lächerlich, völlig bekloppt.» Ich ging zu ihm hinüber und begann, seine Frustration und seine Wut zu spiegeln. Wir gingen dabei um ein großes Kissen herum. Er sah mich an und sagte: «Du weißt nicht, was du tust. Das ist alles Scheiße. Das ist total blödsinnig.»

Ich entgegnete: «Absolut blödsinnig. Das ist idiotisch. Was soll das überhaupt? Reine Zeitverschwendung.»

«Genau», gab er zurück, «verdammte Zeitverschwendung. Es ist überhaupt alles Verschwendung.» Er warf ein kleines Kissen auf das größere.

Zu diesem Zeitpunkt entdeckten zwei weitere Gruppenmitglieder, wie wir um die Kissen herummarschierten. Sie äußerten eigene Kommentare. «Das laugt einen doch bloß aus, Arbeit laugt aus!» Und eine andere Teilnehmerin: «Ich habe Beziehungen so satt, zur Hölle mit den Männern!» Nun schloß sich der Rest der Gruppe an. «Jawohl, zur Hölle mit den Männern, sie können sich auf nichts einlassen.» Ein Mann darauf: «Frauen wollen immer bloß heiraten und herrschen.» – «Ja, zur Hölle mit ihnen!» «Alles Scheiße!» Mittlerweile wurden sämtliche Kissen im Raum auf den Kissenberg geworfen, wieder aufgenommen und erneut in die Mitte geschleudert. Die Gruppe war vom Herumgehen zum Stampfen übergegangen. Die Worte gingen allmählich in lautmalerischen Unsinn über: «Scheißdreck! Dreckmeck! Heckmeck! Scheiße! Schleise! Schmeise! ...»

Die sich entwickelnde Frustration und Wut der Gruppe hatte nun eine instinktive Ausdrucksqualität. Die Gruppenmitglieder begannen, sich auf die Kissen zu werfen, bis jeder auf einem metaphorischen Haufen «Scheiße» aus angestautem Zorn saß.

Allmählich wurden die Bewegungen der Teilnehmer schlangenähnlich, so, als ob alles, alle Bilder, alle menschlichen Hoffnungen, zerstört worden seien und sie eine ganze neue Phylogenese durchmachen sollten. Wie Phönix aus der Asche und Pegasus aus dem Blut der enthaupteten Medusa aufsteigt, begannen die einzelnen Gruppenteilnehmer sich dann langsam aufzurichten, aufzustehen, sich zu recken und sich langsam und geschmeidig zu bewegen, wobei sie den Raum um sich herum mit weit ausholenden Gesten teilten, umschlossen und formten.

Am Ende berichteten alle Teilnehmer übereinstimmend, daß sie sich gereinigt, wie neu geboren, neu belebt und spirituell berührt fühlten.

Zusammenfassung

Der Tanz, der sich im imaginativen Raum vollzieht, kann sich unterschiedlicher Gefäße bedienen: Er kann im Medium der Kunst, im Körper des einzelnen, über die somatische Gegenübertragung im Körper des Therapeuten, im bipersonalen Feld zwischen Patient und Therapeut und/oder innerhalb einer Gruppe stattfinden. In diesem Raum können wir damit beginnen, die Spaltungen und Risse in uns zu heilen und das Tao in uns zu finden.

Der Einsatz künstlerischer Ausdrucksmittel kann jeden von uns in den Tanz in Richtung Ganzheit mit hineinnehmen. Lieder, Gedichte, Literatur, musikalische Kompositionen, tänzerische Elemente, Malerei, Bildhauerei, das Miniaturdrama des Sandspiels und das große Drama des Bühnenschauspiels, sie alle können uns auf dem natürlichen Weg hin zur Individuation voranbringen.

Durch das vom Selbst geleitete individuelle Erleben im imaginativen Raum wird Selbstaktualisierung ermöglicht. Gleichgültig, welches Medium man wählt, in jedem Fall können mit seiner Hilfe alte Verletzungen, negative Verhaltensmuster und Beziehungen geheilt und das Voranschreiten des einzelnen durch die einzelnen Entwicklungsstufen gefördert werden.

Kapitel 3

Indikationen für die therapeutische Wahl künstlerischer Ausdrucksmittel

Bevor in Teil II die einzelnen Stufen menschlicher Entwicklung und Transformation behandelt werden, sollen zunächst die spezifischen Medien, die die Kunst anbietet, beschrieben und auf ihre Anwendbarkeit hin betrachtet werden. Im Anschluß daran wird es dann um die Phasen psychischer Entwicklung bei Männern und Frauen gehen, wobei an Beispielen deutlich gemacht wird, wie die kreativen Medien zur Unterstützung des Transformationsprozesses herangezogen werden können. Dabei dienen Mythen und Märchen gleichsam als Landkarten und Wegweiser für den Individuationsprozeß im imaginativen Raum.

Das Medium der Kunst und die innere psychische Struktur

Die Wahl des richtigen künstlerischen Mediums wird besonders wichtig bei bestimmten Patientenpopulationen beziehungsweise in bestimmten Entwicklungsphasen.

Aus kognitiver Sicht vollzieht sich die grundlegende Organisation und Integration der Entwicklungsphasen auf der Basis enaktiver Kognition, bei der Körpererfahrungen und das Zusammenspiel von Bewegungen die wichtigsten Quellen des Lernens sind (Johnson 1982). Lange bevor ein Kleinkind versteht, was verbal zu ihm gesagt wird, oder auf der vorstellungsmäßigen Ebene auf visuelle Reize reagiert, spürt es die Nuancen der körperlichen Betreuung der Bezugsperson. Die Erinnerungen an diese allerfrühsten Erfahrungen liegen auf einer präverbalen Ebene, da das zentrale Nervensystem in den ersten Lebensmonaten noch nicht genügend entwickelt ist, um intellektuell anspruchsvollere, verbale Gedächtnisinhalte aufzunehmen. Winnicott beschrieb diese frühe symbiotische Phase als «vorverbal, unverbalisiert und unverbalisierbar» (1979, S. 130). Deshalb erwiesen sich unbewußt ausgelöste Körperempfindungen und -bewegungen als geeigneter, um das nötige Erinnern und Wiedererleben von «in utero»-Empfindungen und aus der frühen Kindheit stammenden Phänomenen hervorzurufen, als die eher traditionellen verbalen Reaktionen (Lewis Bernstein und Singer 1983, Greenson 1975).

Eine Patientin spürte zum Beispiel während der authentischen Bewegung, wie ihr körperliches Unbewußtes (somatic unconscious) sie in eine zusammengekauerte Fötusposition drängte. Sie wiegte sich dabei in dem sanften Rhythmus, den Säuglinge haben, wenn sie gestillt werden. Dann änderte sich der Rhythmus, sie schlug mit dem Kopf auf den Teppich in meinem Büro auf. Tränen der Verzweiflung schossen ihr in die Augen, und sie erzählte, daß sie sich erinnere, wie sie allein in ihrem Bettchen lag, hungrig, ängstlich und wütend. Es handelte sich bei dieser Erinnerung nicht um ein einzelnes Ereignis, sondern um ein wiederkehrendes schmerzliches Muster, das ihr zuvor nicht mehr zugänglich gewesen war.

In einem anderen Fall spielte ein Mann im Rollenspiel den Vergewaltiger aus dem Traum einer Frau. In einer Umkehrszene, in der die Frau, nun im vollen Besitz ihrer Kraft, ihn stellte und zu Boden warf, empfand er plötzlich die ganze dominierende Kraft der Frau und wurde in einer Art Zeitsprung in seine eigene frühe Kindheit katapultiert, in der er einer übermächtigen Mutter ausgeliefert gewesen war. Vor dieser Erfahrung war ihm lediglich bewußt gewesen, daß er Schwierigkeiten hatte, körperliche Nähe von Frauen zu ertragen. Nach dem Durchspielen der Situation aber war er auf einmal in der Lage, eine Verbindung zwischen seinen körperlichen Empfindungen der Abscheu in der Spielsituation und seinen Gefühlen als Knabe seiner Mutter gegenüber beziehungsweise seinen heutigen Reaktionen auf Frauen zu sehen.

Im Zuge entsprechender Forschungsarbeiten (Zwerling 1979, Stern 1992) haben Musik- und Sprachtherapeuten als weiteres Gebiet der Körpererfahrung die Macht von Klängen und Tönen entdeckt. Der rhythmische Fluß von Stimmen und Klängen, die Häufigkeit, Schwingung und Lautstärke, mit der Stimmen und Instrumente Klang erzeugen, können Affekte und Antriebe ausdrücken und die Bewegungen und Laute des Kleinkindes spiegeln und kontrapunktieren. All diese Klangqualitäten sind im auditorischen Gedächtnis gespeichert. Weil Klänge Körpergrenzen und intellektuelle Abwehrmechanismen durchdringen, wird dieser Bereich häufig als grundlegendste Verbindung mit dem Imaginativen überhaupt betrachtet.

Die Lautstärke und der Klang meiner Stimme gewannen besondere Bedeutung in der Arbeit mit einer Patientin, die angefangen hatte, sich tief in sich zurückzuziehen, um in Kontakt mit den Erfahrungen ihrer Kindheit zu kommen. Allmählich konnte sie ihr verwundetes inneres Kind wieder spüren und bat mich, kein lautes oder unvermitteltes Geräusch zu machen (ihre Mutter pflegte sie als Kind durch mißtönende Geräusche in ihren selbsteinlullenden Bewegungen zu unterbrechen). Ich ging in weichen, lyrischen Tönen auf sie ein, die zu ihren sanften Schaukelbewegungen paßten.

Therapeuten, die mit Medien der Bildenden Künste, der Dichtung und dem Sandspiel arbeiten, haben festgestellt, daß es manchmal äußerst hilfreich sein kann, Inhalte des Unbewußten nach außen zu transponieren und darzustellen. Das gilt vor allem in Zeiten, in denen es für den Patienten sinnvoll ist, in Distanz zum Konfliktmaterial zu gehen und es als ein Ganzes zu betrachten, ohne in seiner Ich-Struktur dermaßen davon in Mitleidenschaft gezogen zu sein, daß eine solche Betrachtungsweise unmöglich ist (Lewis 1985). Eine Frau, mit der ich arbeitete, merkte zum Beispiel, daß ihr Ich so stark vom Frauenbild ihrer Kultur beeinflußt wurde, daß sie schließlich das Gefühl hatte, sie sei selbst schuld an ihrem negativen Bild von sich und daran, daß sie sich nicht entwickeln und als Frau annehmen konnte. Durch den Einsatz von Sandspielfiguren wurde ihr sehr viel klarer, was innerpsychisch in ihr vorging. Als erstes wählte sie einen großen, mit Styropor gefüllten Müllbeutel, der das negative kollektive Objekt repräsentieren sollte. Danach wählte sie verschiedene Aspekte ihrer eigenen, bisher nur im Schatten existierenden weiblichen Natur – ein kindliches Selbst, eine erdverbundene Indianerin, eine sexuell attraktive Frau, eine Tänzerin – und stellte diese Teile ihrer selbst in den verschlingenden «Mutterbeutel» hinein. Als das geschehen war, begriff sie, was sie zu tun hatte, und verbannte ihre internalisierte Mutter im Rahmen eines imaginierten Dramas in die andere Ecke des Zimmers. Nun konnte sie die psychische Energie, die zuvor durch diesen Komplex gebunden war, ihrem Ich zuführen. Nach dieser Sitzung begannen sich ihre Körperhaltung und ihre Stimme deutlich zu verändern. Statt ihrer einstigen zusammengesunkenen, schlaffen Haltung saß sie aufrecht und beanspruchte mehr Platz für sich. Ihre Stimme klang lauter und voller und wurde besser von der Atmung gestützt. Sie berichtete, daß sie das Gefühl habe, ihr Leben stärker selbst kontrollieren zu können und klarer zu wissen, was sie wollte.

Bei manchen Patienten ruft die Körpererfahrung zu starke Emotionen hervor. In diesen Fällen kann es hilfreich sein, die objektbezogene Dynamik zunächst nur auf dem Papier sichtbar zu machen, um den Schritt hin zum Wahrnehmen und nochmaligen Durchleben emotional besetzter Phänomene zu vollziehen. Ein Beispiel für den Einsatz der Bildenden Künste als Medium der Annäherung an solche Phänomene ist die Situation eines Mannes, der massive Angst vor seinem eigenen starken, abgespaltenen Zorn auf seine Mutter hatte. Er äußerte die Befürchtung, wenn er dieses Gefühl im Rollenspiel ausagieren würde, würde er mich packen und «aus dem Fenster schmeißen». Sein rasendes Wutmonster zunächst einmal nur zu malen diente ihm als wichtiges Übergangsmedium zwischen Unbewußtem und Ich und gab ihm die nötige Sicherheit, es zuzulassen. Danach war er bereit und fähig, seinen Zorn auch körperlich zu spüren und zum

Ausdruck zu bringen, ohne zu befürchten, er würde die Kontrolle über sich verlieren und mich tätlich angreifen. Das Zeichnen seines zornigen Selbst war ihm zunächst leichter gefallen, weil er das Gefühl hatte, sich dabei stärker kontrollieren zu können. Andererseits wurde ihm dadurch wohl deutlich, daß sein personifizierter Zorn auf dem Papier eine konkrete, abgegrenzte Form aufwies und daß er selbst diese Form gestaltet hatte. Dieses Erlebnis bestärkte ihn in dem Bewußtsein, seine Emotionen nicht nur auf dem Papier, sondern auch im körperlichen Ausagieren kontrollieren und ihnen Grenzen setzen zu können.

Auch bei Personen mit stark verzögerter Ich-Entwicklung ist Körpererfahrung zum Teil kontraindiziert, da sie unter Umständen eine Überflutung des Ichs mit unbewußtem Material auslöst, das nicht angemessen assimiliert werden kann. Genau das galt für eine Frau, die massiv unter immer wiederkehrenden Alpträumen litt. Auf meine Anregung hin verfaßte sie ein Skript in Gedichtform für einen bestimmten mißbrauchenden Teil ihrer selbst, der in ihren Träumen auftauchte. Das Schreiben verschaffte ihr die erforderliche Distanz und ermöglichte ihr ein bewußtes «Austrocknen» ihres Ärgers, den sie gegen sich selbst gekehrt hatte, weil ihre Mutter sie daran gehindert hatte, ihm anders Ausdruck zu verleihen. Der Prozeß wurde dadurch zusätzlich gefördert, daß ich ihr die Gedichte vorlas. Sie sagte: «Es ist gut, daß Sie es mir vorlesen, damit ich zuhören kann. Ich fühle mich so ruhiger. Ich weiß, es klingt vielleicht komisch, aber wenn Sie lesen, was ich geschrieben habe ... Sie packt es nicht so wie mich, als ich es aufschrieb oder eher, ‹als es durch mich schrieb›.» Nach dem Lesen vermittelte ich ihrer abgespaltenen, aggressiven, instinktiven Seite, die sie als Kind aus Angst vor der Ächtung ihrer Mutter nicht hatte ausdrücken dürfen, Anerkennung und Wertschätzung. Im Laufe der Sitzung fühlte sie sich imstande, das Risiko eines Rollenspiels auf sich zu nehmen, in dem sie selbst die Rolle dieses Teils von ihr übernahm, während ich sie «interviewte». Auf diese Weise fing sie an, mit ihren aggressiven Anteilen in Kontakt zu kommen und sie nach außen zu transponieren, statt ständig von diesen Aggressionen, die nachts aus ihrem Unbewußten aufstiegen, vereinnahmt zu werden.

Bei Personen mit mangelhafter Impulskontrolle oder der Tendenz, Realität und symbolische Darstellung durcheinanderzubringen, sollte die Möglichkeit heftiger oder undifferenzierter Reaktionen gegen sich selbst oder andere eingeschränkt werden. Psychotische Patienten brauchen in Rollenspielsituationen zum Beispiel häufig die Erinnerung daran, daß die anderen Patienten und Mitarbeiter genau dies sind: andere Patienten und Mitarbeiter. Ein psychotischer Patient, der für seine impulsiven Ausbrüche bekannt war, schlug wiederholt zwei Tonstücke heftig gegeneinander. Bei ihm war es wichtig zu warten, bis sich sein Ich genügend entwickelt hatte, bevor man interpretierte, was seine Handlung wirklich bedeutete, damit er verstehen konnte, daß das Zerschmettern von Tonscherben etwas anderes ist als Seifenblasen zu erzeugen.

In manchen Fällen ist das Ich zwar genügend differenziert, doch das internalisierte negative Objekt mit seinem Arsenal von Abwehrmechanismen gestattet der Person möglicherweise anfangs keine so starken Erfahrungen, wie sie das Erlebnis der Körpererfahrung in der Bewegung oder im Psychodrama darstellt. So war es bei einer Frau, die durch die imaginative Arbeit so weit in ihr Inneres vorgedrungen war, daß sie ihre abgespaltene, heile, mütterliche Seite wieder für sich reklamieren konnte. Sie war jedoch unfähig, diese starke, entscheidende Erfahrung zu spielen. Ich legte ein Stück Papier und Pastellkreiden vor sie hin und ermutigte sie zu malen. Sie fing damit an, dann unterbrach sie sich wieder. Da ich ihre negative Mutter genau kannte (sie hatte sie auf mich übertragen, um sie zu neutralisieren und zu transformieren), sagte ich: «Ihre innere Mutter wird versuchen, Sie zum Aufhören zu bringen; lassen Sie das nicht zu. Sie wird Ihnen sagen, es sei nicht künstlerisch genug; sie wird Ihr Bild schlechtmachen; sie wird sogar versuchen, Sie in ein Blackout hineinzutreiben oder Ihnen den Arm einschlafen zu lassen, aber Sie können es schaffen.» Mit äußerster Anstrengung und wilder Entschlossenheit zeichnete sie daraufhin die Gestalt einer Frau, die die Arme nach einem Kind ausstreckte. Ihre negative innere Mutter wußte, welche Kraft Körpererfahrungen für diese Frau hatten. Doch der Patientin selbst war – bis sie anfing – nicht klar, wie wichtig es für sie war, dieses Bild gegen alle inneren Widerstände vollenden zu können. Es war für sie eine überwältigende Erfahrung, daß sie es tatsächlich geschafft hatte, und sie dankte mir, daß ich mit ihr gemeinsam gegen das, was sie als ihre «innere Medusenmutter» bezeichnete, angekämpft hatte.

Der Einfluß des Entwicklungsstadiums auf die Wahl des künstlerischen Mediums

Wie bereits erwähnt, stellen Klang und Bewegung die grundlegendsten und vielleicht auch ursprünglichsten künstlerischen Ausdrucksmittel dar. Wenn ich mit Personen arbeite, deren unangepaßtes inneres Kind Zärtlichkeit und Fürsorge braucht, achte ich daher mehr auf den Klang meiner Stimme als auf den Inhalt dessen, was ich sage. Der rhythmische, klare Klang kann mit dem rhythmischen Wiegen oder Summen eines Wiegenliedes gleichgesetzt werden. Auch wenn das Erwachsenen-Ich des Patienten vielleicht den Inhalt dessen, was ich sage, hört, so ist doch das innere, kindliche Selbst mein erster Ansprechpartner, der sich angenommen und in die Beziehung einbezogen fühlen muß.

Gesang und Instrumentalmusik von einfachster melodischer Qualität, wie man sie in der Musik von Satie oder in vielen Stücken der sogenannten «New-Age-Entspannungsmusik» findet, tun dem vernachlässigten inneren Kind des Menschen wohl und beruhigen es.

Wie Klang und Rhythmus können auch die Körperhaltung, Atmung und Bewegung des Therapeuten und des Patienten frühkindliche Phasen spiegeln. (Dieses besondere Phänomen wird in Teil II noch genauer beleuchtet.)

Auch in dieser frühen Phase kann bereits die dramatische Darstellung eingesetzt werden, wobei der verbale Anteil nicht so wichtig ist. Im Mittelpunkt steht vielmehr das erneute Inszenieren früher Objektbeziehungen zwischen der Bezugsperson und dem Patienten (Lewis Bernstein und Singer 1983, Lewis 1987).

Der Gebrauch künstlerischer Medien durch das Kind entwickelt sich allmählich, wenn es zunehmend Interesse an Sinneswahrnehmungen und taktiles Vergnügen an den verschiedenen Medien empfindet. Das zeigt sich bei Fingerfarben, verwischbaren Pastellkreiden und im Hin- und Herschieben von Sand beim Sandspiel. Man fühlt sich an Kreationen erinnert, wie sie Kinder im Kinderstühlchen mit Essen herstellen: Kartoffelbrei, Soße, Joghurt, alles wird zu einem hübschen, abstrakten, expressionistischen Tischrelief verarbeitet.

Eine Patientin stellte ihre Füße in eine Sandkiste auf dem Boden, nachdem sie in der authentischen Bewegung «ihre Zehen erkundet» hatte. Danach nahm sie Pastellkreiden und malte und verwischte verschiedene Farben auf einem großen Stück Zeichenkarton. Für eine Gruppe gestreßter, hart arbeitender Erwachsener breitete ich in einer Sitzung ein großes Stück Plastikfolie auf dem Boden aus. Fingerfarben, Rasierschaum, Seifenschaum und wassergefüllte Ballons standen als Medien zur Auswahl. Nach dem Malen mit Händen und Fingern gingen die Teilnehmer zum Malen mit Füßen und Zehen über. Bald tanzten alle miteinander und vermanschten genüßlich die verschiedenen Medien mit den Fußsohlen und Zehen. Dieses in der menschlichen Entwicklung verankerte Erlebnis vergnüglichen Sichgehenlassens wurde von Ich-Psychologen wie Anna Freud (1971) als anal-libidinöse Phase bezeichnet.

Anna Freud beschreibt auch, wie mit fortschreitender Entwicklung das Interesse an härteren Medien, die Widerstand bieten, wächst. Probleme der Autonomie, der Unabhängigkeit und der Macht und Kontrolle über die Materialien stehen nun im Vordergrund. Das Modellieren und Töpfern mit Ton, Knetmasse und nassem Sand beim Sandspiel sind die dieser Phase angemessenen künstlerischen Medien. Ton läßt sich zu allem möglichen formen, zu Gefäßen, zu abstrakten Figuren oder zu Figuren, die irgend etwas oder irgend jemanden repräsentieren. Ton kann aber auch dabei helfen zu lernen, daß man Kontrolle über Dinge hat, indem man Formen gestaltet, sie zerstört und von neuem schafft. Die knetbaren Medien können auch mit dem Zorn einer Person erfüllt werden, die ihren Ärger oder ihren eigenen Standpunkt nie wirklich ausdrücken durfte.

Ein Jugendlicher zeichnete einmal ein lebensgroßes Bild eines Elternteils. Wir pinnten es an die Wand, und er warf Klümpchen aus «Scheiße» (Ton) danach. Es bereitete ihm großes Vergnügen, wenn sie an wichtigen Stellen auf dem Bild kleben blieben.

Eine Erwachsenengruppe arbeitete mit Ton, wobei jeder in seinem eigenen inneren Raum blieb. Dann wurden die Teilnehmer aufgefordert, ihre Werke so aufzustellen, daß sie zueinander in Beziehung traten. Auf diese Weise wurde eine Gruppenwelt geschaffen, die alle mit staunender Bewunderung erfüllte.

Das Problem der Macht und Kontrolle tritt in der kindlichen Entwicklung normalerweise im Alter von dreieinhalb Jahren in den Hintergrund. Nun nehmen Phantasie und Imagination einen weit größeren Raum ein. Die Kinder entdecken die Lust am Rollenspiel, verkörpern verschiedene Charaktere, erkunden das Feld der Instinkt- und Impulskontrolle.

Wasserfarben, Sandspiel und Musikinstrumente werden nun interessanter. Auffallend ist die Vorliebe für «flüssige» Ausdrucksmittel und die Bedeutung von Themen des Festhaltens und Loslassens. Kostüme zum Tanzen und Schauspielern oder auch nur zum Ausprobieren von Rollen gewinnen an Bedeutung. Auch die Verkörperung von Tieren wird wichtig, wenn in diesem Alter der instinktive Bereich entdeckt und ausgelotet wird mit dem Ziel, die verschiedenen Aspekte der eigenen Psyche zu integrieren und zu «zähmen».

Eine Gruppe wählte zum Beispiel Tiermasken aus einem Korb und improvisierte spontan ein Drama mit «Guten» und

«Bösen» und dem Thema der Rettung «der Kleinen und Hilflosen, die sich verirren».

Auf der Ebene der Bewegung schwärmen Personen in dieser Phase in den Raum aus und erproben dabei verschiedene Formen des Sich-Bewegens und Innehaltens.

Im Alter von vier bis fünf Jahren entwickeln sich neue spielerische Motive. Zunächst wird die Mutter als schöpferische Instanz identifiziert, und das Kind interessiert sich für Rollenspiele, in denen es um Kinderbetreuung und -versorgung geht. Daneben entwickelt sich die Fähigkeit zum Gestalten oder Bauen mit dreidimensionalen Medien.

Als Themen im Sandspiel, Puppenspiel, in der Spieltherapie und im Psychodrama tauchen auf: die Tötung des Monsters, die Rettung Schwächerer, das Vordringen in dunkle Bereiche oder auch ödipale Dramen, bei denen zwei Personen gemeinsam mit einer Tätigkeit beschäftigt sind und die dritte sich ihnen anzuschließen versucht.

Mit der Latenzphase treten Probleme der Leistung und Bewältigung, der Interaktion in gleichgeschlechtlichen Peergroups und der Integration von Regeln in den Vordergrund. In dieser Zeit wächst das Interesse daran, sich mit neuen künstlerischen Medien auseinanderzusetzen, die die Beherrschung von Werkzeugen und Techniken verlangen. Die Beschäftigung mit der Kunst als Handwerk, das ein nützliches Produkt hervorbringt, wird wichtig.

Eine Therapiegruppe, in der wir mit Bewegungsimprovisation arbeiten, hatte großen Spaß daran, sich spontan nach Geschlechtern zu trennen und zusammenzufinden. Sie erfanden ein Spiel, in dem die jeweils anderen durch die im Raum vorhandenen Requisiten ferngehalten wurden. Diese Erfahrung half vielen dabei, ein Gefühl der Akzeptanz innerhalb ihrer eigenen Peergroup zu entwickeln. Vor allem eine Teilnehmerin hatte sich bis dahin von anderen Frauen isoliert; da sie eine konkurrierende, brutale, mißbrauchende Mutter und keine Schwestern gehabt hatte, hatte sie sich in ihrer Kindheit in der Gesellschaft von

Mädchen abgewertet und unsicher gefühlt. Für sie war es wichtig, im therapeutischen Prozeß bestimmte Entwicklungserfahrungen zu machen und sich, wie Winnicott es formuliert, bedeutungsträchtige Erinnerungen zu verschaffen (Winnicott 1979).

Mit fortschreitender Entwicklung kommen zu den bis dahin gültigen künstlerischen Ausdrucksmitteln das Schreiben von Tagebuch, Gedichten und Geschichten sowie das Lesen hinzu. Pubertäre Übergangsriten und damit zusammenhängend die Auseinandersetzung mit Fragen von Abhängigkeit und Unabhängigkeit, Geschlechtsrollenorientierung, Identität, künftigen Rollen und Berufswahl müssen durchlaufen und bewältigt werden.

Ein Mann schrieb seinen persönlichen Entwicklungsroman, in dem sämtliche Personen entweder internalisierte Elternkomplexe darstellten beziehungsweise Schattenaspekte seines Ichs, die darauf warteten, integriert zu werden, oder gegengeschlechtliche Aspekte und verschiedene Animafiguren, auf die er sich einlassen mußte. Jedes Kapitel wurde dann im imaginativen Bereich durchgespielt, um seinen Individuationsprozeß voranzutreiben.

Mit Erreichung des Jugendalters schließlich sind alle künstlerischen Medien einsetzbar (Rubin, Irwin und Lewis Bernstein 1975). Zusammenfassung siehe Tabelle 3.1.

Tabelle 3.1 Indikationen der Wahl des künstlerischen Mediums entsprechend der Entwicklungsphase

Alter	Phase	Themen	künstlerisches Medium
In utero	Pränatal.	Sicherheit in einem bergenden Behältnis.	Klänge mit Herzschlagrhythmus; Bewegung in einem umschlossenen Raum.

Alter	Phase	Themen	künstlerisches Medium
0–6 Mte.	Oral; Symbiose; erste mütterliche Phase; uroborisch-pleromisches Paradies.	Vertrauen; Verschmelzung; Spiegelung; Abhängigkeit; Fürsorge; Einstimmung; Halten und Betreuen; Dominanz der Horizontalen.	Klang (Musik und Stimme), gekoppelt mit Bewegung in einem oralen Saugrhythmus und einem innergenitalen, weiblichen Wiegerhythmus; Körperbewußtsein: innerer und äußerer Blickkontakt; gemeinsames Atmen; nonverbales, dyadisches Drama.
6–18 Mte.	Oral-aggressive Ablösung und Individuation; Differenzierung; Trennung von den «Welt-Eltern».	Grenze zwischen Ich und Nicht-Ich; Verspeisen und Verspeist-Werden; Trennung; Gesehen und Nichtgesehen-Werden; Greifen und Grollen.	Musik, Stimme und Bewegung in einem oral-aggressiven Beiß- und Kaurhythmus; dramatische Verkörperung von Geschöpfen mit Zähnen und fleischfressenden Tieren; Bilder aus Essen gestalten; Nahrung mit dem Strohhalm herumspritzen; Kaugummi-Kauen und -Blasen-Machen.
1½–3 J.	Anal-libidinös und sadistisch; Ablösung und Individuation; Übung und Wiederannäherung; zweite mütterliche Phase.	Autonomie vs. Scham; Macht und Kontrolle; Selbstsicherheit; Zerstörung von Autorität; Spaltung zwischen Selbst und Objekt; vertikale Stellung im Raum; Selbstdarstellung; Freude am Herstellen von Dingen.	Musik, Stimme und Bewegung mit anal-libidinösem oder sadistischem Rhythmus (intensives Halten, Anspannen und Loslassen auf der vertikalen Ebene); Fingerfarben; Sand; Ton; Knetmasse; Salzteig; dramatische Darstellung von Selbstsicherheit, Unabhängigkeit und Kontrolle.

Alter	Phase	Themen	künstlerisches Medium
3–4 J.	Urethral-libidinös und sadistisch; auf dem Weg zur Objektkonstanz; chthonisch.	Festhalten vs. Loslassen; Freude am Sein; Freude am Tun; Anfangen und Aufhören; Impulskontrolle; Assimilation von Instinkten.	Klang, Musik und Bewegung mit/ohne libidinöse und sadistische Rhythmen (angenehm langsam dahinfließend, versetzt mit plötzlichen Impulsen); Wasserfarben; Rollenspiel; Themen des Füllens und Leerens; flüssige Settings; Verkörperung verschiedener Tiere, Ungeheuer und Phantasiegeschöpfe; Sandspiel mit Tieren.
4–5 1/2 J.	Ödipal; magisch-kriegerisch und magisch-schöpferisch.	Ödipale Themen; Einschluß und Ausschluß; Rivalität und Konkurrenz; Tötung des Drachens; Transformation des Drachens; Geschlechtsrollenidentifizierung; schöpferisch Tätigsein; Eindringen; Freude am Kreativen.	Klang, Musik und Bewegung mit inneren und äußeren genitalen Rhythmen (Schaukeln und Wiegen abwechselnd mit ballistischem Eindringen); Material für Collagen und Skulpturen.
5 1/2–10 o. 11 J.	Latenz.	Fleiß; Beherrschung des Materials; gleichgeschlechtliche Peergroup; Internalisierung von Regeln; Freude an der Beherrschung des Materials.	Sandspiel; Drama: verkleiden; Rollenspiel und/oder Puppenspiel mit geschlechtsspezifischen Rollen; Einsatz verschiedener Musikinstrumente; Gebrauch neuer Werkzeuge, Medien und Techniken zur besseren Beherrschung künstlerischer Betätigung; Verbindung zwischen Kunst-

Alter	Phase	Themen	künstlerisches Medium
			produkt und Handwerk (Produkt hat Gebrauchswert); Schreiben von Gedichten und Geschichten; Lesen.
12–16 J.	Pubertät; solarkriegerisch und lunar-zyklisch	Zweites Auftauchen ödipaler Themen; Unabhängigkeit von elterlicher Autorität; Geschlechtsorientierung; Übergang von der Kindheit ins Erwachsenenalter; Identitätsfindung; Inbesitznahme der eigenen Kraft und Stärke.	Alle künstlerischen Medien einschließlich Tagebuchschreiben.

Zusammenfassung

Aus den Ausführungen dieses Kapitels müßte deutlich geworden sein, wie wichtig es ist, beim Einsatz künstlerischer Medien das anvisierte Entwicklungsalter im Auge zu behalten, und zwar keineswegs nur bei der Arbeit mit Kindern, sondern auch mit Personen beliebigen Alters, die frühere Entwicklungsphasen aufarbeiten und noch einmal durchleben. Wenn eine Person zum Beispiel Verbindung zu ihrem frühkindlichen Selbst aufnimmt, um sich an die Vergangenheit zu erinnern oder die frühe Eltern-Kind-Beziehung zu rekonstruieren, ist es angebrachter, sie zur Körperarbeit zu ermutigen und ihre Bewegungen zu spiegeln, als sie dazu aufzufordern, etwas zu zeichnen oder zu schreiben.

Grundsätzlich empfiehlt es sich, die Patienten wissen zu lassen, welche Ausdrucksmöglichkeiten ihnen in der Therapie zur Verfügung stehen. In den meisten Fällen werden sie, wenn sie in Kontakt mit ihren inneren Prozessen sind, das für sie richtige Medium wählen.

Teil II

Dichterische Gestaltung von Lebensdramen

Die Phasen menschlicher Entwicklung und der Prozeß der Transformation

Kapitel 4

Die Ontogenese und der therapeutische Prozeß

Einführung

Von der Geburt bis zum Tod spielen wir Menschen mit in den großen Dramen des Lebens. Klänge, Bewegungen, Bilder, Charaktere und Handlungsstränge verschlingen sich zu einem bunten, komplexen Gewebe. Ein Teil der Arbeit des Patienten und des Therapeuten, die mit künstlerischen Ausdrucksmitteln arbeiten, besteht darin, das Gewebe des Dramas – Bild, Klang und Bewegung – einerseits als Gesamtgestalt wahrzunehmen, andererseits aber auch die Fäden der verschiedenen Leitmotive zu identifizieren. Werden diese Fäden entwirrt und zu ihrem Ursprung zurückverfolgt, so lassen sich Rollen, Umfelder und thematische Schwerpunkte bestimmten Entwicklungsstufen zuordnen und entsprechend gruppieren.

Durch die Theorien der Ich-Psychologen (Erikson 1979, A. Freud 1971) haben die Therapeuten immer mehr verstehen gelernt, daß mit jeder Lebensphase bestimmte Themen verbunden sind, die die Art, wie eine Person die Welt betrachtet und mit ihr in Beziehung tritt, bestimmen und der betreffenden Person und den für sie signifikanten anderen spezifische Rollen vorschreiben. So unterscheidet sich zum Beispiel die Rolle eines Individuums, das in seinem Lebensdrama den Akt gestaltet, in dem es um die Entwicklung von Urvertrauen geht – in Eriksons Entwicklungsmodell die erste Stufe, Urvertrauen versus Urmißtrauen –, radikal von den Rollenanforderungen in der zweiten Stufe, dem Ringen um Autonomie.

Dysfunktion und pathologische Veränderungen treten auf, wenn die einzelnen Entwicklungsphasen auf Grund ungünstiger

Umfeldbedingungen oder thematischer oder rollenbezogener Abweichungen nicht erfolgreich integriert werden konnten. Auch wenn die Modelle der Ich-Psychologen sich als ein wichtiger Fortschritt im Vergleich zu Freuds ursprünglichen Konstrukten erwiesen, so haben entwicklungstheoretische Modelle durch die Arbeit der Objektbeziehungstherapeuten und Neo-Jungianer doch noch wesentliche Ergänzungen erfahren.

Die meisten Therapeuten würden darin übereinstimmen, daß ein Großteil der Störungen ihrer Patienten ihren Ursprung in den ersten drei Lebensjahren hat. Die Ich-Psychologen haben sich zwar mit dieser Lebensphase beschäftigt, doch nicht mit dem speziellen Interesse der Objektbeziehungstheoretiker wie Melanie Klein (1997), Margaret Mahler (1972), D. W. Winnicott (1979), Ronald Fairbairn (1976) und anderer, die die innerpsychischen und interpersonellen Fäden des Lebensgewebes dieses bestimmten Abschnittes gleichsam durch ein Vergrößerungsglas betrachteten. Sie entdeckten dabei leicht variierende Rollen im Mutter-Kind-Drama, aus dem das Kind bei einer intakten, guten Mutter-Kind-Beziehung mit einem realistischen Selbstgefühl und einem konstanten internalisierten, unterstützenden und befähigenden Objekt oder einer guten inneren Mutter hervorging.

Ist erst einmal Objektkonstanz erreicht, erfährt das Lebensdrama eine Ausdehnung. Um seinen komplexen Wendungen folgen zu können, müssen andere theoretische Konstrukte bemüht werden. Die Ich-Psychologen haben zwar den Therapeuten auch hier die Grundlinien der Entwicklung, die der Mensch im Laufe seines Lebens durchmacht, aufgezeigt. Die thematischen Dramen stellen sich jedoch weit komplexer dar, als sie dachten, und divergieren je nach Geschlecht und dominanten Charakterstrukturen. Durch das Werk Jungs und der Jungianer (Neumann 1949, 1963; von Franz, 1986, 1982; Harding 1949) wurden kulturgebundene Externalisierungen universaler Lebensthemen und Wesensmerkmale, wie sie in Mythen, Märchen, im religiösen Ritual und in Göttersagen zu finden sind, in den therapeutischen Prozeß miteinbezogen und ermöglichen die Beschäftigung mit einem reichen Spektrum machtvoller archetypischer Themen im Zuge der inneren Entwicklung und der Lebenszyklen des einzelnen.

Das Bewußtwerden

Die Dramen fehlgeleiteter Entwicklung werden im Leben einer Person als Wiederholungszwänge oder Wiederholung von Kindheitsmustern sichtbar, die ursprünglich dem Überleben dienten, nun aber, im Erwachsenenalter, ihre Individualität und Ganzheit blockieren. In der Therapie werden dem Patienten die einzelnen Fäden der ihn bestimmenden Themen und Rollen allmählich anhand ätiologisch begründeter, explorativer Fragen und Kommentare enthüllt, wie: «Ich vermute, das ist nicht das erste Mal, daß Sie sich mit genau diesen Gefühlen in einer derartigen Situation befunden haben?» Oder: «Was ist Ihre allerfrüheste Erinnerung an diese Erfahrung?»

In diesem ersten Stadium der Bewußtwerdung muß das Individuum sich darüber klar werden, wie diese Verhaltensweisen und Interaktionen internalisiert und in sein gegenwärtiges Leben projiziert wurden. Ein Patient, der bei mir in Analyse war, hatte zum Beispiel das Gefühl, daß ich über ihn zu Gericht sitze. Da die Rolle der Richterin nicht zu meinem Selbstverständnis als Therapeutin paßt, versuchten wir gemeinsam, dieses Gefühl auf seine eigentliche Wurzel zurückzuführen. Es stellte sich heraus, daß seine Mutter eine protestantische Ethik verfochten hatte, die selbst den strengsten Puritaner beschämt hätte. Natürlich reagierte dieser Mann, der mittlerweile selbst erwachsene Kinder hatte, nicht auf seine tatsächliche Mutter, sondern auf das internalisierte negative Objekt (im Sinne der Objektbeziehungstheoretiker) oder den Mutterkomplex (jungianisch). Die Allgegenwärtigkeit der Projektion dieses Komplexes und seine beständigen inneren Urteile, die das Selbstgefühl des Patienten kastrierten, wurden exploriert.

Eine noch stärkere Bewußtwerdung des Patienten in bezug auf die «Motivation» des Mutterkomplexes erreichte ich dadurch, daß ich ihn im Rollenspiel darstellte.

Komplexe werden als gefühlsbesetzte Konstellationen von Erinnerungen und Erfahrungen betrachtet, die um einen universalen, archetypischen Kern gelagert sind. Dieser Mann hatte also um den Mutterarchetyp eine Fülle von Dramen gesponnen, in denen seine Mutter ihn ausschalt und beschämte und ihm so jeden Zugang zum positiven Aspekt der Großen Mutter und damit zu einer Welt, die als gütig und unterstützend erfahren wird, verwehrte.

Noch etwas anderes ist faszinierend an Komplexen: Obgleich sie zum Teil vom Individuum selbst geschaffen werden, sind sie doch gleichzeitig unabhängig von Ich und Selbst und einzig und allein am eigenen Fortbestehen interessiert. Komplexe wie etwa der innere elterliche Richter versuchen daher, soviel psychische Energie aufzusaugen wie möglich, die sie – das ist ihre Eigenart – dem Ich oder Selbst entziehen. Sie werden zu dem, was die Gestalttherapeuten als «top dog» bezeichnen, einer Instanz, die sich parasitär von allem ernährt, was das Ich oder Selbst durch die eigene Kreativität oder durch die Außenwelt bekommen. Darüber hinaus sind Komplexe äußerst geschickt im Manipulieren und Intrigieren. Sie wechseln nach Belieben Gestalt und Persönlichkeit, um das Ich davon zu überzeugen, daß es sie braucht.

Um wieder auf meinen Patienten und das Rollenspiel, in dem ich seinen richtenden Mutterkomplex spielte, zurückzukommen, so unterstützte ich seinen Bewußtwerdungsprozeß, indem ich erklärte: «Du brauchst mich; wenn ich nicht da wäre, um dir zu sagen, was du falsch machst, würdest du dich nur blamieren, und dann fände jeder dich schrecklich und würde dich fallenlassen.» Wie viele Patienten nickte auch dieser Mann bestätigend bei dieser Äußerung. Ich ging dazu über, die «hungrige» Seite des Komplexes zu enthüllen, in der dessen Verwundbarkeit offenbar wurde. Ich fuhr also fort: «Ich brauche dich, um mich von dir zu ernähren. Ich habe einen Riesenappetit, deshalb möchte ich nicht, daß du merkst, daß deine Kreativität und das Wohlwollen anderer dir gegenüber für dein eigenes Wohlbefinden da sind. Dann würdest du größer und stärker werden als ich, und ich würde meine Macht über dich verlieren. Deshalb mußt du weiter auf mich hören: Irgend etwas nur für dich selbst zu wollen, ist selbstsüchtig, und mit dem zufrieden zu sein, was du tust, ist eingebildet und eitel!»

Der Transformationsprozeß

Therapeuten, die mit künstlerischen Ausdrucksmitteln arbeiten, wissen seit langem, daß Transformation nur durch das Erleben im imaginativen Raum geschehen kann. Viele Patienten beklagen sich am Anfang, daß sie schon mit anderen Therapeuten über ihre Probleme gesprochen haben, daß es ihnen aber nichts gebracht hat. Die Problemmuster dieser Patienten wären sicherlich leicht zu verändern, wenn sie nur im empirischen Raum existieren würden.

Winnicotts intermediärer Raum wie auch der imaginative Raum, den Jung (1971) als *mysterium coniunctionis* beschrieben hat, können das Therapiezimmer in ein Kinderzimmer verwandeln, in dem alte traumatische Szenen noch einmal erlebt werden, oder in eine Bühne für die Aufführung neuer Objektbeziehungsdramen oder auch in einen Dschungel, in dem der Held oder die Heldin seinem oder ihrem inneren instinktiven Raubtier begegnet.

Aus einer jungianischen, archetypischen Perspektive heißt das, daß durch die Personifizierung einer Gottheit oder den spontanen, improvisierten Vollzug eines uralten Rituals oder Übergangsritus numinose Energie in den Raum strömen kann.

Das Rollenrepertoire des Therapeuten umfaßt dabei alle möglichen fördernden und destruktiven Kräfte in der menschlichen Entwicklung, wie sie der einzelne in seiner persönlichen Geschichte erlebt hat oder wie sie sich im Rahmen der Kulturgeschichte in Mythen, Märchen, liturgischen und anderen Formen niedergeschlagen haben.

In diesem imaginativen Raum erinnern sich meine Patienten an Mißbrauchserlebnisse aus ihrer Kindheit und erleben sie noch einmal. Doch statt ihr inneres Kind erneut mißbrauchen zu lassen, betreten sie nun als Erwachsene die Szene, umfangen das Kind schützend oder bringen es an einen sicheren Ort und «machen» den mißbrauchenden Elternteil oder den jeweiligen Übeltäter «so richtig fertig». Indem sich die negativen Schichten ihrer inneren Komplexe ablösen, wird der archetypische Kern zugänglicher. Wenn das geschehen ist, ist es möglich, gesunde Entwicklung zu gestalten und mit künstlerischen Ausdrucksmitteln erlebbar zu machen, sei es in der Zweierbeziehung zwischen dem Patienten und mir oder innerhalb einer Gruppe. Eine neue, fürsorgliche elterliche Erfahrung kann nur gemacht werden, wenn die ganze Geschichte nochmals erlebt und transformiert wird. Hier sind klassische Psychodramatechniken und der Aufbau des Psychodramas äußerst hilfreich, gerade in der Neugestaltung der eigenen Geschichte, in der Konfrontation und in der Transformation des Antagonisten.

Die Entwicklung eines Menschen wird natürlich auch dann beschnitten, wenn frühe Entwicklungsphasen unterbrochen wurden. In diesen Fällen geht es nicht so sehr darum, Gewesenes noch einmal zu durchleben und darzustellen, als vielmehr darum, dem Patienten ein seinem Entwicklungsstand gemäßes Umfeld zu bieten, das es ihm ermöglicht, die nächsthöheren Entwicklungsstufen in seine Persönlichkeit zu integrieren. Dabei steht wiederum nicht der empirische, sondern der liminale und imaginative Bereich im Vordergrund.

Bewegungsimprovisation, Klang, Drama und Traumarbeit, Sandspiel und das Schreiben von Gedichten und Geschichten bieten ein reiches Spektrum von Möglichkeiten zur inneren Weiterentwicklung. Die Kenntnis der Entwicklungsstufen im Erwachsenenalter erlaubt es dem Therapeuten und dem Patienten, Themen, die aus dem imaginativen Bereich aufsteigen, zuzulassen und sie wichtig zu nehmen. Nicht zuletzt kann das Wissen um den Kreislauf von Tod, Zerstückelung, Verwesung und Wiedergeburt im Zuge der Suchwanderung des Helden, der »Quest«, dem Patienten helfen und ihm Mut machen, sich diesem manchmal erschreckenden, aber notwendigen Übergangsritus zu unterziehen.

Durch die somatische Gegenübertragung kann der Therapeut an der Transformation des Patienten im imaginativen Raum teilhaben, indem er seinerseits imaginiert, das verwundete innere Kind des Patienten zu halten und zu heilen oder die negativen elterlichen Introjektionen zu entgiften. Das Ringen um Ablösung, Selbstsicherheit und Autonomie, das in der Periode der Wiederannäherung im Vordergrund steht, kann mit Hilfe der Gegenübertragung mit verschiedenen imaginierten Szenarien unterstützt und ohne Worte aus dem imaginativen Bereich des Therapeuten auf den des Patienten übertragen werden. Dieser imaginierte Dialog ist äußerst wirkungsvoll und wird vom Patienten immer aufgenommen. Das haben mir viele Träume, Gedichte, Zeichnungen und Äußerungen von Patienten bestätigt, wie etwa: «Ich weiß, daß Sie mich die ganze Zeit gehalten haben» oder «Mein inneres Kind spürt Ihre ständige Ermutigung zur Selbstsicherheit».

Über dieselbe Verbindung von Unbewußtem zu Unbewußtem nehme ich die Komplexe oder abgespaltenen Schattenteile meiner Patienten in mich auf und gestatte ihnen, «durch mich zu sprechen». Dieser Prozeß ermöglicht mir zudem, mich noch tieferen Schichten des Unbewußten zu öffnen. Jung machte die Entdeckung, daß die Menschen nicht nur ein persönliches Unbewußtes besitzen, in dem ihre unterdrückte Geschichte und die abgespaltenen Teile ihrer selbst enthalten sind, sondern daß sie darüber hinaus Zugang zu einem universalen Schatz von Wissen haben, aus dem archetypische Bewegungen, Klänge, Motive und Bilder aufsteigen.

Aus diesem universalen kollektiven Unbewußten können dem Therapeuten Rollen und Themen zuströmen. Er kann zum Sprachrohr und Instrument des Archetypischen werden und sich von ihm für die Heilung des Patienten gebrauchen lassen. In diesem imaginativen Raum befinden sich Patient und Therapeut gleichermaßen im Zustand der Gnade. Beiden widerfährt Heilung. Auch eine Gruppe kann auf diese Weise tiefgreifende Wandlung erfahren. Das Archetypische vermag alte Rollen und Themen der Teilnehmer abzustreifen und jeden von ihnen auf das Wesentliche seines Daseins in der Gegenwart einer höheren Macht zurückzuführen.

Die Bereitschaft zur schöpferischen Leere

Die dritte Stufe im therapeutischen Prozeß entfaltet sich ganz von selbst. Die Patienten merken, manchmal rückblickend, wie ihr Verhalten sich verändert hat. Sie spielen nicht länger eine festgelegte Rolle, zum Beispiel die des Versorgers oder die des Kontrolleurs. Sie haben die Wahl, ob sie ein archaisches dramatisches Thema wiederholen wollen oder nicht. Sie leben im Augenblick und reagieren spontan auf das Schauspiel des Lebens.

Sie können nun frei sprechen und singen; ihre Stimme strömt, vom Atem gestützt, vernehmbar nach oben und nach außen in den Raum (Brownell und Lewis 1990). Ihr Körper bewegt sich ungehindert und ohne Blockaden, Spannungen, Unbehagen oder Schmerz. Die Haltung, befreit von den Prägungen dysfunktionaler frühkindlicher Beziehungen, paßt sich an den Augenblick und das Umfeld an. Grenzen, die Verletzbarkeit zulassen, aber auch Schutz gewähren, sind zu spüren, und ein ganzes Spektrum instinktiver und wirksam unterstützter Bewegungen kann situationsangepaßt abgerufen werden.

Die Fähigkeit zum Spiel und zum kreativen Ausdruck läßt Bilder und Metaphern in der künstlerischen Gestaltung und im Geschriebenen auftauchen, die einen ständigen Zugang zu den tieferen Schichten des Wissens ermöglichen und den Weg offenhalten für alles, was beim Voranschreiten des Individuationsprozesses mitleben will.

Der Sucher

Es sollte mittlerweile klar sein, daß nicht jeder den Mut hat, die große Entwicklungsreise des Lebens anzutreten. Nicht jeder ist ein Held, ein Pilger oder Alchemist. Ich sage vielen Patienten, die zur tiefenpsychologischen Arbeit zu mir kommen und sich diese spirituelle Reise wünschen: «Bedenken Sie genau, worum Sie bitten, Ihr Wunsch könnte in Erfüllung gehen.»

Ist das Archetypische nämlich erst einmal in einem Individuum mit ausreichend entwickeltem Ich geweckt, werden die universalen Themen, Klänge, Bilder und Bewegungen den Betreffenden ganz und gar erfüllen und ihn zur Transformation und Ganzwerdung zwingen.

Archetypische Energie wird archaische Widerstände im Patienten zerbrechen und ihn zu einem weiteren Voranschreiten im Individuationsprozeß befreien. Ein Sucher zu werden, sei es als Therapeut oder Patient, ist jedoch kein ungefährliches Unterfangen. Edinger zitiert in seiner Erörterung zum *opus*, zum alchemistischen Werk, aus einem alten Text mit dem Titel *Die Ordnung der Alchemie:*

> «Jeder, der sich dieser Suche ergibt, muß deshalb gewärtig sein, es mit viel Plage des Geistes zu tun zu bekommen. Oft wird er seinen Weg infolge neuer Entdeckungen, auf die er stößt, ändern müssen [...] Der Teufel wird sein Äußerstes aufbieten, deine Suche durch den einen oder anderen von drei Stolpersteinen zu erschweren, nämlich Eile, Verzweiflung oder Täuschung.» (1978, S. 8)

Um Sucher, Alchemisten, zu sein, müssen Therapeut und Patient Bescheidenheit lernen und immer in Beziehung zu ihrer eigentlichen Quelle bleiben, dem Selbst.

Das Selbst, der anordnende Archetyp der Ganzheit und Individuation, führt den einzelnen langsam auf dem Weg innerer Entwicklung voran, was oft große Opfer und Mühen für das Ich mit sich bringt. Doch nur die wenigsten, die sich diesem Abenteuer einmal ergeben haben, wollen wieder zurück. So stark wird die Triebkraft und so tief die Erweiterung des Bewußtseins, daß sich das Individuum dem Individuationsweg nicht länger verschließen kann.

Kapitel 5

Das undifferenzierte Archetypische und die symbiotische Phase

Wir stehen im Begriff, eine Reise anzutreten, die uns mit der Traumwelt des alten Ägypten in Berührung bringen und weiter durch das Pantheon Griechenlands, durch die Genesis und die Geschichte Christi führen wird, eine Reise, auf der uns Märchengestalten entgegentreten und uns ein Blick in die Nachschlagewerke der Alchemie gewährt wird. Da Mythologie und Volksmärchen das externalisierte Unbewußte der Angehörigen einer Kultur verkörpern, können sie den einzelnen auf seiner Reise zu wachsender Ganzheit begleiten und ihn zugleich durch die Universalität ihrer Botschaft mit der ganzen Menschheit verbinden. So spiegeln zum Beispiel Schöpfungsmythen den Ursprung des Bewußtseins der Völker, die sie gestalten. Das mythologische Material, das ausgewählt wird, künftigen Generationen in Gestalt von Göttersagen weitergegeben zu werden, ist ein Spiegel der Probleme und Fragen, die eine Kultur beschäftigen, und der Übergangsriten, die ihre Mitglieder durchlaufen müssen. Da diese universalen oder archetypischen Bilder, Bewegungen, Klänge und Themen aus dem imaginativen Raum aufsteigen, können sie die innere Transformation des einzelnen beeinflussen und erleichtern. Durch den Einsatz künstlerischer Ausdrucksmittel können Menschen diese Archetypen erfahren und dadurch wirkungsvoll geheilt und in ihrer gesunden Weiterentwicklung gefördert werden.

In der Mythologie wird eine Verbindung zu den Urahnen, zum Uranfänglichen bewahrt, die uns hilft, in Beziehung zum Selbst zu bleiben – der energiegeladenen Quelle der inneren Ganzheit. So gestärkt können wir uns mit Anmut und ohne Angst auf den Pfad der Individuation begeben. Im Wissen um den inneren Mythos nehmen alle inneren Kämpfe oder Widerstände deutlicher Gestalt an und können besser überwunden werden. Dann ist der Weg frei für jene Reise, die eigentlich von Augenblick zu Augenblick erfolgen soll, in ihrer eigenen Zeit, und die hinführt zum größten Schatz, den ein Mensch gewinnen kann, zum Gold des Selbstseins.

Wir werden die Ursprünge und die Entwicklung des Bewußtseins anhand dieser Mythen und Symbole verfolgen und sie mit klinischen Beispielen stützen, in denen Klänge, Lieder, Bewegung, Bildende Kunst, Drama, Sandspiel, Poesie, Erzählung und kunsttherapeutische Traumarbeit den Wandlungsprozeß in der Tiefe verankern.

Die Geburt und das undifferenzierte Archetypische

In Kapitel 1, Vers 1 des Buches Genesis lesen wir:

> «Und die Erde war wüst und leer, und es war finster auf der Tiefe; und der Geist Gottes schwebte auf dem Wasser.»

Milton schreibt über die Schöpfung:

> «Am Anfang war das Chaos, der unermeßliche Abgrund, ungeheuerlich wie das Meer, dunkel, öde, wild.» (Hamilton 1969, S. 63)

Aus dem ägyptischen Buch der Erkenntnis über die Entstehung von Ra – dem Sonnengott des Bewußtseins – stammen die Worte:

> «Aus Nu (das heißt aus dem uranfänglichen, wassergefüllten Abgrund), aus dem Zustand der Reglosigkeit, wie sie an einem Ort, den Menschen bewohnen können, nie gefunden wurde.» (Budge 1969, S. 309)

Hier begegnen wir einem Bild der Großen Mutter: unbewußt,

Abb. 5.1   Das ozeanische Unbewußte. Radierung eines Gemäldes von J. M. W. Turner.

ozeanisch, endlos und ewig tief. Hier entsprang alles Leben, hier ist der Ausgangspunkt unserer Phylogenese ebenso wie der Ursprung des Bewußtseins *(siehe Abb. 5.1)*.

Aus dem griechischen pelagischen Schöpfungsmythos:

> «Am Anfang war Eurynome, die Göttin aller Dinge. Nackt erhob sie sich aus dem Chaos. Aber sie fand nichts Festes, darauf sie ihre Füße setzen konnte. Sie trennte daher das Meer vom Himmel und tanzte einsam auf seinen Wellen.» (Ranke-Graves 1960, S. 22)

Das Wasser kann ein stürmisch bewegter Ozean oder ein stiller, unberührter See sein, auf dem man treibt oder in dessen Tiefen man in der authentischen Bewegung hinabsinkt. Oder es kann der Sumpf sein, in dem das Leben *in potentia* brodelt und darauf wartet, sich im Bewußtsein zu manifestieren. Manchmal, zum

Beispiel in der Arbeit mit Gruppen, deren Teilnehmer Zugang zu ihrem Unbewußten finden möchten, gebe ich die folgende Instruktion: «Finden Sie einen Ort im Raum und eine Körperhaltung, die sich richtig anfühlt. Nun lassen Sie Ihre Aufmerksamkeit nach innen wandern. Statt auf äußere Geräusche zu hören, hören Sie auf die Klänge in Ihrem Körper. Lassen Sie Ihren Geist leer werden. Lassen Sie die Gedanken kommen und gehen, ohne etwas festzuhalten oder es zu benennen. Stellen Sie sich eine Wasserfläche vor, und tauchen Sie darin ein. Das Wasser hat Ihnen etwas zu geben. Vielleicht müssen Sie in seine Tiefen hinabtauchen, oder vielleicht treiben die Wellen Sie auch an einen bestimmten Ort. Lassen Sie Ihren Körper spüren, wie es sich anfühlt, von diesen Bildern, Gefühlen und Empfindungen bewegt zu werden. Und seien Sie empfänglich für das, was es Ihnen geben will.»

Eine Frau malte nach einer solchen Phantasiereise ein Bild und schrieb dazu: «Ich bin die Erde, ihre Elemente, der Anfang, das Wesentliche, der Kampf des Gebärens, die Mutter, das bemutternde Prinzip.» Sie hatte das Archetypische gespürt. Als es in sie einströmte, fühlte sie eine tiefere Verbindung zur Großen Göttin.

Es muß allerdings betont werden, daß diese Technik nur bei Personen eingesetzt werden darf, die ein Ich besitzen, das einer Insel mit guten Dämmen gleicht. Ohne funktionierende Ichgrenzen überflutet das ozeanische Unbewußte das schwache Ich. Die Absorption und Assimilation unbewußten Materials wird in diesem Fall unmöglich, da eine zu große Materialmenge die Schleusentore sprengt. Menschen, deren Ich nicht stark genug ist, träumen in dieser Situation davon, in psychotischer Vorbewußtheit zu ertrinken. Andere träumen, daß Teile von ihnen, die durch unterschiedliche Traumgestalten repräsentiert werden, über Bord gespült werden oder aus dem Wasser auftauchen – verloren in ihrem Unbewußten, bis sie in der Sicherheit des therapeutischen Gefäßes geborgen werden. Ein Beispiel für diese dringend notwendige Rettung aus den Wogen des Unbewußten stellt die Exploration des Traums eines Patienten dar. In diesem Traum wurde seine Tochter, die seine junge (in der Entwicklung zurückgebliebene), warme, beziehungsfähige weibliche Seite symbolisierte, über Bord gespült. Ich forderte ihn auf, sich vorzustellen, wie er in die Tiefe griff und sie rettete. Er lehnte sich vornüber, griff nach ihr und zog sie in seiner Vorstellung an sein Herz. Während ihm die Tränen kamen, wurde ihm bewußt, wie sie in seinen Armen zur Frau wurde.

Die Schlange als Geburtshelferin

Häufig taucht das Bild der Schlange, urtümlich und ohne ausgebildete Extremitäten, als erste Lebensform auf. Für die Ägypter war die Schlange eine der ursprünglichsten lebenschaffenden Mächte. Am heiligsten war die Uräusschlange, die, um sich selbst geschlungen, auf dem Diadem der Pharaonen dargestellt war. «Uräus» bedeutet «die, die sich aufbäumt», um ihren König und sein Volk zu schützen.

Schlangen aller Arten und Formen tauchen im Sandspiel, im künstlerischen Ausdruck und ganz besonders in Träumen auf. Sie weisen den Träumer grundsätzlich darauf hin, sich eines bestimmten Aspektes seiner selbst oder eines anstehenden Lebensthemas bewußt zu werden. So war es auch bei einer Frau, die träumte, daß sie die Moskitos um sich herum nicht mehr ertragen konnte (das heißt die parasitischen, blutsaugenden Aspekte ihrer gierigen Komplexe), und die deshalb beschloß, in einen Sumpf zu tauchen, von dem sie wußte, daß er voller Schlangen war. Eine der Schlangen hob ihren Vorderleib, blickte sie an und forderte offensichtlich Differenzierung und Bewußtheit von ihr.

Ich schlug der Patientin vor, sie solle einen imaginären Dialog mit der Schlange führen, um herauszufinden, was sie wollte. Sie sollte versuchen, die Schlange zu verkörpern, während ich sie selbst darstellen wollte. Ich begann: «Was willst du von mir? Ich versuche doch bloß, von diesen schrecklichen Moskitos wegzukommen.»

Daraufhin sagte sie als Schlange: «Ja, du rennst ständig vor ihnen weg. Sie verfolgen dich. Du mußt dir etwas anderes einfallen lassen.»

Ich, als Ich der Träumerin, sagte: «Was zum Beispiel? Sie waren da, so lange ich denken kann.»

Die Schlangenträumerin schwieg einen Augenblick. «Dann mußt du den Ursprung dieser Heimsuchung herausfinden.»

Ich fragte: «Und wo liegt der?»

Wieder schwieg die Schlange einen Augenblick. «Es ist diese Jauchegrube ... deine Mutter ...»

Diese Schlange, die aus ihrem Unbewußten hochzüngelte, half der Patientin, sich des Ursprungs ihrer parasitischen, destruktiven internalisierten Komplexe bewußt zu werden. Sie nahm diese Komplexe als innere Richter, Kritiker und Tadler wahr, die ihre psychische Energie (symbolisiert durch ihr Blut) aufzehrten. In der Vergangenheit hatte sie zugelassen, daß diese lebenserhaltende Energie von ihrem Ichbewußtsein und Selbstempfinden (sense of self) abgezogen wurde.

Ägypten ist nicht die einzige Kultur, die die Schlange zum Symbol der Individuation erkoren hat. In der jüdisch-christlichen Tradition, etwa im Bild des Garten Eden, drückt die Schlange in einer paradoxen, ambivalenten Form einerseits all das aus, was zur Entwicklung des Bewußtseins und der Erkenntnis der Polaritäten des Lebens hinführt, andererseits verkörpert sie als Versucherin den Teufel in seinem chthonischen Aspekt. Anders als die Ägypter und Griechen neigten die Christen dazu, ihre Archetypen aufzuspalten und Gott zum Inbegriff alles Guten zu machen, während sie seine dunkle Seite in die Tiefen der Erde verbannten. Hier, am Baum der Erkenntnis von Gut und Böse, der bezeichnenderweise inmitten des Gartens wuchs, ließ die Schlange Eva wissen, daß sie entgegen Gottes Aussage nicht sterben würde, wenn sie von der Frucht aß: «Gott weiß: an dem Tage, da ihr davon esset, werden eure Augen aufgetan, und ihr werdet sein wie Gott und wissen, was gut und böse ist.» (Gen 3,4)

Auch die Alchemisten füllten das Bild der Schlange mit symbolischer Bedeutung. Den Außenstehenden galt die Alchemie nicht als Kunst, sondern eher als eine Wissenschaft, die versuchte, durch einen chemischen Prozeß ursprüngliche Materie, *prima materia*, in Gold zu verwandeln. Die Alchemie war jedoch, wie die großen Mythen und religiösen Liturgien auch, eine Form der psychischen Projektion oder Externalisation der Lebensthemen, die alle Menschen im Laufe ihrer persönlichen Lebensreise beschäftigen. Jung schrieb: «Der Alchemist hat nämlich [...] den Individuationsprozeß in die chemischen Verwandlungsvorgänge projiziert.» (1972, § 564)

Diese Prozesse sind universal, numinos und in Geheimnis getaucht. Wenn eine Person in der authentischen Bewegung, in der Erzeugung von Klängen, im Psychodrama, in der Traumarbeit, beim Sandspiel, beim Malen oder bei einer anderen künstlerischen Ausdrucksform von universalen Themen bewegt wird, so unterscheidet sich das stark von den Einwirkungen des persönlichen Unbewußten. Derartige thematische und bilderreiche Erfahrungen steigen aus der Quelle auf, dem archetypischen Unbewußten. Wenn dies geschieht, wird nicht nur der sich künstlerisch ausdrückende Sucher, sondern auch der Zeuge/Therapeut über die somatische Gegenübertragung die numinose Energie spüren.

Das älteste Symbol in der Alchemie ist der Uroboros, die Verkörperung des *opus* oder des Werks an sich *(siehe Abb. 5.2)*. Jung schreibt dazu:

> «Er ist der Hermaphroditus des anfänglichen Wesens, welches in das klassische Bruder-Schwester-Paar auseinandertritt und in der ‹coniunctio› sich einigt, um zum Schlusse in der strahlenden Gestalt des ‹lumen novum›, des Lapis, wieder zu erscheinen. Es ist Metall und doch flüssig, Stoff und doch Geist, kalt und doch feurig, Gift und doch Heiltrank, ein die Gegensätze einigendes Symbol.» (1972, § 404)

Abb. 5.2 Alchemistischer Uroboros, 1752.
Aus: C. G. Jung, *Psychologie und Alchemie*, GW 12, S. 522.

Ein Beispiel für Jungs Überzeugung, daß jeder Mensch durch das kollektive Unbewußte Zugang zu einem Pool universalen Wissens hat, ist das Batikbild einer Frau, die bei mir in Behandlung war und nichts über den Uroboros wußte. Als sie den Anfang ihrer Reise darstellte, wies sie zugleich auch schon auf das Ende hin, wie man in der Mitte des Bildes sehen kann. Hier erhebt sich aus der inneren Spirale des Werkes ein Schmetterling, das Symbol psychischer Transformation *(siehe Abb. 5.3)*.

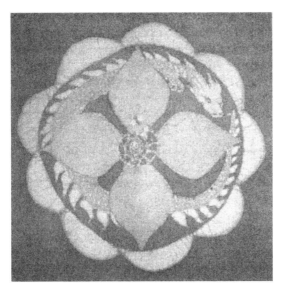

Abb. 5.3 Uroboros: der heilende therapeutische Behälter. Batik.

Abb. 5.4 Sich entwickelnder Uroboros: Der Beginn des Mutter-Kind-Dramas. Batik.

Eine angemessene Entwicklung im Blick auf die symbiotische Phase stellt die nächste Batik derselben Frau dar, in der sich die Uroborosschlange in eine weibliche Figur zu differenzieren beginnt, in der Therapeutin und Patientin verschmelzen. In meinem/ihrem Leib ist die sich entwickelnde Blume des Erlebens des Selbst zu erkennen *(siehe Abb. 5.4)*.

Symbiose und Vertrauen

Allmählich erheben sich aus dem ozeanischen, uroborischen Paradies des Unbewußten zwei wesentliche psychische Komplexe: das Ich und das Selbst. Ersteres wird fähig werden, zwischen Trieben, Empfindungen sowie unbewußtem Material mit internalisierten elterlichen Komplexen und der externen Realität zu vermitteln. Das Ich hilft dem Individuum, den Unterschied zwischen dem inneren und dem äußeren Bereich zu erkennen. Der zweite Bereich, das Selbst, wird dem Kind ein Gefühl für sein inneres Wesen geben, aus dem Wünsche, Bedürfnisse und Überzeugungen aus einem innersten Kern aufsteigen können.

Die Erfahrung des Selbstempfindens bildet sich in der Beziehung zur wichtigen ersten Bezugsperson des Kindes heraus, gewöhnlich der Mutter, die in der Objektbeziehungstheorie als primäres Objekt bezeichnet wird. Neben dem Begriff «primäre Bezugsperson» werden im folgenden auch die Bezeichnungen «Mutter» und «Vater» verwendet. Damit soll nicht ausgesagt werden, daß im vorliegenden Buch die Auffassung vertreten wird, eine Kleinfamilie müsse grundsätzlich aus einer weiblichen Mutter und einem männlichen Vater bestehen. Kinder können in allen nur denkbaren Familienkonstellationen aufwachsen. Doch unabhängig vom Geschlecht und von der Anwesenheit des jeweiligen leiblichen Elternteiles müssen die Grundbedingungen für eine gesunde Entwicklung erfüllt werden. Die Entwicklung des Selbstempfindens erstreckt sich über drei bis vier Jahre, in denen zum Teil relativ unauffällige, aber entscheidende Rollenveränderungen im Prozeß der Individuation durchlaufen werden.

Am Anfang wird das Verhältnis zwischen Kind und Bezugsperson durch Laute, Körperhaltungen und Bewegungen gestaltet (Mahler 1972; Stein 1984). Margaret Mahler beschreibt die erste Stufe der Entwicklung von Objektbeziehungen als Symbiose, in der eine duale Einheit zwischen Mutter und Kind besteht. Die Rolle der Mutter läuft auf eine Verschmelzung mit dem Kind hinaus; sie stimmt sich auf seine körperlichen Bedürfnisse ab, trägt das Baby im Arm und gibt ihm Zärtlichkeit, so daß es ein Gefühl des Daseins, des Personseins und der Einzigartigkeit entwickeln kann. Die Mutter spiegelt das Kind dabei liebevoll und wertschätzend durch den Klang ihrer Stimme und ihre Bewegungen.

Wo das nicht geschieht, tritt an die Stelle eines positiven Selbstempfindens und des Vertrauens in die Umwelt als sicher und bedürfnisbefriedigend eine pathologische Entwicklung. Wie sich eine Mutter körperlich zu ihrem Kind verhält und ihren Körper dem seinen anpaßt, ist entscheidend dafür, daß das Kind das Gefühl entwickeln kann, daß da eine Umwelt ist, die ihm Geborgenheit gibt, ohne es zu verschlingen, einfühlsam in ihrer Anpassung an seine individuellen Rhythmen und seinen Atemfluß, eine Umwelt, die ihm die Sicherheit gibt, daß es nicht fallen wird. Das Kind muß erfahren, daß das auffangende, haltende Gefäß, in dem es sich befindet, elastische Wände und einen Boden hat, es muß Unterstützung spüren, um daraus die Gewißheit zu beziehen, daß es auch in der Welt Unterstützung erfahren wird.

Patienten, deren Mütter emotional unzugänglich waren, die sie im Stich ließen oder in ihrem Wunsch, das kindliche Selbstempfinden aufzusaugen, zu furchterregenden Monstern wurden, brauchen ein geborgenheitspendendes therapeutisches Umfeld, in dem sie die verweigernde oder verschlingende Mutter hinter sich zurücklassen und die für die Entwicklung von Urvertrauen notwendige Phase der Symbiose nachholen können. Da das, was sie an (Un-)Geborgenheit erfahren haben, im imaginativen Bereich bleibt und sich sowohl in ihrer Körperhaltung als auch in ihrer Projektion der nie über die symbiotische Phase hinausgelangten Mutterbeziehung auf den Rest der Welt zeigt, erfahre ich schon sehr viel durch die einfache Beobachtung, wie und wo meine Patienten sitzen.

So beobachtete ich eine Frau, die sich auf eigenen Wunsch in die Mitte meines blauen Teppichs setzte. Sie zog die Knie in einer geschlossenen, kleinmachenden Haltung an, schlang die Arme um die Beine, ihr ganzer gekrümmter, zusammengedrückter Rumpf signalisierte das Fehlen innerer Substanz. Sie umfing gleichsam ihr leeres Selbst und balancierte vorsichtig in ihrer Kauerstellung, als sei sie nicht in der Lage, eine vertikale Position einzunehmen, wie es einer entwicklungspsychologisch höheren Stufe entsprochen hätte. Die Übertragungsbotschaft an mich im Hinblick auf die Objektbeziehung lautete ganz eindeutig, daß ihre Mutter ihr in der symbiotischen Phase nicht genügend Geborgenheit gegeben hatte (Kestenberg und Buelte 1956, 1977). Aus diesem Grund konnte sie auch nicht darauf vertrauen, daß ich und die «Verlängerungen» meiner selbst in Gestalt von Sofas, Kissen usw. ihr Halt geben würden. Sie hatte damit zu kämpfen, sich selbst einen gewissen Halt zu geben. Als ich das merkte, begann ich mit ihr zu sprechen und nickte dabei gelegentlich mit einer sanften, mütterlichen Wiegebewegung, die Kestenberg als inneren genitalen Rhythmus bezeichnete, mit dem Kopf (Kestenberg und Buelte 1956, 1977; Kestenberg und Sossin 1979). Außerdem öffnete ich meine Körperhaltung symmetrisch in die Horizontale und fing an, die minimale Atmung, die ich bei ihr wahrnehmen konnte, zu spiegeln.

Nachdem wir einige Zeit miteinander gearbeitet hatten, ging sie dazu über, sich in der Sitzung auf einer Matte nahe bei mir auszustrecken, und gab damit dem horizontal ausgerichteten symbiotischen Bedürfnis nach. Ich saß, die Arme in einer geöffneten Position auf den Stuhllehnen ruhend und sie so gleichsam umfangend. Ihre psychische Energie hatte sich von dem ursprünglichen kindlichen Muster freigemacht, in dem die Welt als scheinbar gebend, in Wirklichkeit aber verweigernd (ihre tatsächliche Mutter) erfahren wurde, und sie konnte den therapeutischen Raum als potentiell sicher und nährend (als heilende Mutter) wahrnehmen.

Eine andere Frau kam in meine Praxis und setzte sich so weit entfernt von mir, wie sie konnte, wobei sie so wenig Platz wie möglich einnahm. In der Gegenübertragung bekam ich das Gefühl, riesig zu sein, und es wurde mir klar, daß ich meine Stimme würde erheben müssen, um sie zu erreichen. Nach meiner vorläufigen Hypothese hatte sie möglicherweise eine narzißtische Mutter gehabt, die im wahrsten Sinne des Wortes den gesamten physischen und expressiven Raum in der Familie für sich beansprucht hatte.

Von dieser Hypothese ausgehend versuchte ich, die Übertragung der negativen Mutter auf mich zu korrigieren, indem ich mich körperlich kleiner machte, die Stimme senkte und nur sehr wenig sprach. Gleichzeitig ermutigte ich die Patientin, mehr physischen und expressiven Raum im Zimmer einzunehmen. Schon nach kurzer Zeit gewann ihr latenter, gesunder Narzißmus die Oberhand. Ihre ganze Körperhaltung und ihre Gestik wurden raumgreifender, während sie zugleich lauter und in einer tieferen Tonlage sprach.

Andere Patienten brauchen die reale Wiederholung des symbiotischen Gehaltenseins und der symbiotischen Anpassung (Kestenberg und Buelte 1956, 1977; Mahler 1972; Winnicott 1979). Manche erreichen das, indem sie am Ende der Sitzung umarmt werden wollen, eine Umarmung, die mehrere Minuten dauern und langsames Wiegen und gemeinsames Atmen einschließen kann. Andere sitzen auf meinem Schoß und werden längere Zeit hin und her gewiegt.

Da viele Menschen einem anderen nur im Rahmen sexueller Intimität so nahe gekommen sind, ist es wichtig, in dieser Situation sensibel für die Möglichkeit der Stimulierung einer erotischen Übertragung zu sein. Selbst bei Kindern und gleichgeschlechtlichen heterosexuellen Patienten kann es zu Verwirrungen kommen. Die frühen Triebtheoretiker gingen von der Annahme aus, wenn ein Trieb mit einem anderen kombiniert werde, zum Beispiel orale Bedürfnisse mit genitalen (sexuellen) Impulsen, könne keiner von beiden richtig befriedigt werden (Freud 1971; Kestenberg und Sossin 1979). Für eine ältere heterosexuelle Frau ist es sicherlich am einfachsten, heterosexuelle Frauen oder Kinder zu berühren, da die Mutterübertragung in diesem Fall klarer ist.

Auf jeden Fall ist die These, daß das nochmalige Durchleben früherer Entwicklungsphasen lediglich Impulse befriedige und den Patienten nicht zu Fortschritten im Individuationsprozeß verhelfe, meiner Erfahrung nach nicht haltbar. Wenn der Patient keine Fortschritte zu machen scheint, sollte der Therapeut sich allenfalls hinterfragen, ob eine persönliche Gegenübertragungsproblematik vorliegt und dem sensiblen Patienten möglicherweise die unbewußte Botschaft übermittelt wird, daß die Instanz Mutter-Therapeut nicht das erforderliche Selbstempfinden hat, um die Loslösung des Patienten zu fördern.

Die oben erwähnte Wiegebewegung während der Umarmung ist äußerst wichtig, da sie die dominante Körperbewegung der symbiotischen Phase aufgreift. Im Wiegen kehrt der kindliche Saugrhythmus wieder, über den alle Kleinkinder in einer klaren (differenzierten) und lokalisierten (in den Muskeln des Mundes) Form Kontrolle erlangen müssen. Wenn die Mutter sich dem (oralen) Saugrhythmus ihres Kindes in ihrem stimmlichen Ausdruck oder in ihrer Körperbewegung nicht anpassen kann, wird sie dadurch möglicherweise die Nahrungsaufnahme des Kindes stören oder unterbrechen. Das löst beim Kind nicht nur große Frustration aus, sondern vermittelt ihm auch die Botschaft, daß die Welt nicht sensibel für oder interessiert an seinen Bedürfnissen ist. Für viele Kinder, die später zu bedürfnis- und wunschlosen Erwachsenen heranwachsen, ist das der Anfang des Mißbrauchs. Immerhin wird in der symbiotischen Phase der Grundstein für die künftige Selbstfürsorge des Individuums gelegt. Es macht die Erfahrung, daß andere ihm Nahrung geben können, und gewinnt damit zugleich die Basis jenes Selbstbewußtseins, das ihm das Gefühl gibt, es wert zu sein, etwas von anderen zu bekommen. Daran wird deutlich, daß das sogenannte koabhängige Verhalten (ein Verhalten, das aus der besonderen Form des Mißbrauchs hervorgeht, bei der dem Kind vermittelt wird, daß andere Personen, Bedürfnisse, Wünsche, Gedanken usw. grundsätzlich wichtiger sind als seine eigenen) sich bereits von Geburt an auszubilden beginnt.

Ich bin bei diesen Patienten sorgsam darauf bedacht, daß nicht sie *mich* spiegeln. Manchmal verwischen sich bei der Gestaltung der symbiotischen Phase die Grenzen, doch die auffällige Bereitwilligkeit dieser Personen, jede nur denkbare Interpretation zu akzeptieren, sich auf jede beliebige Aufgabe einzulassen, und ihre bewunderungswürdige Fähigkeit, dem Therapeuten zu «folgen», sei es nun in einer Tanztherapiegruppe oder im verbalen Dialog, muß unbedingt hinterfragt werden. Und wenn der Therapeut das Gefühl hat, er sei brillant und leiste hervorragende Arbeit, so ist im Blick auf die Gegenübertragung zu bedenken, daß dieses Gefühl möglicherweise auf den koabhängigen Patienten zurückgeht, der von allen geliebt werden will und versucht, das Selbstempfinden der Mutter/des Therapeuten zu stärken und den einstigen dysfunktionalen Tanz zwischen Mutter und Kind in der Therapie zu wiederholen.

Während der erneuten Gestaltung der frühen symbiotischen Phase haben die Patienten möglicherweise den Wunsch, die gute Mutter mit den Sinnen der frühen Kindheit zu erleben: über Geruch, Berührung, Geschmack (ein Patient wollte mein Haar in den Mund nehmen), Gehör (den Ton der Stimme oder den Herzschlag) und die kinästhetischen Sinne. Läßt man diese sensorische Verstärkung zu – vorausgesetzt, sie ist ohne eine Beimischung von Mißbrauchsempfindungen –, so kann dies, wie ein Patient es formulierte, dazu führen, daß ein «Abdruck» im kinästhetisch stimulierten Bereich des Gedächtnisses entsteht.

Leise Musik, die beruhigend und einlullend klingt, kann die Wiederholung dieser Phase im Rahmen der Therapie unterstützen. Eine Frau mit einer stark kontrollierenden Mutter brachte eine eigene Melodie mit, die sie, wie sie festgestellt hatte, unbewußt jahrelang vor sich hingesummt hatte. Der besänftigende, mütterliche (innere genitale) Rhythmus trat ganz deutlich hervor, als wir beide die Melodie in spiegelbildlicher Synchronisierung summten. Die Patientin brach ab und erzählte, daß noch eine Bewegung zu der Melodie gehöre, die von ihren Hüften und ihrem Beckengürtel ausgehe. Auch dieses beruhigende Wiegen nahm ich auf. Die Atmosphäre friedvoller Geborgenheit, die wir auf diese Weise geschaffen hatten, wurde bei mir nach einiger Zeit von einem unangenehmen Übelkeitsgefühl unterbrochen. Ich griff diese somatische Gegenübertragung auf und fragte die Patientin, was sie fühle. Sie sagte: «Ich fühle mich, als ob ich von meiner Mutter erstickt würde.» Ich entgegnete: «Ihre gute Erfahrung wird durch Ihre internalisierte Erfahrung des Wunschs Ihrer Mutter, Sie in einem Zustand der Verschmelzung mit ihr festzuhalten, überlagert.» An dieser Stelle verschob sich die Konzentration ihrer psychischen Energie vom Erleben des Augenblicks hin zur Aktivierung der negativen internalisierten Mutter und des emotionalen Überlebensmusters ihrer Kindheit – dem Gefühl der Übelkeit, das sie empfunden hatte in dem Versuch, die Vergiftung durch die Mutter loszuwerden. Während ich ihre somatische Reaktion deutete und erklärte, veränderte ich meine Haltung, indem ich von ihr abrückte, meinen Rumpf in die Vertikale verlängerte und meine Muskelspannung erhöhte. Auf diese Weise verkörperte ich über die Gegenübertragung eine Mutter, die auf eine höhere Entwicklungsstufe der Tochter einging, die der Loslösung und Unabhängigkeit. Die Patientin bestätigte meine Deutung. Auf Grund ihrer guten psychischen Gesundheit und Ichstärke war sie in der Lage, ihre Bewegung beizubehalten, während ich ihre Mutterprojektion in der Körperhaltung der Wiederannäherungsphase aufrechterhielt und ihr so die nötige Abgrenzung ermöglichte (Grotstein 1981). Obwohl wir nicht explizit über diesen Vorgang sprachen, reagierte sie mittelbar positiv darauf, indem sie äußerte, sie spüre, daß ich genau die richtige Therapeutin für sie sei.

Eine andere Patientin träumte, sie sei schwanger, konnte es aber nicht sagen. Das kindliche Selbst in ihr, das sich langsam auszubilden begann, war für sie selbst noch nicht wahrnehmbar. Ich bat sie, in ihren Körper zu reisen und nachzusehen, ob sie ihr kindliches Selbst irgendwo lokalisieren könne. Sie entdeckte ein größer werdendes, aber gefangenes Kleinkind. Ich wies sie darauf hin, daß ihre Atmung zu flach sei, das heißt, daß sie beim Einatmen nicht in den Bauch atmete. Daraufhin wurde ihr bewußt, daß sie selbst an der Einkerkerung ihres inneren Kindes beteiligt war, indem sie es erstickte, vermutlich, um es vor ihrer unbeständigen, verschlingenden Mutter zu schützen. Dieses Überlebensmuster aus ihrer Kindheit hatte viel von ihrer Energie aufgezehrt, zum vorgeblichen Schutz ihres abgespaltenen kindlichen Selbst. Als sie in das reifende kindliche Selbst hineinatmete, gab sie ihrem inneren Kind mehr Anteil an ihrer psychischen Energie. Nun konnte sie die Gefangenschaft lockern, indem sie die Spannung in ihrem Bauch reduzierte. Das brachte sie jedoch in eine äußerst verletzliche Position mir gegenüber. Sie sagte: «Bitte machen Sie keine rasche Bewegung.» Die raschen, schroffen, plötzlichen Bewegungen ihrer Mutter hatten früher immer wieder ihre oralen Saugrhythmen gestört oder unterbrochen.

Viele meiner Patienten stehen, wenn sie in ihr physisches Selbst reisen, irgendwo vor einem riesigen, schwarzen, bodenlosen Loch. In solchen Fällen ist es ganz klar, daß die Mutter dem Kind nicht genügend Halt und Geborgenheit gegeben hat. Und ebenso naheliegend ist es, daß der Patient das Drama des Verlassenwerdens noch einmal mit mir in Szene setzt. Die «Drehbücher» zu diesen Dramen liefern häufig Träume, in denen verwundete, hungernde Wesen, die Anteile des Selbst verkörpern, auftauchen und von der Person ignoriert werden. Bei einer Patientin fragte ich nach, wo genau im Raum sich das imaginierte Geschöpf befinde, ging zu ihm hin, nahm es auf und hielt es in den Armen. Kurz darauf traute sich die Patientin wie viele andere auch, ihr abgespaltenes, ungeliebtes, kreatürliches Selbst zu spielen. Ein Monolog gutturaler Laute ergoß sich aus ihrem Mund, da das urtümliche Selbst präverbal war. Ich saß da, Arme und Beine in einer offenen Position, und imaginierte mich selbst als liebevolle Mutter. Die Patientin rückte näher zu mir und kroch schließlich in meine Arme, um sich halten und wiegen zu lassen, während sie leise weinte. Innerhalb weniger Wochen, in denen sie diesen Teil ihres Selbst verkörperte und in der Therapie eine gesunde Mutter-Kind-Beziehung gestaltete und durchlebte, merkte sie, wie ihr Selbst immer menschenähnlicher wurde und sich schließlich in ein hübsches, rundes, glückliches Baby verwandelte, das sie ohne weiteres lieben konnte.

Weil diese erste Entwicklungsstufe so stark von Instinkten bestimmt ist, schlagen manche Patienten, vor allem Kinder, vor, ich möge doch ein Muttertier spielen mit ihnen selbst als meinem Baby.

Das Symbol des Muttertieres findet sich schon in der altägyptischen Mythologie, in der Muttergottheit Hathor. Als Mutter des Sonnengottes wurde sie als Himmelskuh dargestellt. In dieser Gestalt soll sie den kindlichen Sonnengott zwischen ihren Hörnern in den Himmel hinaufgetragen haben. Hathor und später Isis waren zugleich Göttinnen der Musik und des Tanzes und wurden damit zu archetypischen Leitbildern für all jene Therapeuten, die begriffen haben, daß im imaginativen Raum mütterlicher Halt, mütterliche Zärtlichkeit, Musik und Tanz untrennbar miteinander verbunden sind.

Mißbrauchte Patienten kämpfen häufig darum, die frühe Fürsorge und Pflege, die in der symbiotischen Phase gebraucht wird, für sich einzufordern. Das Fehlen eines einfühlsamen, haltenden (holding) Umfeldes zeigte sich mit schmerzhafter Deutlichkeit bei einem Mann, der in der Imagination seine negative, verschlingende, internalisierte Mutter als eine dicke Schleimschicht erlebte, die seinen ganzen Körper überzog. Diese trennende Schicht gestattete es ihm weder anzunehmen, was andere ihm zu geben hatten, noch nach dem zu greifen, was er haben wollte.

Er saß in sich zusammengesunken da, als habe er keinerlei Kraft, der ganze Körper war nach innen gekrümmt. Er schloß sich physisch von seiner Umwelt ab, als ob er sich gegen irgendeine unbekannte Gefahr schützen müsse. Seine Arme lagen eng an den Körperseiten an. Ich bat ihn, in die Rolle seines inneren Kindes zu schlüpfen. Obwohl er verstand, was ich meinte, konnte er es nicht lokalisieren. Daraufhin schlug ich ihm vor, ich würde im Rollenspiel sein verschleimtes, abgeschlossenes, hoffnungsloses Selbst darstellen. Ich stöhnte: «Ich kann mich nicht bewegen, ich habe keine Energie, ich gebe auf!» Meine Darstellung seines inneren Widerstandes machte es ihm möglich, zu seinem inneren Kind durchzudringen. Das zeigte sich daran, daß er begann, seine Beine in einem oralen Wiegerhythmus zu bewegen.

Nach einer Weile fragte ich: «Was soll ich mit diesem Schleim machen?» Er antwortete: «Schmeißen Sie ihn auf den Müll.» Ich stand auf und schabte mir pantomimisch den imaginären Schleim und die daraus resultierende tödliche Verzweiflung vom Körper.

Ein anderer Mann, der ebenfalls eine mißbrauchende Mutter hatte, brachte ein Band mit leiser Musik in die Sitzung mit. Dem waren Monate der Therapie vorausgegangen, die sich darauf konzentriert hatten, ihn von der mütterlichen Feindseligkeit zu befreien, die er in sich getragen und auf alle anderen Menschen projiziert hatte. In dieser Therapiestunde erzählte er: «Meine Mutter weckte mich in der Regel auf, indem sie mich anschrie oder mich schlug. Ich war von Alpträumen geplagt und fühlte mich im Schlaf nie sicher. Ich möchte hier gern ein kleines Nickerchen machen, und Sie sollen mich aufwecken.» Der Mann schlug die Dramatisierung einer gesunden Eltern-Kind-Beziehung vor, die nun an die Stelle der Mißbrauchserlebnisse seiner Kindheit treten konnte. Er nahm eine Decke, legte sich hin und schloß die Augen. Ich saß ganz still und imaginierte einen großen, schützenden Kreis um ihn und rief die heilige Mutter Maria an, mich zu erfüllen, um diesen Mann zu heilen *(siehe Abb. 5.5)*. Als die Stunde beinahe um war, rief ich sanft seinen Namen in mütterlichem, zärtlichem Ton und strich ihm mit der Hand über den Kopf und den Rücken, bis er die Augen öffnete. Er erwachte mit einem Lächeln.

Abb. 5.5   Madonna und Kind. Holzschnitt von Albrecht Dürer. Aus: M. und J. Arguelles, *The Feminine Spacious as the Sky*, S. 80.

Der Blickkontakt spielt in der heilenden Aufarbeitung dieser frühen Phase eine wichtige Rolle. Eine mißbrauchende Mutter vermeidet typischerweise Blickkontakt, sie schaut ihr Kind entweder nie an, oder sie verschlingt es mit den Augen, das heißt, sie kommt ihm so nah, daß es sie nicht mehr als Ganzes wahrnehmen kann. Ein Beispiel für die Betonung des visuellen Kontakts in der Therapie waren die Sitzungen mit einem Mann, der darauf bestand, daß wir uns ununterbrochen in die Augen schauten, während er mit gekreuzten Beinen knapp zehn Zentimeter von mir entfernt saß. Das blieb wochenlang so. Als einzige Veränderung war zu bemerken, daß er anfing, Kopf und Rumpf in einem oralen Rhythmus, wie ihn Kleinkinder im Zusammenhang mit dem Saugreflex zeigen, von einer Seite zur anderen zu wiegen, eine Bewegung, die ich ihm wiederum spiegelte.

Ein anderer Mann war erstaunt, daß ich ihn ohne Wertung ansehen konnte. Er erzählte, daß seine Mutter ihn bei jeder Gelegenheit bloßgestellt und ihm dauernd seine anderen Geschwister und andere Kinder vorgehalten hatte, die besser seien als er.

Ein Großteil meiner Arbeit in dieser Phase vollzieht sich auf der Ebene der somatischen Gegenübertragung. Häufig imaginiere ich, wie ich das verwundete oder ungeliebte kindliche Selbst der Person in den Armen halte. In der Regel wird darüber kein Wort verloren, und doch wissen wir beide durch die Verbindung von Unbewußtem zu Unbewußtem darum.

Weil das Kind in dieser frühen, symbiotischen Phase noch keine Grenzen kennt, ebensowenig wie der Patient, der darum kämpft, das, was er früher nicht bekommen hat, nun nachzuholen, ist diese Verbindung von Unbewußtem zu Unbewußtem besonders stark. So kann zum Teil allein über die somatische Gegenübertragung ein Heilungs- und Neuwerdungsprozeß angeregt werden, in dessen Verlauf ein gesunderes haltendes Gefäß für das sich langsam entwickelnde Selbstempfinden entsteht.

Genauso klar ist jedoch, wie verheerend sich ebendieser Zustand der Verbundenheit auf ein Kind auswirken kann, dessen Mutter von Negativität und innerem Gift erfüllt ist. Mütter voller unterdrückter Wut, Bitterkeit oder Eifersucht können nicht das notwendige haltende (holding) Umfeld schaffen (Winnicott 1979; Mahler 1972). Ihre Beziehung zu ihrem Kind ist nicht von Liebe, gutem Willen und dem Wunsch geprägt, sich auf die Einzigartigkeit des Kindes einzustellen. Da sie noch keine Zähne haben, um die Negativität, die auf sie übergeht, zu zerkleinern und wieder auszuspucken, müssen Kleinkinder alles schlucken, was ihnen die Mutter unbewußt vermittelt. Manche koabhängige Mutter, deren eigene Mutter die Tochter mißbrauchte, kam zu der niederschmetternden Erkenntnis, daß sie, obwohl sie bewußt versuchte, ihren Kindern gegenüber anders zu sein und anders zu handeln, unbewußt die eigene schlimme Kindheit auf das Unbewußte ihrer Kinder übertrug, wenn sie ihr inneres Kind nicht zuvor geheilt hatte.

Ich erinnere mich an eine Familie, mit der ich arbeitete, in der die Eltern ratlos waren, wie ihr Sohn so ängstlich und furchtsam hatte werden können, obwohl sie ihre Kinder doch liebevoll und unterstützend erzogen hatten. Die Angstattacken des Jungen waren aus der unbewußten, unverarbeiteten Angst und dem verdrängten Mißbrauch der inneren Kinder seiner Eltern entstanden. Als er erkannte, daß die Angst aus der Kindheit seiner Eltern auf ihn übergegangen war, wurde es für ihn verständlicher, warum dieses Gefühl so überwältigend und völlig unkontrollierbar war. Indem er es malte, benannte und im Rahmen eines Rituals in einer Therapiesitzung in der Imagination an seinen Ursprung zurückschickte – zu den Großeltern –, überwand er weitgehend die Schwindelanfälle, Herzrasen und Hypertonie, die ihn gequält hatten.

Die Metapher des haltenden Gefäßes/der sanft umfangenden Mutter/des Halt und Geborgenheit gebenden Therapeuten, die seelische Nahrung und Liebe enthalten, ist in dieser frühen, undifferenzierten Phase zentral. Die Darstellung des Mercurbrunnens in dem alchemistischen Text *Rosarium philosophorum* (Jung 1971a, §§ 402–409), in dem «die Milch der Jungfrau» und «das Wasser des Lebens» oder aber Gift sprudeln, ist eine beeindruckende Veranschaulichung des Potentials der Mutter, die entweder Leben und Güte ausstrahlen kann oder Verzweiflung und Finsternis. Die Schlange trägt hier zwei Köpfe, als Verkörperung der dualen Natur. So kann die *serpens mercurialis* die positive gute Mutter oder die giftige böse Mutter symbolisieren.

Ein Beispiel für die giftige Seite der Mutter manifestierte sich ganz deutlich somatisch bei einer Frau, die von früher Kindheit unter chronischen Schmerzen im Oberbauch litt. Ihre Mutter hatte ihre Milch – psychologisch formuliert – mit verwirrenden, widersprüchlichen Botschaften vergiftet, die nicht den notwendigen Nährboden für die Integration der frühen oralen Phase boten (Stern 1992, Kestenberg und Buelte 1956, 1977). Im Laufe der Behandlung erkannte die Patientin, daß sie diese negativen Introjekte ihrer Mutter nicht mehr verdauen konnte, und in einer Reihe authentischer Bewegungserfahrungen gelang es ihr, die vergiftete mütterliche Liebe wieder auszuspeien. Auf diese Weise wurde die Übertragung nicht länger «übersäuert», und der Weg für die Schaffung einer fördernden und unterstützenden Umwelt war frei.

Eine andere Frau beklagte sich über ein Gefühl der Schwere im Magen, gleich einem harten gefrorenen Klumpen. Bald wurde klar, daß dieses dichte Gebilde aus vielen zusammengepreßten Schichten widersprüchlicher Botschaften bestand, mit denen sie von ihrer Mutter gleichsam zwangsernährt worden war. Die Vorstellung eines imaginären Erbrechens stieß sie ab, sie glaubte jedoch, daß sie vielleicht imstande wäre, den Klumpen «auszupupsen» oder irgendwie zu gebären, auch wenn sie nicht so recht wußte, wie. Die Frau war Bildhauerin, und so schlug ich ihr vor, sie solle den Klumpen in ihrem Magen wie einen Klumpen Ton behandeln und ihn nach Belieben so formen und gestalten, daß sie ihn loswerden konnte und ihr Magen für das aufnahmefähig wurde, was *sie* ihm zuführen wollte.

Wenn ich einen solchen Vorschlag mache, stelle ich es meinem Gegenüber häufig frei, wie es ihn umsetzen möchte. Diese Patientin entschied sich dafür, den Tonklumpen zu verkörpern. Auf diese Weise wurde sie beides, die Bildhauerin und Schöpferin und die *prima materia*, die gewandelt werden sollte.

Sie bat um Trommelbegleitung, krümmte sich zu einer geschlossenen Kugel zusammen und rollte dann auf dem Teppich hin und her, als wollte sie die Luftblasen aus ihrem Tonkörper herauskneten. Diese repetitive rhythmische Bewegung ermöglichte ihr den Zugang zu ihrem Unbewußten, das nun Einfluß auf sie nehmen konnte.

Ich nahm in der Zwischenzeit meine runde tibetische Klangschale und legte sie als Symbol eines offenen, haltenden Gefäßes vor mich hin. Ich saß aufrecht im Schneidersitz, die Arme auf den Knien aufruhend, als ob ich mich in «Aufnahmebereitschaft» versetzen wollte. In der Gegenübertragung beschwor ich die Große Göttin und imaginierte einen eliminierenden, gebärenden Prozeß. Die Patientin bewegte sich allmählich von der horizontalen Position zu einer vertikalen Aufrichtung. Dann tanzte sie auf mich zu und griff nach der Glocke. Später sagte sie, daß in diesem Augenblick etwas wirklich Transformierendes mit ihr vorgegangen sei. Sie legte die Rundung der Klangschale an ihren Leib und begann, mit den Fingern einen improvisierten Rhythmus, passend zu dem Band, das lief, zu schlagen. Sie hatte sich in diesem Augenblick mit dem Archetyp der Mutter als Schöpferin identifiziert und war fähig, einige der giftigen Schichten ihres negativen internalisierten Mutterkomplexes abzustoßen.

Auch Gruppen können als haltende Gefäße symbiotischer Bedürfnisse fungieren, besonders, wenn eine Person sich anfangs zu verletzlich und zu schüchtern fühlt, ihre Bedürfnisse für sich allein zu artikulieren. Gemeinsam zu sitzen oder zu stehen, einander zu halten und zu wiegen ermöglicht es jedem einzelnen Teilnehmer, beides zu sein – der fürsorgende Teil und der Empfangende. Das ist manchmal leichter für koabhängige Personen, die sich nur wohl fühlen können, wenn sie geben, und die nur in indirekter Form oder in sehr strukturierten und kontrollierten Situationen etwas annehmen können.

Teilnehmer, die mit dieser Entwicklungsphase zu kämpfen haben, werden in Gruppen in der Regel entweder mehr Zeit und Raum in Anspruch nehmen, als ihnen zusteht, oder sich noch häufiger zurückziehen, isolieren, gleichsam auf eine Insel versetzen und das System ihrer Kindheitsfamilie wiedererzeugen, indem sie es auf die Gruppe projizieren. Die Gruppenmitglieder übernehmen dabei oft die verschiedenen Rollen der Familie, indem sie zum Beispiel Botschaften senden wie «Du bist nicht wichtig» oder «Deine Bedürfnisse und Gefühle interessieren uns nicht». Dem Teilnehmer selbst ist es vielleicht überhaupt nicht bewußt, daß er seine Kindheitsmuster wiederholt, bis die Gruppe das innere Kind der betreffenden Person fragt, wie es ihm geht oder ob es hervorkommen und spielen möchte.

Manchmal können die Gruppenmitglieder die Barrieren darstellen, die das Kind aufgerichtet hat, um seine Bedürfnisse, Wünsche und sein sich entwickelndes Selbst vor den Angriffen mißbrauchender Familienmitglieder zu schützen. Ausgeübt wurden diese Angriffe durch Ignorieren, Abwerten, Verschlingen oder Ausschimpfen, alles Verhaltensweisen, die auf die Tötung der Seele des Kindes abzielten.

Während ein Gruppenmitglied, das die isolierende Mauer darstellt, den zurückgezogenen Teilnehmer beschützt, kann ein anderes das kindliche Selbst zum Spiel animieren. Weitere Psychodramen können sich entspinnen, in denen die Verletzungen dieser Phase geheilt werden, indem eine gute Mutter, ein guter Vater und/oder gute Geschwister auftreten, die dem Gruppenmitglied Halt und Geborgenheit geben und seine mißbrauchende Ursprungsfamilie entlarven und ersetzen.

Zusammenfassung

Bewußtsein, Ich und Selbstempfinden eines Individuums entstehen aus dem undifferenzierten Archetypischen. In der ersten mütterlichen Phase schafft die Mutter-Kind-Symbiose ein Umfeld des Vertrauens, das der Integration des oralen Triebes, sich etwas einzuverleiben, dient, der sich in der Saugbewegung (hier als oraler Saugrhythmus bezeichnet) manifestiert. Aufgehoben in einem einfühlsamen, haltenden (holding) Gefäß, fühlt sich das Kind von Liebe und einem Selbstempfinden erfüllt, das positiv und einzigartig ist.

Kam es jedoch, bewußt oder unbewußt, zum Mißbrauch von seiten der primären Bezugsperson, so wächst das Individuum möglicherweise in ständiger Angst auf und im Gefühl, schlecht oder zutiefst abhängig zu sein. Eventuell kompensiert die Person dies durch narzißtische oder größenwahnsinnige Tendenzen oder indem sie bedürfnis- und wunschlos wird und ihr verwundetes kindliches Selbst auf andere projiziert und, gleichsam stellvertretend, für sie sorgt. Ein Grundgefühl der Ohnmacht und Traurigkeit bestimmt möglicherweise ihr Leben.

Im Rahmen einer Therapie kann die Person nachträglich eine feste, positive Grundlage für ihre psychische Weiterentwicklung schaffen. Als Gefäße der Transformation und Heilung dienen dabei (1) die somatische Gegenübertragung (Halten des inneren Kindes und/oder Entgiften der negativen Mutter); (2) der Körper des Patienten (zum Beispiel durch Imaginieren des inneren Kindes oder Gegenangriffe gegen das Eindringen der negativen Mutter); oder (3) das bipersonale Feld zwischen Patient und Therapeut beziehungsweise einer Gruppe (darstellendes Gestalten und Umwandeln der pathogenen Symbiose durch das Gestalten einer gesunden, Geborgenheit vermittelnden Umgebung). Mit ihrer Hilfe kann die Person dennoch eine feste, positive Grundlage für ihre psychische Weiterentwicklung schaffen.

Kapitel 6

Die Phase der Loslösung und Individuation, der Grenzbildung und Autonomie

Die Subphase der Differenzierung

Mahler (1972) beschreibt die nächste Entwicklungsphase mit den Begriffen Loslösung und Individuation. Nach Mahler beginnt diese Phase mit der Subphase der Differenzierung, in der sich das Kleinkind von der *participation mystique*, der dualen Einheit, entfernt und einen Prozeß der Grenzziehung zwischen Ich und Nicht-Ich durchläuft. Das Kind erlebt zum ersten Mal, daß es von anderen gesehen wird und sie seinerseits sieht. Das Körperbild verschiebt sich vom interozeptiven Bauchzentrum (Winnicott 1979) hin zur Wahrnehmung der Körperperipherie – eine notwendige Voraussetzung für die Bildung des Körper-Ichs (Mahler 1972). Die auf die Körpermitte zentrierten Empfindungen der symbiotischen Phase wurden zum Ausgangspunkt für ein Selbstempfinden, um das herum sich nun langsam ein Gefühl für die eigene Identität aufbaut.

Patienten, die Angst vor engeren Bindungen haben und in ihren interpersonalen Dramen immer wieder Motive der Trennung und des Wegstoßens thematisieren, hatten eine Mutter und/oder ein Entwicklungsumfeld, in dem ihnen die erfolgreiche Integration dieser wichtigen ersten Trennung verwehrt war. Dieser Abwehrtanz geht häufig auf eine erstickende oder narzißtische Mutter oder Bezugsperson zurück, die kein eigenes Selbstempfinden hat und deshalb an dem Krabbelkind «kleben» bleibt in der Hoffnung, das sich entwickelnde Selbstempfinden des Kindes aufsaugen zu können. *Abb.* 6.1 zeigt das Bild, das eine Analysandin von sich selbst und ihrer Mutter zeichnete und in dem dieses zerstörerische Band deutlich zum Ausdruck kommt.

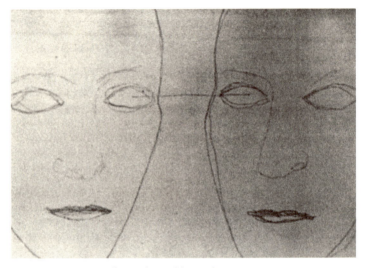

Abb. 6.1 Leeres Selbst und verschlingende Mutter.

Die leeren Augen weisen auf das leere Selbst der Mutter hin und ihre damit verbundene Unfähigkeit, ihrer Tochter ein Selbstempfinden zu vermitteln. Die nabelschnurartige Linie, die die Augen der beiden miteinander verbindet, macht deutlich, wie der Blick der Mutter jeden schüchternen Versuch der Tochter, Selbstempfinden zu entwickeln, von vornherein erstickte. Als die Frau mit der Therapie begann, klagte sie über ständig wiederkehrende Alpträume, in denen sich die Erde vor ihr auftat und sie ins Bodenlose stürzte. Starke, dunkle, archetypische Stimmen versuchten, sie in die psychotische Zerstörung zu treiben. Allmählich fing sie jedoch an, mich als Instanz in ihre Träume einzubauen, die ihr riet, den Stimmen nicht zu folgen, sondern in der nächsten Sitzung davon zu erzählen. Weil der unbewußte Todestrieb in ihrer Mutter, die einen deutlich psychotisch-chaotischen Kern zeigte (nach Aussage der Patientin erinnerte das Haus ihrer Mutter stark an einen Ingmar-Bergman-Film), so stark gewesen war, hatte die Frau nur sehr wenige persönlich-menschliche Erinnerungen an sie. Dadurch dominierte die dunkle Seite der archetypischen Mutter, die verschlingende Kali oder Rangi, in ihrem unbewußten Versuch, mit dieser zerstörerischen Beziehung umzugehen.

Nachdem wir im therapeutischen Prozeß einen Teil des ozeanischen, unbewußten Materials, das die Patientin überflutete, «ausgetrocknet» und durch die Interpretation relativiert hatten, daß sich die sie bedrängenden Bilder auf das frühkindliche Drama mit ihrer Mutter bezogen, verschwanden die Alpträume. Hier kamen der alchemistische Prozeß der *sublimatio* (Austrocknung) und *coagulatio* (Verfestigung) zur Anwendung.

Ich- und Hautgrenzen und der Puffer des persönlichen Unbewußten
Mit der Differenzierung von der Mutter geht die Ausbildung innerer Ichgrenzen und die Bewußtwerdung der äußeren Körpergrenzen einher. Weil die Mutter der oben erwähnten Patientin diese Entwicklung nicht unterstützt hatte, war ihre Ichgrenze nicht so stark, wie sie hätte sein sollen. Das Resultat war, daß sie vom Unbewußten überschwemmt wurde. Da zudem ihre Pufferzone aus persönlichem Unbewußtem sehr gering ausgeprägt war, war die Macht der andrängenden Bilder zum Teil so stark, daß sie nicht fähig war, aus dem Traum zu erwachen. Das persönliche Unbewußte fungiert gleichsam als «Wellenbrecher» gegenüber der Macht des kollektiven Unbewußten. Im Laufe der Therapie arbeiteten die Patientin und ich daher an der Entwicklung und Erweiterung ihres persönlichen Unbewußten. Die archetypischen Bilder der allmächtigen mörderischen Muttergottheiten wurden auf ihre persönliche Mutter reduziert und vermenschlicht und so in den Kontext ihrer eigenen Geschichte gestellt. Im Laufe dieses Prozesses trat langsam eine Barriere, ein Puffer aus persönlicher Geschichte, in ihrer Psyche hervor.

Das Fehlen ausgeprägter Ichgrenzen bringt es mit sich, daß auch negative Komplexe in das Ich eindringen und von ihm Besitz ergreifen können, wie etwa der böse innere Elternteil, der Bloßsteller, der Richter oder der Sklaventreiber. Ein Beispiel einer solchen Besessenheit begegnete mir bei einer Frau, die an einer Gruppe teilnahm, in der es um die Befreiung aus Koabhängigkeit ging. Sie klagte über ständige Angriffe auf ihr Selbstwertgefühl, die von einem inneren Komplex ausgingen, eine Erfahrung, die auch den anderen Teilnehmern vertraut war. Zugleich war sich die Frau nur zu bewußt, daß sie verbalen Angriffen von seiten signifikanter anderer ein leichtes Ziel bot. Ich regte die Gruppe dazu an, dieses Geschehen darzustellen, um ein Bewußtsein für das Phänomen zu erzeugen. Die Frau spielte ihr Ich, während eine andere Teilnehmerin die sie mißbrauchende innere Instanz – den Sklaventreiber/Richter – darstellte. Nun konnte die Frau mitverfolgen, wie der Komplex darauf lauerte, sich an eine äußere Person anzuheften (auf sie projiziert zu werden). Ohne schützende Grenzen fühlte sie sich den verbalen Beschuldigungen hilflos ausgeliefert.

Ich übernahm daraufhin die Rolle ihrer Ichgrenze, und eine andere Teilnehmerin wurde ihre Körpergrenze. Als Ichgrenze gab ich ihr Halt und konfrontierte den Beschämer mit den Worten: «Sie wird sich deine ständigen Ausfälle nicht länger anhören.»

Der Mißbrauchs-Komplex entgegnete: «Aber wenn du nicht auf mich hörst, dann wirst du es nicht schaffen. Die Leute werden herausfinden, daß du dumm und schlecht bist, und dich nicht mögen und dich verlassen.»

Ich, als Ichgrenze, gab zurück: «Das sagst du bloß, damit sie dir ihre Kraft (psychische Energie) gibt. Du kümmerst dich nur um dich selbst. Du gönnst es ihr nicht, mit jemand zusammenzusein. Hau ab!»

Etwas bestürzt, daß seine wahren Motive an den Tag gebracht worden waren, hielt der Komplex Ausschau nach einem Außenstehenden, der seine Position seinem Opfer gegenüber wieder stärken könnte. Die ihn verkörpernde Teilnehmerin warf sich (projizierte sich) auf den Ehemann der Frau, und die beiden fingen an, auf sie einzuschelten.

Dieses Mal schirmte die Körpergrenze die Frau ab und sagte

zu dem Ehemann: «Über wen willst du dich lustig machen? Dein eigenes Leben ist eine einzige Katastrophe! Du willst deine Frau nur von deinem eigenen Versagen ablenken. Du denkst, weil sie als Kind mißbraucht worden ist, könntest du einfach damit weitermachen. Du bist nichts weiter als ein...» Sie wandte sich der Frau als Ich zu, die anfing, aufrechter dazusitzen, als ihr klar wurde, was ihre beiden Grenzen ihr sagten. Sie beendete den Satz: «Ein Schaumschläger.» Ich forderte sie auf aufzustehen. Ich- und Körpergrenze standen nun zu beiden Seiten von ihr vor dem inneren Bloßsteller und dem mißbrauchenden Ehemann. Von da an hatte sie keine Angst mehr und stand sogar einen äußerst schmerzvollen Scheidungsprozeß durch.

Dysfunktionale Grenzbildung, Abhängigkeit und zwanghaftes Grübeln
Ein Ich ohne ausreichende Grenzen kann von ständig wiederkehrenden Grübeleien und obsessiven Gedanken heimgesucht werden, wie man sie bei Menschen mit Sex- oder Liebessucht findet. Tausende von «was wäre, wenn»-Szenarien können das Bewußtsein einer Person dermaßen belagern, daß das Ich völlig überfordert ist und das Selbst des inneren Kindes von Erregung und/oder Furcht überwältigt wird. Diese Grübeleien können das Kind zerstören, weil sie grundlegende Phänomene wie Liebe, Versorgtwerden, Wahrgenommen- und Wertgeschätztwerden und/oder Im-Stich-gelassen-Werden betreffen. Ohne die erforderliche Grenze, die hilft, zwischen Relevantem und dem, was in dysfunktionaler Weise nur dem machthungrigen Komplex dient, zu unterscheiden und dieses auszufiltern, ist eine Person für immer zum Opfer abgestempelt. Ich habe Erwachsenen-Ichs erlebt, die bildlich gesprochen im Unbewußten verschwanden, weil ihr unentwickeltes inneres, kindliches Selbst mit der Verantwortung eines Erwachsenen zurechtkommen mußte.

Ich beruhige in solchen Fällen das überforderte innere Kind meines Patienten, indem ich es unmittelbar anspreche und ihm sage, daß gar nicht von ihm erwartet wird, mit dieser Situation fertig zu werden. Dann versuche ich, das Ich der Person wiederherzustellen und anzusprechen.

Ein Beispiel für eine solche Konfrontation ereignete sich in der Therapie mit einem Mann, der mich mit kindlicher Panik in den Augen anstarrte. Ich sagte: «Wo bist du? Du hast es deinem Kind überlassen, mit dieser Aufgabe fertig zu werden, und es schafft es nicht. Wir können das Problem lösen und dabei gemeinsam Eltern deines Kindes sein.» Er hatte bis dahin amöbenhaft und erstarrt gewirkt. Jetzt hatte ich das Gefühl, daß er sich wirklich bis zu seinen Körpergrenzen ausdehnte. Seine Augen bekamen einen lebendigen Ausdruck, und er fing an, sich in einer rationalen, erwachsenen Sprache mit mir zu unterhalten.

Differenzierung: Der Körper und die verschlingende Mutterhexe
Das Fehlen von Körpergrenzen, verursacht durch eine Mutter, die unfähig war, das Kind in der Phase der Differenzierung zu unterstützen, schlägt sich meist auch körperlich nieder. Mißbrauchte, koabhängige Patienten fühlen sich dünnhäutig. Sie neigen dazu, eine erhöhte Muskelspannung aufzubauen, die ihnen gleichsam als Panzer dient, und sind sehr sparsam in ihren Bewegungen. Viele von ihnen haben Schwierigkeiten, die Bedürfnisse anderer von ihren eigenen zu trennen. Da sie ständig ihre Mütter spiegeln mußten, haben sie kein Gefühl für ihre eigenen Bedürfnisse entwickelt. Auf diese Weise wird zuviel psychische Energie für die Fürsorge anderer aufgebraucht. Die Gedanken, Bedürfnisse und Wünsche anderer überschatten die eigenen.

Das Sandbild einer anorektischen Jugendlichen veranschaulicht plastisch die gestörte Mutter-Kind-Beziehung *(Abb. 6.2)*. Die Mutter spielte in der Familie häufig die Rolle der gequälten Jungfrau, die unter dem dysfunktionalen Verhalten ihrer Kinder zu «leiden» hatte, als ob sie selbst nichts mit den mißglückten Anpassungsversuchen ihrer Sprößlinge zu tun gehabt hätte. Sie versuchte, ihre Kinder eines nach dem anderen zu beherrschen, um sich ihr Selbstempfinden anzueignen und so die eigene innere

Abb. 6.2 Sandbild: Dysfunktionale Differenzierung, dargestellt von einer anorektischen Jugendlichen.

Leere zu füllen. Und ein Kind nach dem anderen wurde drogen-, alkohol- oder sexsüchtig, das jüngste süchtig nach Perfektion durch Anorexie. Die Suchtwahl dieser Patientin war meiner Ansicht nach insofern bezeichnend, als ihre Verweigerung der Nahrungsaufnahme deutlich machte, daß die von der Mutter verabfolgte Nahrung vergiftet war und nichts als körperliche Leere zurückließ.

Im Sandbild wird die wahre, dunkle Seite der Mutter daran erkennbar, daß die junge Frau eine Vampirfledermaus um die Jungfraufigur herum drapierte. Zur Darstellung ihrer selbst wählt sie ein Stachelschwein, ein Symbol für ihr auftauchendes, instinktives Selbst, das versucht, die Mutter, die alle Lebenskraft aus ihr heraussaugt, durch eine stachelbewehrte Grenze fernzuhalten.

Abb. 6.3 «Selbst-Dieb».

Eine andere junge, anorektisch-bulimische Patientin zeichnete eine Bilderserie mit dem Ziel, ihr auftauchendes Selbst (emerging self) und den internalisierten «Selbst-Dieb» zu identifizieren und zu isolieren. *In Abb. 6.3* bietet ihr der innere Dieb in Schwarz eine Blume im Tausch für ihre Seele/ihr Selbst. Die dunkle Gestalt ist der narzißtischen Stiefmutter in dem Märchen *Schneewittchen und die sieben Zwerge* verwandt, die dem Ich einen Apfel anbietet, das auf den Genuß der Frucht hin das Bewußtsein verliert. Auch wenn sie, wie das Bild zeigt, nicht den festen Boden der Selbstsicherheit unter sich hatte, kämpfte die Patientin darum, ihr Selbstempfinden nicht dranzugeben. Dabei wurde ihr bewußt, daß sie Angst hatte, jemandem nahezukommen, aus Furcht, man könnte ihr ihre Identität rauben. Nachdem sie das begriffen hatte, konnte sie auch erkennen, daß ihr Herz und ihre Liebesfähigkeit und -sehnsucht sich tief in ihrem Inneren verborgen hatten, um sich zu schützen. Eine imaginäre Reise

Abb. 6.4 Das aus dem Käfig befreite Selbst.

in ihren Körper zeigte ihr jedoch, was wirklich aus ihrem Herzen geworden war: Der abgrenzende Schutzschild war zu einem Gefängnis geworden. Der Seelen/Selbst-Dieb wollte ihr einreden, es sei besser für sie, in ihrem selbstgezimmerten Käfig zu bleiben: «Vertrau niemandem, bleib lieber bei mir.» Nun erinnerte der Komplex an die Hexe in *Rapunzel*. Schließlich kämpfte sich die junge Frau den Weg frei und befreite ihr Herz aus dem Käfig. *Abb. 6.4* zeigt ihre Befreiung, bei der sie der das Selbst stehlenden Hexe entgegenschleuderte: «Nein, ich will raus!» Kurz nach der Anfertigung dieses Bildes ließ sie sich auf eine dauerhafte Beziehung ein.

Differenzierung: Beißen und Kauen
Die Ausbildung von Grenzen und die daraus resultierende Trennung wird physiologisch unterstützt, wenn das Kind zahnt und die Fähigkeit zu beißen und zu kauen entwickelt. Diese neue Entwicklungsphase bringt es mit sich, daß das Kleinkind nicht mehr

länger alles ganz hinunterschlucken muß; es kann unterscheiden, Materie in ihre feineren Bestandteile zerlegen, aufnehmen, was nährt, und ausspeien, was es unannehmbar findet. Ich erinnere mich noch, wie angetan und fasziniert ich war, als meine neun Monate alte Tochter imstande war, das gemischte Gemüse in ihrem Mund zu sortieren und die Limabohnen auszuspucken! Ich pflegte sie nach dem Mittagsschlaf aufzunehmen, und sie tätschelte und patschte mir den Rücken im gleichen Rhythmus, den sie beim Zahnen einsetzte. Ich reagierte, indem ich sie ebenfalls tätschelte. Das Klopfen diente dazu, die Hautgrenze zu stimulieren und so ihr Gefühl dafür zu stärken, daß wir zwei voneinander getrennte Wesenheiten waren.

Menschen, die bei Nacht mit den Zähnen knirschen oder an temporärem Mandibularsyndrom (TMS) leiden, fällt es häufig schwer, sich verbal auszudrücken, und ihre Differenzierung ist mangelhaft. Ein übertriebener Einsatz des klopfend/tätschelnden Beißrhythmus fällt dagegen bei Personen auf, die Angst vor Nähe haben, entweder weil sie den anderen in der Übertragung mit einem verschlingenden Elternteil gleichsetzen, oder weil sie befürchten, daß die Bedürftigkeit ihres verlassenen inneren Kindes entdeckt werden könnte. Das sind Leute, die einem, wenn man sie umarmt, schnell auf den Rücken klopfen, um sich auf diese Weise unauffällig aus dem Körperkontakt lösen zu können.

Eine Patientin, die dabei war, sich von einer sie im Stich lassenden, nicht stimulierenden Mutter und einem sie erstickenden Ehemann freizumachen, träumte, daß sie alle ihre Zähne verlor. Der Zahnarzt ersetzte sie und sagte zu ihr: «Sie müssen aufhören, sich das anzutun.» Er meinte damit, daß sie aufhören müsse, diese frühe Form der Aggression, die der Differenzierung diente, in dieser Weise zum Ausdruck zu bringen. Ich forderte die Patientin auf, ihre Zähne zu zeigen. Ich tat dasselbe. Dann fingen wir an, spielerisch nacheinander zu schnappen wie große Katzen.

Differenzierung: Einnehmen räumlicher Distanz und Ausformung der Körperhaltung
Neben dem Motiv des Zahnverlusts und dem schwindenden oder übertriebenen Einsatz von Beißbewegungen kann auch die Distanz des Patienten im Raum Hinweise auf das Fehlen von Körpergrenzen geben. Da ich ein großes Behandlungszimmer besitze, das es dem Patienten gestattet, den Abstand zwischen ihm und mir zu bestimmen, kann das Distanzverhältnis Teil des therapeutischen Prozesses werden. Wenn der Patient stärkere Grenzen braucht, spanne ich meine Muskeln an und spreche und gestikuliere in einem stark akzentuierten, abgehackten Beißrhythmus. Eine Frau schickte mich in den neben dem großen Therapiezimmer gelegenen kleineren Raum mit den Sandspielutensilien. Sie schloß die Tür hinter mir und tanzte frei für sich. Dann rief sie mich zurück und forderte mich auf, mit ihr zu tanzen. Eine andere Patientin forderte mich auf, in räumliche Distanz zu ihr zu gehen, bevor sie in ein früheres Entwicklungsstadium zurückfiel. Weder ihre Haut noch ihre Muskeln boten angemessene Grenzen. Ihre Bewegungen waren allenfalls rudimentär. Schließlich bat sie mich, näher zu kommen und sie zu berühren. Ich klopfte ihren Rücken, indem ich den Beißrhythmus einsetzte. In der nächsten Sitzung setzte sie selbst die gleichen tätschelnd-klopfenden Bewegungen in ihren Beinen und im Schultergürtel ein. Wieder bat sie mich, sie zu berühren, und ich klopfte ihr noch einmal den Rücken in dem Versuch, den rhythmischen Ausdruck zu einer Einheit zu verbinden. Dieses Mal reagierte sie auf meine Berührung, indem sie meiner Hand entgegenkam, wenn ich sie berührte, und sich von mir wegbewegte, wenn ich meine Hand zurückzog. Diesen Rhythmus beibehaltend und uns gleichzeitig aufeinander zu- und voneinander wegbewegend, erlangten wir gemeinsam eine höhere Synchronisation (Kestenberg und Buelte 1956, 1977; Kestenberg und Sossin 1979). Nun war die Patientin imstande, sich aufrecht hinzustellen und Kissen nach mir zu werfen, konnte sich also auf eine Bewegungsart einlassen, die die Integration von Differenzierung und Objekttrennung unterstützt.

Das Ringen um Abgrenzung, die Nähe und Intimität erst ermöglicht, war ganz deutlich Thema der Bewegungschoreographie eines Paares, das ich behandelte. Der Ehemann lag auf dem Boden wie ein gestrandeter Wal. Die Frau saß aufrecht wie eine Steinmauer. Jedesmal, wenn er sich bewegte, um sich ihr zu nähern, verstärkte sie ihre Muskelspannung. Er suchte Vereinigung, sie Unterscheidung. Sie hatte ihre Borderline-Mutter auf ihn projiziert und tat alles in ihrer Macht Stehende, die Abgrenzung von ihrem Mann zu forcieren. Ihre bevorzugte Strategie war es, sämtliche Freunde ihres Mannes zu verführen und dann mit ihren Eroberungen zu prahlen. Er seinerseits versuchte, verständnisvoll zu sein, weil er seine Aggressionen infolge eines in der frühen Kindheit erfahrenen Traumas von sich abgespalten hatte.

Nicht ohne Zögern willigte er schließlich ein, aufzustehen und sich auf einen Austausch verbaler Aggression mit seiner Frau einzulassen. Sie schrie «Schlappschwanz!», während er sich bemühte, die Retourkutsche «Hure!» zu finden.

In der nächsten Sitzung versuchte sie, ihre verschmelzende Mutter auf mich zu projizieren: Sie brachte eine ganze Liste an Beschwerden mit, was alles in der vorigen Sitzung falsch gelaufen sei. Bei manchen Patienten hätte ich auf diese Klagen mit Empathie und Betroffenheit reagiert. Diese Frau brauchte jedoch eine differenzierende Reaktion, die meine Fähigkeit unterstrich, nicht in den grenzenlosen Wunsch nach Übereinstimmung auszuweichen. Ich stimmte ihr zu, daß es wichtig sei, die Sitzung pünktlich zu beenden und nicht drei Minuten zu spät, und betonte damit die Angemessenheit von Grenzen, führte aber im Hinblick auf meine therapeutischen Interventionen aus, wenn sie meinen Behandlungsstil nicht schätze, könnte ich sie ohne weiteres an jemand anders empfehlen. Sie schien mit meiner Entgegnung zufrieden zu sein und bat nie um eine Weiterempfehlung.

Ganz, ganz langsam fing sie an, ihre erstickende Mutter zu reinternalisieren, während ihr Mann begriff, daß seine Intellek-

Abb. 6.5 Die Trennung von Himmel (Nut) und Erde (Geb) durch den Luftgott Shu. Aus: W. M. Müller, *Egyptian Mythology,* The Mythology of All Races, Bd. 8, Boston 1918, S. 44.

tualisierungen ihn nicht nur von seinen eigenen Gefühlen trennten, sondern ihn auch unempfänglich für die seiner Frau machten.

Erich Neumann (1949), ein jungianischer Entwicklungstheoretiker, schreibt zu dieser Phase: «Raum entsteht erst, wenn, wie der ägyptische Mythos formuliert, der Luftgott Shu Himmel und Erde voneinander trennt, indem er zwischen sie tritt. Erst mit seinem Licht-Raum schaffenden Eingreifen gibt es Himmel oben und Erde unten, gibt es vorn und hinten, rechts und links, das heißt Raumgliederung bezogen auf ein Ich.» *(Siehe Abb. 6.5)*

Das Konzept des Raumes in seiner Vielschichtigkeit ist von großer Bedeutung für die psychische Entwicklung. Die Fähigkeit, Lateralität – die Dominanz einer Körperseite – und Dimensionalität auf einer körperlichen Ebene zu begreifen, ein Ich-Verständnis aus der fließenden Veränderung des Rumpfes beim Atmen zu entwickeln, ist die Grundlage für das Verhältnis zur Umwelt im allgemeinen. Während der Atem die Bewegungen der verschiedenen Körperpartien stützt und Bewegung durch den Raum erfolgt, ermöglichen die internalisierte Selbst- und Objektrepräsentanz ein differenzierteres Reagieren auf die Welt. Die Basis dieser neuromuskulären Entwicklungsprozesse ist ein realistisches Körperbild, das durch die körperliche Beziehung zur Mutter vermittelt wird.

Sobald die Erfahrung erster Trennung einsetzt, kann das Drama zwischen Mutter und Kind inszeniert und gespielt werden. Umgekehrt wissen wir, wenn bei der künstlerischen Darstellung räumliche Verhältnisse durcheinandergebracht werden, daß hier ernste pathologische Störungen vorliegen können, die frühkindliche Traumata spiegeln.

Ein Mann war bei mir in tiefenpsychologischer Einzeltherapie und in Paartherapie. Er hatte sich anfangs über eine zunehmende Gleichgültigkeit bei der Arbeit und einen wachsenden Groll auf seine Frau beklagt. Ausgestreckt auf dem Boden liegend, richtete er seine Aufmerksamkeit auf seinen Körper. Er spürte, daß er allmählich kaum noch atmen konnte, und sah in der Imagination ein riesiges, amorphes, giftiges Ungeheuer, das seine Lungen ausfüllte und ihn zu ersticken drohte. Das Wesen drang in sein Bewußtsein ein, und er merkte, wie er immer müder und benommener wurde. Durch die Verbindung von Unbewußtem zu Unbewußtem in der somatischen Gegenübertragung hatte auch ich das Gefühl, immer mehr die Orientierung zu verlieren. Meine Gedanken begannen förmlich zu zerbröseln. Wir waren beide ganz eindeutig in den Einflußbereich genau des Komplexes gebannt, der von seinem Leben Besitz ergriffen hatte.

In der nächsten Stunde ließ ich den Komplex durch mich sprechen, während mein Ich zuhörte und eine genaue Einschätzung seines Dilemmas zu gewinnen versuchte. «Sei passiv, verlaß deine Frau, laß deine Arbeitsstelle sausen, komm heim und lebe mit mir zusammen. Ich sorge für dich.» Der Körper meines Patienten sackte nach unten, in einen leblosen Zustand, nur sein Kinn schob sich vor. Ich/der Komplex fuhr fort: «Du mußt mir nur versprechen, daß du keine wichtigen Beziehungen zu irgend jemand anderem haben wirst, keine Freunde und keine Geliebte, und keinen Spaß an irgend etwas, was du tust... und natürlich wäre da noch ein kleiner operativer Eingriff fällig: Ich möchte, daß du mir deine Männlichkeit gibst... gib sie einfach her.» Er nickte bestätigend und antwortete: «Mein Gott, das ist es. Genauso fühlt es sich an.»

Es war für uns beide keine große Überraschung, als wir bei der Exploration seiner Kindheit den Ursprung dieses Komplexes in einer ängstlichen, unbefriedigten, erstickenden Mutter entdeckten, die er im Laufe seiner Entwicklung internalisiert hatte.

Mehrere Wochen arbeiteten wir nun im bipersonalen, imaginativen Raum. In diesem liminalen Raum veränderte sich seine Atmung; sein Körper spannte sich an und krümmte sich manchmal zusammen, denn nach wie vor saß diese Kreatur in ihm, die sich wie ein Parasit festgesaugt hatte. Als ersten Schritt wies ich ihn an, tief zu atmen und sich dabei vorzustellen, wie er das Geschöpf in einer gewaltigen Kraftanstrengung aus sich herausatmete. Ich unterstützte ihn dabei, indem ich seinen Kampf imaginierte. Er krümmte sich, als ob Wellen der Übelkeit durch ihn hindurchliefen, während er den parasitischen Komplex aus seiner Brust herauswürgte. Dann begann er, in dem freigewordenen Brustraum sein inneres Kind zu visualisieren (Lewis Bernstein 1980).

Als sein inneres Kind sich stärker ausbildete und wuchs, hatte er auf einmal die Vorstellung, daß der Kopf des Kindes zu einem Totenschädel mit glühenden roten Augen geworden war. Ich regte ihn dazu an, sein inneres, abgespaltenes, zorniges, kindliches Selbst darzustellen, und spiegelte ihn, indem ich krallende Bewegungen auf dem Teppich machte. Dieser primäre Ausdruck von Aggression lokalisierte sich in seinem Kinn, und er gab an, den Wunsch zu haben, zu essen, zu beißen und zu kauen. Er bat mich, näher zu kommen und meine Hand hochzuhalten, damit er sich von ihr abstoßen und so eine objektbezogene Differenzierung erleben konnte. Dann hatte er das Bedürfnis, daß ich gleichzeitig seine Brust und seinen Rücken berührte. Ich erklärte ihm, daß er seine räumliche Ausdehnung spüren und seine physischen Grenzen kennenlernen wollte. Diese Sitzung wirkte sich deutlich auf seine Fähigkeit aus, seiner Frau liebevoll zu begegnen und intim mit ihr zu sein. Nachdem er im imaginativen Raum eine neue, objektbezogene Erfahrung gemacht hatte, die der negativen Mutter entgegenwirken konnte, war er nicht mehr gezwungen, seine alte Erfahrung auf die momentane intime Beziehung zu einer Frau zu übertragen.

Im Laufe der Monate gestattete er sich, in die Rolle seines kindlichen Selbst zu schlüpfen und seine Bedürfnisse zum Ausdruck zu bringen. «Ich möchte geliebt werden, ich möchte fühlen.» Kissen, die seinen vergiftenden, aggressiven Mutterkomplex darstellten, wurden um ihn herum gruppiert und dienten als Symbol dafür, wie seine Mutter alle seine Beziehungen von vornherein vergiftete. Ich saß auf der anderen Seite der Kissen. Wenn ich meinen Arm über die Kissenbarriere streckte, würde er von der Mutter kontaminiert werden und als eine Art Anhängsel von ihr erscheinen, das eine alles verschlingende Symbiose von ihm verlangte. Er fühlte sich hilflos in seiner Unfähigkeit, je Liebe und Nähe von irgend jemandem anzunehmen. Während er damit rang, öffnete ich mich dem Archetyp der alliebenden Mutter, die lieben kann, ohne zu verschlingen, und ihrem Kind helfen kann, sich loszulösen, ohne sich verlassen zu fühlen.

Nun fing der Patient an, lebhafte innere Zwiegespräche mit seinem Mutterkomplex zu führen. «Du willst mir einreden, daß Penny du ist, aber das ist sie nicht. Halte dich aus dieser Beziehung raus!» Schließlich wühlte er sich mit einem Aufbäumen, das an Geburtswehen erinnerte, aus den Kissen heraus. Ich wurde dabei zur Hebamme, als er nach mir griff, damit ich ihm heraus half. Schließlich war er frei! Tränen standen in seinen Augen, und sein Gesicht strahlte. Nach vierzehn Monaten Arbeit hatte er die Loslösung geschafft – in genau derselben Zeitspanne, die die normale Bewältigung dieser Entwicklungsphase in Anspruch nimmt. Am Ende dieser Stunde sagte er scherzhaft: «Wie buchstabiert man Erleichterung? N-E-I-N-M-A-M-A.»

Abgrenzung nach innen: Isolation und Rückzug
Manche Individuen passen sich an mißbrauchende erste Beziehungen an, indem sie sich in sich selbst zurückziehen. Statt sich in den Grenzen der eigenen Haut sicher zu fühlen, ziehen sie sich in ihren Körper zurück und verbergen sich, so daß das Ich das Selbst nicht finden kann und häufig vergißt, daß es überhaupt existiert. Diese Isolierung trennt solche Menschen nicht nur von der Welt draußen, sondern auch von der eigenen Innenwelt. Gefühle, Wünsche und Bedürfnisse sind ihnen unbekannt. Sie leben abgeschlossen in einer riesigen, undurchdringlichen Festung lautloser Verzweiflung, die ihnen selbst kaum bewußt wird.

Bei den meisten setzt dieses Überlebensmuster in der Kindheit ein; viele übernehmen es von ihren ersten Bezugspersonen. So schien dieses familiäre Lernmuster bei einem Mädchen deutlich zu werden, das eine kinetische Familienzeichnung verfertigte («Mal ein Bild deiner Familie, wie sie etwas tut.») Sie zeichnete den Umriß eines Hauses, in dem jedes Familienmitglied in einem getrennten Raum allein für sich mit etwas beschäftigt war.

Häufig sind diese Menschen Leseratten und verbringen Stunden damit, die Phantasien anderer nachzuerleben. Oft hängt diese Isolation mit Eltern zusammen, die ein starkes Bedürfnis haben, die Gedanken und Gefühle aller um sie herum zu kontrollieren. So werden explizite Botschaften ausgesandt, worüber gesprochen werden darf und was tabu ist. Die koabhängigen Personen haben meist Schwierigkeiten, sich an ihre Kindheit zu erinnern. Sie schildern Jahre ihres Erwachsenenlebens, die sinnlos verstrichen. Andere werden eßsüchtig und legen sich auf diese Weise zusätzliche physische Schutzschichten zu, um ihre Verletzlichkeit zu verbergen oder «die Gefühle drunten zu halten», wie eine Frau es formulierte. Auf die Aufforderung, ihr inneres Selbst zu zeichnen, kritzelte eine eßsüchtige Frau einen schwarzen Fleck auf das Papier, der von einem «Meer der Finsternis» umgeben war.

Eine andere Frau sprach von ihrer Empfindungslosigkeit gegenüber der Welt. Als sie in der authentischen Bewegung dalag, hatte sie die Vorstellung, ihr Körper sei in ein Leichentuch gewickelt. Dieses Leichentuch hatte ihre Fähigkeit blockiert, mit ihren Bedürfnissen in Kontakt zu treten und das, was sie in der Welt wollte, zu bekommen. Nun war sie kurz davor, in hoffnungslose Verzweiflung zu versinken. Ein Märchen aus ihrer Kindheit kam ihr in den Sinn, in dem eine Frau in eisernen Schuhen durch die Welt wandern mußte. Sie hatte das Gefühl, daß ihre eigene Fähigkeit, in ihrem Leben voranzukommen, durch genau die gleiche extreme Schwere behindert wurde. Als ich das Leichentuch personifizierte, wurde ihr seine Funktion erstmals ganz bewußt, sie erkannte, daß das Tuch sie nicht schützte, sondern einsperrte. Daraufhin zeichnete und beschrieb sie die folgende aktive Imagination: «Ich liege morgens im Bett. In meinem Magen ist ein Knoten. Ich habe keine Energie, das Tuch ist um mich herum, und die Eisenschuhe sitzen an meinen Füßen. Da kommt Regen vom Himmel und wäscht das Leichentuch von meinem Körper fort und läßt die Eisenschuhe durchrosten. Ich stehe auf und trete an mein sonnenbeschienenes Fenster. Das Sonnenlicht dringt in mich ein und löst den Knoten.»

Das kraftvolle Symbol des fallenden Taus verband diese Frau mit dem archetypischen, alchemistischen Vorgang der *mundificatio* oder Reinigung, die im *Rosarium philosophorum* als eine in einem offenen Sarg liegende Figur dargestellt ist. Die lateinische Unterschrift lautet übersetzt: «Hier fällt der himmlische Tau auf den irdenen schwarzen Leib im Grab.» Jung (1971 a) schreibt: «Der fallende Tau kündet die Wiederbelebung und ein neues Licht an. Der Abstieg in ein immer tieferes Unbewußtes geht über in eine Erhellung von oben.» (§ 493)

Die Separatio in der Alchemie

Auch im alchemistischen Prozeß war eine Scheidung oder *separatio* nötig, um einander widerstrebende chemische Elemente voneinander zu trennen. In *Abbildung 6.6,* einer Darstellung aus dem vierzehnten Jahrhundert, kämpft Sol, der sonnenköpfige Mann, mit Luna. «Dieser Kampf entgegengesetzter Kräfte ist die

Abb. 6.6   Aurora Consurgens, «Der Kampf von Sonne und Mond»; die alchemistische Separatio von Sol und Luna. Manuskript aus dem 14. Jh., Zentralbibliothek Zürich; MS. Rh. 172, f. 10ᵛ.

dramatische Vorbedingung für die Umgestaltung und Erhöhung der körperlichen Substanz des Alchemisten in eine bessere Substanz: die der Seele.» (ARAS 5FO.058, S. 1)

Wenn man es zuläßt, daß Gegensätze in der Bewegungs- oder Dramatherapiearbeit verkörpert und dargestellt werden, ermöglicht man dem Patienten die Erfahrung der Trennung und der Perspektive wie auch des Bezogenseins auf Polaritäten. Nach dem ersten Kampf, ob er nun zwischen dem «guten» Selbst und dem «bösen» Selbst oder dem Ich und Animus/Anima ausgetragen wird, kann eine neue Vereinigung oder *coniunctio,* wie die Alchemisten es bezeichnen, stattfinden. Daraus kann sich eine transzendente, androgyne Geburt oder ein alchemistischer Hermaphrodit entwickeln.

Ein Beispiel für diesen dynamischen Prozeß erlebte ich bei einer Frau, die unter einem negativen Mutterkomplex litt. In einer Sitzung lag sie mit ausgebreiteten Armen auf dem Boden, in angst- und qualvoller Spannung. Der eine Pol war Intimität, die sich anfühlte wie Vereinnahmung und Tod durch Ersticken; der andere Pol war das Alleinsein, ein Gefühl des Verlassenseins und des Todes durch den Sturz in einen finsteren, bodenlosen Abgrund. Ich bat sie, die Spannung auszuhalten. Sie hörte auf zu atmen, und daraufhin zeichnete sich ein transzendentes Bild in ihr ab: Sie schluchzte tief auf und griff nach dem Bild ihres Vaters, der ihr bei dem notwendigen Differenzierungsprozeß helfen konnte.

Die Subphasen der Übung und der Wiederannäherung

Übung und Wiederannäherung sind die letzten Unterphasen im Prozeß der Loslösung und Individuation. Die Subphase der Übung ist durch aktive Fortbewegung gekennzeichnet. Das Kind krabbelt und bewegt sich schließlich von der Mutter fort und versichert sich dann durch ein Zurückblicken der Gegenwart und Liebe der Mutter. In diesem Fall ist die räumliche Distanz und die im gestaltenden Tun des Kindes deutlich werdende Distanzierung der Modus für die Einübung der Loslösung vom Objekt. Durch diesen konstruktiven Einsatz von Aggression entwickelt das Kind sein eigenes Selbstempfinden.

Läßt man Patienten, die diese Entwicklungsphase aufarbeiten, ihren eigenen Ort im Raum bestimmen, so haben sie dadurch die Freiheit, sich dem Therapeuten anzunähern und von ihm zu distanzieren. Auf diese Weise kann dieser Akt des Lebensdramas gemeinsam mit einer «guten» Bezugsperson noch einmal erfahren werden, die auf das, was Kohut als «angeborenen Sinn eigener Kraft, Größe und Vollkommenheit» bezeichnet, reagieren und diesen angeborenen Sinn fördern kann (Kohut und Wolf 1978, S. 414).

Der Einsatz von Fingerfarben und anderen flüssigen künstlerischen Medien wie auch das mit nassem Sand gefüllte Sandspiel kann zum Nachstellen dieser frühen Phase anregen. Die Auseinandersetzung mit Themen des Festhaltens und Loslassens sowie das hemmungslose Herumschmieren in Gegenwart des bekräftigenden Therapeuten erlauben es dem Patienten, seine «schmutzigen» Gefühle zuzulassen und mit ihnen zu experimentieren. Auf diese Weise kann sich durch die Freiheit des Ausdrucks und gestaltenden Tuns das Selbstwertgefühl des Patienten entwickeln.

Ein Beispiel für die Exploration dieser Phase ist eine Patientin, die während ihres ersten Behandlungsjahres kaum sprach. Nachdem sie einige Zeit in Behandlung war, hatte sie jedoch soviel Vertrauen zu mir entwickelt, daß sie mein Zimmer in Unordnung bringen konnte, indem sie Kissen überallhin warf. Dann nahm sie eine Schale, die mit kleinen Gummispinnen gefüllt war, leerte sie in den Sand und vermischte sie schnell mit dem Sand. Sie war begeistert, als ich ihr sagte, daß ich einige Zeit brauchte, um alle Spinnen wieder herauszusuchen!

Die Wiederannäherung, die etwa im Alter von achtzehn Monaten einsetzt, ist die dritte Subphase. Sie wird manchmal als die «schlimmen Zwei» bezeichnet. Anspannungs- und Loslaßbewegungen, wie sie für die Ausscheidungskontrolle notwendig sind, stehen im Vordergrund, da die Autonomie vom Objekt durch die Fähigkeit ausgedrückt wird, etwas zurückzuhalten, um es schließlich auszustoßen und dadurch Vertrauen in die eigene schöpferische Kraft und Unabhängigkeit zu erlangen. In dieser Phase bestimmen die Themen Macht und Kontrolle, Autonomie, Bildung äußerer Grenzen und Selbstdarstellung die Eltern-Kind-Beziehung, und sie sollten von den Eltern gefördert werden. In der Therapie können Medien wie Ton, Knetmasse und Papiermaché dem Patienten die Impulskontrolle in Gegenwart des Therapeuten erleichtern. Beim dyadischen Zeichnen mit dem Therapeuten werden häufig akzentuierte, abgehackte rote Striche gegen die Kritzeleien des Therapeuten gesetzt. In einer Therapiegruppe, in der wir mit künstlerischen Ausdrucksmitteln arbeiteten und gerade diese Phase der Gegenabhängigkeit Thema war, wurde die gemeinsame Verfertigung eines Bildes vorgeschlagen, an dem ich mich beteiligte. Warme Farben wurden gewählt und mit festem Druck auf das Papier gebracht. Eines der Gruppenmitglieder fuhr mich ärgerlich an, als ich Blau verwendete. Bezeichnenderweise tauchten in dem Bild Wörter wie *behaupten, betonen, Macht* und *Energieexplosion* neben zahlreichen «Neins!» in knalligem Rot, Orange und Schwarz auf.

Sekundäre narzißtische Bildungen, die dem Bedürfnis entspringen, sich die Mutter weiterhin als Garantin einer geeigneten Umwelt für das eigene Wachstum zu erhalten, spalten Selbst und Objekt allmählich in «gute» und «schlechte» Teile (in gutes und böses Selbst, gutes Objekt und schlechtes Objekt). Am Ende werden alle diese Teile integriert und internalisiert, was zu einem realistischen Selbstempfinden und einer unterstützenden inneren Mutter führt.

Der jüdisch-christliche Schöpfungsmythos von der Vertreibung Adams und Evas aus dem uroborischen Paradies des mütterlichen Bereiches durch den zornigen Gott Jahwe versinnbildlicht genau diese Phase der menschlichen Entwicklung. Während sich ihr Ichbewußtsein langsam herauszubilden beginnt, wird Adam und Eva aufgetragen, «den Ackerboden zu bestellen», wie es in der Bibel heißt. Im Sinne der Objektbeziehungstheorie wird damit der Übergang von einem Zustand, in dem eine undifferenzierte Mutter- oder Vatergestalt für alle Bedürfnisse Sorge trägt, in einen Zustand der Autonomie und Eigenleistung vollzogen. Die Menschen werden Leiden und Mühsal erleben, aber sie werden auch ihre Fähigkeit, zu gebären und zu erzeugen, entdecken. Auf diese Weise haben sie einen Anteil des Gottes internalisiert.

Der Kampf, in dem sich so viele koabhängige und Borderline-Patienten befinden, spielt sich auf eben dieser Grenzlinie zwischen Paradies und Unabhängigkeit ab. Eine Patientin sagte zu mir: «Mit meiner Mutter zusammenzusein ist, als läge ich in einer riesigen Schüssel mit Eiskrem. Es schmeckt so lecker, aber ich schaffe es einfach nicht, über den Schüsselrand zu krabbeln.» Aus diesem Paradies vertrieben zu werden hieß für diese Frau, daß sie von der Frucht der Erkenntnis von Gut und Böse würde kosten müssen. Es hieß, daß sie lernen mußte, ihren Zorn darüber, daß sie sich nicht ablösen durfte, und ihre Wut auf die böse, destruktive Seite ihrer Mutter, die sie in dem Gefühl gefangenhielt, ohne den allmächtigen Elternteil hilflos zu sein, endlich für sich zu reklamieren und auszudrücken.

Eine andere Patientin ließ sich in der Sitzung abwechselnd von mir halten und entfernte sich dann wieder räumlich von mir. Wir schlossen die Sitzung mit einem gemeinsamen Tanz ab, in den wir unseren ganzen Körper mit kräftigen, karateartigen Bewegungen einbezogen.

Phasenbezogene Süchte
Der Zug zur Abhängigkeit und Passivität und der Kampf um Selbstempfinden und Autonomie ist der ewige Konflikt des Koabhängigen. Abhängigkeiten wie Eßsucht, Alkohol-, Drogenabhängigkeit und Spielsucht versetzen das Individuum zurück in frühere, kindliche Entwicklungsstufen. Ein Mann gestattete mir, seine Sucht zu personifizieren. Ich sagte in der Rolle der Sucht zu ihm: «Los, komm mit mir, da brauchst du nicht zu denken oder zu arbeiten. Ich werde dich im Paradies des Vergessens verwöhnen. Du kannst völlig passiv sein, ich übernehme das Handeln. Ich bitte dich bloß um ein paar Dinge. Du wirst sie gar nicht brauchen. Ich bin ziemlich eifersüchtig, du kannst also keine Beziehung zu irgend jemandem sonst haben, kein Familienleben und natürlich auch kein Berufsleben, aber das willst du ja auch gar nicht. Gib mir einfach dein Selbstempfinden; ach ja, und dann hätte ich noch gern deine Seele – reich sie mir rüber!» Ich streckte meine Hand in einer gebieterischen Geste aus.

Der Mann stand auf und fing an, im Zimmer herumzugehen. Die eine Seite des Raumes repräsentierte den Suchtdruck, die andere einen Entwicklungsschritt hin zur Heilung. Er brauchte mehrere Wochen, bis er bereit war, seinem inneren Mephistopheles ins Gesicht zu sehen.

Häufig verwechseln Personen ihre Sucht, ganz gleich, ob es nun um Liebe, Sex, Konsum, Geld, Macht oder Perfektion geht, mit der Instanz der guten Mutter, die sie nötig haben, um innerlich aufzutanken. Es ist daher entscheidend, den Patienten klarzumachen, daß ihre Süchte nicht wirklich etwas Gutes für sie tun, sondern eher wie Vampirkomplexe sind, die in parasitärer Weise ihre psychische Energie für sich selbst in Anspruch nehmen.

Das gespaltene Selbst
Besonders problematisch ist es, wenn Aspekte des Selbst abgespalten und in das ozeanische Unbewußte katapultiert werden. In manchen Familien wird den Kindern deutlich signalisiert, daß bestimmte Gedanken und Gefühle inakzeptabel sind. Welche das sind, kann unter Umständen auch mit der Geschlechtsrolle zusammenhängen. So dürfen Männer zum Beispiel ärgerlich werden, egoistisch und auf Konkurrenzkampf ausgerichtet sein – alles Dinge, die der Ablösung und Behauptung von Grenzen dienen –, aber es ist ihnen nicht erlaubt, zu weinen oder Angst zu haben oder ihre Mitmenschen allzusehr zu lieben. Frauen wiederum wurden dazu ermutigt, die sanfteren Gefühle wie Liebe, Mitleid, Traurigkeit, Schmerz und Angst zu kultivieren; sie wurden zu Versorgerinnen und Pflegerinnen erzogen, während ihnen Konkurrenzdenken, Machtstreben, Selbstsicherheit und Zorn abtrainiert und als schlechtes, unweibliches Verhalten hingestellt wurden (Surrey 1985; Miller 1984). Als Folge dieser Erziehung haben viele Männer eine große Menge aufgespeicherter Liebe, Trauer und Angst in sich, die häufig auf und in die für den Mann wichtige Frau oder einen «femineren» oder animabesessenen Mann projiziert werden. Dabei halten diese Männer der betreffenden Person vor, daß sie zu weich oder hysterisch sei. Unter denselben Vorzeichen projizieren manche Frauen ihren Zorn, ihren Wunsch nach Ablösung und ihre von Konkurrenzdenken bestimmte Feindseligkeit auf einen Mann oder eine animusbesessene Frau und fühlen sich dann im Stich gelassen und mißbraucht.

Die Wiedereinforderung der jeweiligen abgespaltenen Teile ist wesentlich für die Erfahrung eines ganzheitlichen Selbstempfindens. In manchen Familien werden sämtliche Gefühle, Bedürfnisse und Wünsche abgespalten und sind inakzeptabel. Aus diesem familiären Klima gehen wunsch- und bedürfnislose Individuen hervor, intellektuelle Workaholics oder Menschen, die ihre Bedürfnisse und Wünsche auf andere projizieren und dann zu Über-Helfern oder Leuten, die es allen recht machen wollen, werden. Bei anderen wird die Sexualität abgespalten und unterdrückt oder dem Mißbraucher ausgeliefert. Im späteren Leben kommt es in manchen Fällen zu körperlichen Blockaden gegenüber sexuellen Empfindungen oder zu Sexabhängigkeit, in der das unintegrierte sexuelle Selbst zwanghaft so viele sexuelle Beziehungen wie möglich sucht, um die innere Leere auszufüllen. Eine Frau sagte über ihre Sexsucht: «Der Vamp kriegt die Männer ins Bett, dann geht er, und mein inneres Kind wacht neben einem Fremden auf und verfällt in Panik.»

Eine andere Frau stieg in ihr Unbewußtes hinab, um ihr abgespaltenes Selbst wiederzufinden, was sich entscheidend auf ihre sich langsam abzeichnende Fähigkeit zur Grenzziehung auswirkte. Ihr inneres «Tierchen», wie sie es nannte, suchte Integration über den Weg des Beißens und Kauens *(siehe Abb. 6.7)*. Das folgende Gedicht ist ihre «Ode an mein Tierchen».

Abb. 6.7   Zahnbewehrtes, tiergestaltiges abgespaltenes Selbst.

O Tierchen,
Vertrauter Freund,
Wie leicht erahnst du das Glitzern in meinem Auge,
Dein Glitzern funkelt aus mir.
Meine Zähne suchen nach Beißbarem.
Dein Lächeln geht über meine Lippen.
Du sagst mir, was ich soll im Lande der Lebenden,
Sie wollen dich nicht,
Du hast nie zu ihnen gehört.
Komm, bleib bei mir.
Mein Tierchen, auf langen Besuch bin ich zu dir gekommen,
Doch ich kann mir nicht denken, für immer zu bleiben.
Aber ich bin hier bis zum Ende,
Fresser oder Gefressener.
Das ist alles eins hier unten,
Wo es so finster ist, daß man nichts unterscheiden kann,
Ein einziger Schleim – du und ich.

Jetzt ich und ich,
Die Fresserin und die Gefressene,
Mein eigenes Fleisch verschlingend,
Nur um wieder verschlungen zu werden,
Wie eine niemals endende Qual,
Meine ganz persönliche Hölle
Mit meinem ganz persönlichen Tierchen.

Eine andere Patientin versuchte, einen abgespaltenen Teil ihrer selbst durch Traumexploration zurückzuerobern. Im Traum mußte sie durch einen Tunnel gehen, der erfüllt war von dem Verwesungsgestank von Leichen und menschlichen Exkrementen – all jenen abgespaltenen Aspekten ihrer eigenen instinktiven Weiblichkeit und analen Selbstgewißheit, die eine narzißtische Mutter ihr vorenthalten hatte. Auf der Schwelle lag ein Hund mit aufgeschlitzten Eingeweiden.

Die Frau war nicht bereit, sich mit dem Hund zu befassen. Ich ging zu ihm und stopfte die Innereien in den Hundebalg zurück, der im imaginativen Raum zwischen uns lag. Ich wickelte ihn in ein Tuch und forderte sie auf, herzukommen und ihn anzuschauen. Sie kam herüber und fing an zu weinen. «Er ist noch am Leben, ich kann spüren, wie er leidet. Ich habe die ganze Zeit in einer Art Glaskugel gelebt, die mich vor meinen Gefühlen geschützt hat, und jetzt ist es, als ob ich aus ihr herausgetreten wäre.»

Als sie anschließend in die Tunnelhöhlung hineinging und sich hinlegte, wurde ihr bewußt, daß der Gestank fort war, ebenso die Leichen. Nun sah sie grünes Moos. «Es ist dunkel und feucht hier drin... und heilig... nicht wie in einer Kirche, aber heilig.» Ich antwortete: «Ja, das ist nicht der himmlische Bereich des Vaters, sondern der Schoß der Großen Mutter.» Sie legte sich hin für die so dringend notwendige Schwangerschaft.

In Darstellungen, in denen das abgespaltene Selbst aus den verletzbaren Aspekten des bedürftigen frühkindlichen Selbst zusammengesetzt ist, taucht häufig das Motiv der Fülle beziehungsweise der Leere auf. Diese Themen können zunächst durch das Gewahrwerden innerer Empfindungen und Gefühle in der Körpermitte exploriert werden. Die innere Aufmerksamkeit erzeugt oft deutliche Bilder von einem verwundeten, deformierten oder abgemagerten Selbst, das dann in einem nächsten Schritt verkörpert oder abgebildet werden kann.

Ein Beispiel für eine solche Darstellung ist die Skulptur, die ein Mann von seinem abgespaltenen, leeren Selbst schuf. Die ausgemergelte Gestalt, den Kopf auf die Knie gelegt, krümmt sich in einem gefängnisartigen Gitterkäfig *(siehe Abb. 6.8)*. Der betreffende Patient wollte mich gerne mit Träumen beschenken, um seinen in mich projizierten leeren Leib zu füllen. Er «steckte mich in eine Schublade», wie er es formulierte, um meine echte Sorge um ihn nicht spüren zu müssen, denn das hätte seine negative Mutter in ihm wachgerufen, deren Liebe mit Schuld verunreinigt war. Als ich ihm sein abgespaltenes, leeres Selbst im Rahmen der somatischen Gegenübertragung spiegelte, war er imstande, mit seiner tiefen inneren Traurigkeit in Kontakt zu treten. Nach dieser Erfahrung kam er auf mich zu und umarmte

Abb. 6.8 Abgespaltenes, gefangenes leeres Selbst.

mich. Dabei stellte er fest, daß er mein Herz klopfen spüre. Ich antwortete: «Ja, nun wissen Sie ganz sicher, daß ich aus Substanz bestehe und nicht leer bin und daß ich ein Herz habe, das sich um Sie sorgt, ohne Sie einzuengen oder zu entmachten.» Er dachte einen Augenblick schweigend darüber nach, lächelte dann verstehend und nickte.

Häufig verbirgt sich der abgespaltene, verletzbare, fehlbare Mensch hinter angespannten, starren Muskeln oder Körperpanzerungen, die ihn gegen kalte, unerreichbare erste Bezugspersonen schützen sollten. Das war der Fall bei einer Frau, die große Muskelpartien ihres Körpers ständig anspannte. Sie klagte über Muskelschmerzen und die Unfähigkeit, sich auszudrücken. Gleichzeitig wurde sie von einem an Besessenheit grenzenden, zwanghaften Perfektionismus beherrscht. Der einzige Körperbereich an ihr, der beweglich war, waren ihre Füße, die am weitesten von ihrem Kopf und ihrer Kontrolle entfernt waren. Ihre

Füße bewegten sich ständig in einem anspannenden und loslassenden Muster. Sie pflegte ihre Waden- und Fußmuskeln immer wieder anzuspannen, die Spannung kurz zu halten und dann zu lockern, um sofort wieder dasselbe Bewegungsmanöver durchzuführen. Ich bat sie, die Bewegung aus den Füßen allmählich in die Unterschenkel, die Beine, den Rumpf usw. aufsteigen zu lassen. Die Bewegung setzte sich bis zum Rumpf fort, in dem ihre Gefühle eingesperrt waren, wobei der Anspannungs- und Loslaßrhythmus allmählich in schaukelnde, selbststimulierende, besänftigende Bewegungen überging. Unvermittelt sagte sie: «Ich habe einmal meine Tante umgestoßen, als ich sie umarmen wollte. Keiner in meiner Familie weiß, wie man Zärtlichkeit ausdrückt oder jemanden umarmt.» Das abgespaltene, zärtlichkeitsbedürftige, kindliche Selbst der Patientin konnte schließlich von mir gespiegelt und befriedigt werden, indem ich ihren Rhythmus synchron aufnahm.

Manche Menschen werden durch eine Mutter, die sich in der Perfektion und Großartigkeit ihres Kindes sonnen und sich seiner bemächtigen will, dazu gebracht, ihr menschliches, fehlbares, unvollkommenes Selbst abzuspalten. Ein kindliches Gefühl der Allmacht ist auf einer bestimmten Altersstufe normal und wird in der symbiotischen Phase gefördert, muß jedoch in den späteren Phasen der Abgrenzung und Individuation von der primären Bezugsperson relativiert werden. Wenn das nicht geschieht, wird das Individuum mit hoher Wahrscheinlichkeit einen narzißtischen Charakter entwickeln (Schwartz-Salant 1982). Das sind Menschen, häufiger Männer, die eine Menge Zeit und Raum für sich beanspruchen. Ihre Bewegungen und Gesten sind im wahrsten Sinne des Wortes raumgreifend, und sie werfen ständig mit Geschichten über ihre eigene Großartigkeit um sich oder sind wütend darüber, daß irgend jemand sie unvollkommen nachgeahmt hat. Ihre Schlüsselthemen variieren, haben aber meist mit Geld, Macht, Status und/oder gutem Aussehen zu tun. Andere Personen in ihrem Umkreis fühlen sich in die Ecke gedrückt und überfahren. Ihre Energie ist ungeheuer. Wenn zwei solche narzißtische Charaktere aufeinandertreffen, kommt es unweigerlich zum Kampf, der zum Tod oder zur Entthronung des einen oder anderen führt.

In der griechischen Mythologie wies Narziß, nach dem diese diagnostische Kategorie benannt wurde, die Liebe von Männern und Frauen gleichermaßen zurück. Eine seiner verschmähten Bewunderinnen belegte ihn schließlich mit einem Fluch: «Möge Narziß eines Tages selbst so sehr lieben und das Geschöpf, das er liebt, nicht erringen können.» So kam es, daß er eines Tages in den stillen Spiegel eines Sees blickte und sich in sein eigenes Spiegelbild verliebte, wähnend, er «finde Substanz / in dem, was bloßer Schatten war», um es mit Ovid zu sagen. Ein Opfer der Großen Mutter, verharrte er auf der Stufe der Spiegelung, die Personen mit narzißtischen Verletzungen so dringend brauchen. Sie suchen niemals die wirkliche Substanz des anderen und können auch ihre eigene Substanz nicht spüren, da sie niemals ein realistisches Selbstempfinden aufbauen konnten.

Diese Personen sind nur sehr selten bereit, eine Therapie durchzuhalten, es sei denn, sie werden entsprechend perfekt gespiegelt (Kohut 1971). Manche von ihnen stehen an der Spitze großer Organisationen, wo sie die ersehnte öffentliche Beachtung finden und Macht haben. Die Welt des Films und des Theaters ist ebenfalls bevölkert von solchen narzißtisch verletzten Individuen, die keinen Dank kennen und unfähig sind zu zwischenmenschlicher Nähe. Sie benutzen Menschen und lassen sie fallen, wenn sie sie nicht mehr brauchen. Sie können über einen Verlust nicht trauern, weil sie niemals eine wechselseitige Beziehung erlebt haben. Sie sind im Kern Soziopathen und haben keine klar definierten sexuellen Vorlieben, weil sie sich nicht über die bisexuelle, symbiotische Phase hinaus entwickelt haben.

Da sie vollkommene Einstimmung auf sich fordern, sind sie nicht gerade die einfachsten Klienten. Es fällt ihnen ungeheuer schwer, dem Therapeuten ihr hungerndes, abgespaltenes, verwundetes Selbst zu zeigen, das all ihr Eigenlob nicht zufriedenstellen kann. Mein eigenes verzweifeltes Bemühen um ein perfektes Spiegeln wurde mir bei einer Patientin bewußt, die über eine frühere, nicht perfekte Spiegelung aufgebracht war. In einer Sitzung beschwerte sie sich: «Ich dachte, das hier wäre eine Tanztherapie. Warum habe ich mich bis jetzt nicht bewegt?» Ich entgegnete: «Es ist Ihre Stunde. Würden Sie sich gerne bewegen?» In der folgenden Woche kam sie, nachdem sie sich in der Woche zuvor bewegt hatte, und sagte: «Ich mag es nicht, daß Sie ständig wollen, daß ich mich bewege, ich will reden!»

Vertikalität, Calcinatio und Selbstbehauptung

Besonders oft wird das zornige, auf Selbstbehauptung pochende Selbst des Kleinkindes abgespalten. Eine Frau klagte zum Beispiel über Spannung in ihren Beinen. Ohne Beine ist es unmöglich zu stehen, sich in der Vertikalen zu behaupten und sich gegebenenfalls in Bewegung zu setzen, um sich zu holen, was man braucht.

Ich bat die Frau aufzustehen. Sie merkte, daß sie ihren Ärger in ihrer Familie nicht hatte ausdrücken, «nicht mit dem Fuß hatte aufstampfen» können, weil sie einen unbeherrschten, alkoholabhängigen, mißbrauchenden Vater gehabt hatte. Jetzt, als Erwachsene, war sie imstande, das Kissen auf dem Boden als die mißbrauchende Seite ihres Vaters zu sehen. Sie gab ihm einen Fußtritt, kickte das Kissen/den Vater weg und sagte: «Ich brauche meine Kraft nicht mehr zu verstecken; du bist jetzt aus meinem Leben verschwunden!»

Eine andere Patientin stellte sich mit gegrätschten Beinen in meinem Therapiezimmer auf. Sie hatte ein rotes Cape als Requisit gewählt und begann, ihr abgespaltenes, aggressives Selbst, das sich in ihrer Kindheit nicht hatte zeigen dürfen, vorsichtig zurückzuerobern. Aus ihrem Innern stieg ein Knurren auf. Sie hatte die Augen aufgerissen, die Zähne gebleckt. Endlich konnte sie «nein» zu all denen um sie herum sagen, denen sie sich, wie früher ihre Mutter, bis hin zur totalen Aufgabe ihrer eigenen Bedürfnisse angepaßt hatte. Nachdem sie diesen Schritt in die Wiederannäherungsphase gewagt hatte, fühlte sie eine tiefe Verlassenheitsangst (Masterson 1980). In den folgenden Sitzungen berichtete sie, daß sie sich schlecht fühle, und äußerte die Phantasie, sich in einem Whirlpool aufzulösen. In diesem imaginativen Raum vernahm sie die Stimme ihrer inneren negativen Mutter, die versuchte, sie zurückzuziehen statt sie zu ermutigen: «Bleib hier, es gibt nichts anderes, du wirst sterben, wenn du gehst!»

In einer Sitzung reckte sie schließlich ihren Körper hoch, hob die Arme und zerhieb in der Imagination mit einer abwärts gerichteten, mit ganzer Kraft geführten, karateartigen Bewegung ihre Mutter in zwei Teile. Daraufhin stellte sie sich vor, wie Blumen aus ihrem Blut wuchsen. Jetzt hatte sie ein mütterliches Bild schöpferischen Blühens, mit dem sie sich identifizieren konnte. Wiederum einige Sitzungen später saß sie aufgerichtet vor einem Kissen, auf das sie tief atmend einschlug. Dabei schrie sie: «Ich gehe nicht mehr weg! Alles von mir ist hier. Ich bin alles zusammen!»

Durch die machtvolle Vereinigung mit ihrem abgespaltenen Selbst verspürte die Patientin die Fähigkeit in sich, ganz präsent, ganz da zu sein. Während der Analyse verlor sie fünfundzwanzig Pfund, weil sie ihr Körperfett nicht mehr als Puffer brauchte und auch nicht mehr das Bedürfnis hatte, sich mit dickmachenden Nahrungsmitteln vollzustopfen, um ihr leeres Selbst zu füllen.

Aus der Sicht der Alchemie geht es hier um den Vorgang des Erhitzens oder Verbrennens von Elementen, der als *calcinatio* bezeichnet wird. Man kann ihn sich so ähnlich vorstellen, als ob Teile des ozeanischen Unbewußten ausgetrocknet würden, um durch Dampfkondensation mehr «Landmasse» für das Ich zu gewinnen. Das Feuer kann dabei läuternd und reinigend wirken, wie im Symbol des Fegefeuers, in dem alles Niedrige vor der Wiedergeburt durch die Auferstehung weggebrannt wird. Häufig jedoch wird dieses Feuer – wie die Zurückeroberung des abgespaltenen, zornigen Selbst – mit dem Aufbrechen aggressiver Selbstbehauptung assoziiert. Sie wird als Fanal einer radikalen Absage an alle alten Verhaltensmuster des bis dahin ständig in die Opferrolle gedrängten, zur Abgrenzung unfähigen Individuums empfunden.

Ein Beispiel für die Rückgewinnung der Fähigkeit, diesen alten Mustern ein entschiedenes und bewußtes «Nie mehr!» entgegenzusetzen, zeigte sich in der Tanzimprovisation einer Frau. Sie bat mich, daran teilzunehmen. Durch rhythmische Körperarbeit beschworen wir gemeinsam das Archetypisch-Weibliche. Dabei begannen wir beide zu menstruieren – ein Zustand, in dem der Frau in manchen Gesellschaften ganz besondere Kräfte zugeschrieben werden und der mit der Erfahrung der *calcinatio* in Verbindung gebracht wird (Edinger 1978, 1980, 1981).

Eine andere Frau erzählte, daß ihre sie vereinnahmende Mutter sie, wenn sie in ihrer Gegenwart tanzte oder gestikulierte, nachzuäffen pflegte. Diese Patientin hatte nach Therapiebeginn zunächst viele zornige Träume, in denen sie ihrer Mutter ein «Nein!» entgegensetzte. Allmählich konnte sie diese Abgrenzung auch in ihr reales Verhalten integrieren. Sie reduzierte die Telefonanrufe und Besuche bei ihrer Mutter und zeigte dieser auf viele Arten, daß sie sich um ihre eigenen Angelegenheiten kümmern sollte. Mit großer Charakterstärke stand sie eine schwere Verlassenheitsdepression durch, in der sie von einem Gefühl beherrscht wurde, als wäre sie in den offenen Weltraum hinauskatapultiert worden und schwebe nun völlig allein in einer unendlichen Leere. Schließlich erzählte sie den folgenden Traum: «Ich bin in einer Wüste, tief unten in einem riesigen Loch. Ich sehe, wie sich ganz am Grund langsam eine rote Wurzel entwickelt und wächst.» Ich schlug vor, sie solle diese Wurzel in ihren Körper versetzen. Sie saß zu diesem Zeitpunkt, und ich ermutigte sie aufzustehen, das heißt, ihre Vertikalität zu behaupten. Sie ging in die Mitte des Raumes und kauerte sich nieder. Mit einer sicheren, energischen Bewegung zog sie die imaginäre Wurzel mit beiden Händen nach oben, erhob sich, während sie die Wurzel durch ihr Becken, den Solarplexus, ihr Herz, ihre Brust und ihren Kopf führte, und streckte schließlich die Arme nach oben und außen. Diese Ganzkörperübung wiederholte sie von da an jedesmal, wenn sie einen Mangel an Selbstempfinden spürte. So berichtete sie, daß sie ihre vertikale Selbstbehauptungsbewegung vor den Treffen mit ihrer Mutter und in Zeiten familiärer Spannungen durchführte. Sie stellte fest, daß sowohl die Einstellung ihrer Mutter als auch die ihres Ehemannes ihr gegenüber sich deutlich veränderten. Vorher hatte sie sich von beiden immer wie ein Kind behandelt gefühlt. Jetzt hatte sie das Empfinden, ihre Ideen einbringen und selbst über ihr Leben bestimmen zu können. Auf Grund ihrer neuentdeckten Vertikalität, zu der ihr die diesem Entwicklungsstadium angemessene Bewegung verholfen hatte, hatte sich ihre psychische Energie von einem bis dahin negativen auf ein positives Selbstbild hin verschoben.

Der Prozeß der *calcinatio* manifestiert sich überhaupt häufig im Körper. Die Patienten klagen über Sodbrennen und Säureüberschuß im Magen (ein Zeichen dafür, daß etwas geschluckt wurde, das unverdaut und blockiert auch in ihrem Innern sitzt). Eine Patientin kam mit einem Ausschlag am Körper zur zweiten Sitzung und erzählte von einem Traum, in dem sie ihr Elternhaus verbrannt hatte. Sie war von ihrem Vater auf schreckliche Weise körperlich mißbraucht worden und hatte als Erwachsene, wie fast zu erwarten war, verschiedene Beziehungen zu Männern gehabt, in denen sie ebenfalls mißbraucht wurde.

Eine andere Frau erzählte nach einer Erfahrung mit der Technik der authentischen Bewegung: «Ich steige hinunter an einen dunklen Ort. Da steht ein Altar mit Nischen, und aus jeder Nische blickt eine Erfahrung, die mich verfolgt und beschämt. Ich atme aus, Flammen schlagen aus meinem Mund, und sie verbrennen allesamt und werden bedeutungslos.»

Häufig setzen Personen in dieser Situation die Farbe Rot ein. Rot taucht auch in Bildern, Träumen, Kleidung und bei der Wahl von Kostümen oder Requisiten auf. Das Tragen von Rot ist wie die Schaffung eines äußeren *temenos* oder alchemistischen Gefäßes, in dem das Feuer lodern oder sich ausdrücken kann *(siehe Abb. 6.9).*

Die Patienten sollten wissen, daß die *calcinatio* dem Erlebnis Moses mit dem brennenden Busch ähneln kann, das heißt, daß sie an ein Feuer erinnert, das sich nicht verzehrt. Viele haben

Abb. 6.9 Calcinatio: Selbstporträt.

Angst, ihre Wut könnte, wenn sie sie herauslassen, ihr Ich aufzehren und/oder äußeren Schaden anrichten. In diesen Fällen kann der therapeutische Rahmen, sei es durch das Instrument der Übertragung oder durch die Gruppe, Sicherheit bieten.

Die Angst, die eigene Wut zum Ausdruck zu bringen, zeigte sich ganz deutlich bei einem Teilnehmer einer Gruppentherapie. Ihm war auf alle möglichen Arten vermittelt worden, daß ein solches Gefühl seinen Eltern gegenüber inakzeptabel sei. In der authentischen Bewegung entstand in ihm das Bild eines wütenden Rhinozerosses. Bei der Besprechung der Erfahrung äußerte er die Furcht, daß sein Zorn andere Menschen verletzen könnte. Ich gab daher eine bestimmte Struktur vor, bei der die anderen Gruppenmitglieder ihn festhielten, so daß er seinen Zorn ganz ausdrücken konnte, ohne Angst haben zu müssen, daß er sich selbst oder sonst jemandem weh tun könnte. Während des Vorgangs stießen er und die Gruppenmitglieder, die ihn hielten, tiefe, gutturale Laute aus. Als seine Kraft nachließ, zogen sich die anderen Teilnehmer langsam zurück. Am Ende blieb nur ein Mann übrig, mit dem er rang und den er schließlich erschöpft umarmte. Danach äußerte er Angst vor dem Verlassenwerden und sagte, daß er sich einsam fühle. Ich bat die Gruppenteilnehmer, sich um ihn herum zu setzen. Er fragte, ob noch jemand sonst ein Rhinozeros in sich habe. Rasch kamen von allen Seiten lebhafte Bestätigungen von anderen Gruppenmitgliedern, die ihn in der Akzeptanz seines Gefühls bestärkten.

Das gespaltene Objekt
Die primäre Bezugsperson ist in ein gutes und ein schlechtes Objekt gespalten. Mißbrauchende, dysfunktionale Mütter wollen ihre Kinder für immer unter Kontrolle behalten, um das Selbstempfinden des Kindes «anzuzapfen». Diese Mütter belohnen den regressiven Drang des Kindes zur Symbiose und reagieren mit Bestrafung – typischerweise durch Verweigerung –, wenn das Kind Abgrenzung und Unabhängigkeit anstrebt.

So war es auch bei einer Borderline-Mutter, die ihre anorektische Tochter in einer Familientherapie-Sitzung nach genau diesem Muster zu beherrschen versuchte. Sie glaubte, solange ihre Tochter die erklärte Patientin sei, würde niemand merken, mit welch wütender Energie sie ihre unausgesprochenen Bedürfnisse und ihre Kontrollsucht auslebte. Der Vater saß isoliert in einer geschlossenen Stellung und hatte offensichtlich ein unausgesprochenes Abkommen mit der Mutter: «Ich werde unserer Tochter nicht helfen, sich aus ihrer Verstrickung mit dir zu lösen, wenn du nicht aufs Tapet bringst, wie unfähig ich bin, deine unstillbaren Bedürfnisse zu befriedigen.»

Ich beobachtete, wie das Mädchen mit seinem dünnen, geschmeidigen Körper den Körper der Mutter spiegelte und mit ihm verschmolz, während es darum bat, gehen zu dürfen, um Tanzunterricht in einer großen Stadt zu nehmen. Die Mutter brauchte nur den Kopf zur Seite zu drehen, weg von ihrer Tochter, um ihre Mißbilligung über die Individuations- und Loslösungsbestrebungen ihrer Tochter auszudrücken. Das Mädchen sank daraufhin zurück in die Kissen des Sofas und entzog so ihr zaghaft aufkeimendes Selbstempfinden der mütterlichen Einflußsphäre. Ihr Körper wurde völlig schlaff. Ohne eine Intervention meinerseits hätte die verweigernde Mutter gewonnen.

Die in Gut und Schlecht aufgespaltene Mutter wird schließlich in das kindliche Selbst internalisiert. Die schlechte Mutter kann in einem Menschen dominieren und zur inneren Richterin, Beschuldigerin oder Sklaventreiberin werden, die darauf besteht, daß die Person in einem fort irgendwelche Dinge tun muß, um angenommen zu werden.

Diese Patienten wollen oft etwas *tun*, wie zeichnen, ein Sandspiel gestalten oder tanzen. Sie haben die abwertende Mutter auf mich projiziert. Weil sie es nie erlebt haben, einfach so, wie sie sind, geliebt zu werden, glauben sie, sie müßten irgend etwas tun, um meine Billigung zu erlangen.

In solchen Situationen bin ich gewöhnlich sehr still, um die Person nicht von ihrer Selbsterfahrung abzulenken. Die einzige Instruktion meinerseits zielt darauf ab, sie auf ein Gestaltkontinuum des Gewahrseins hinzuführen, indem ich sie dazu anleite, in sich hineinzuschauen und immer wieder Sätze zu vervollständigen wie: «Jetzt werde ich mir bewußt...» oder «Jetzt spüre ich,...» und «Ich möchte...».

Andere internalisierte negative Mütter kämpfen im wahrsten Sinne des Wortes um das Selbstempfinden und den Willen des Patienten. Ein Mann brauchte seine ganze eineinhalbstündige Sitzung lang Blickkontakt mit mir, um einen «Anker» zu haben. Er führte dabei fortwährend Gespräche mit seiner inneren Mutter wie: «Du wirst mich nicht davon abhalten, zu Penny zu gehen und bei ihr Gefühle zu empfinden. Gefühle sind in Ordnung. Ich bin nicht dein Besitz.»

In anderen Fällen werden im Zuge des Heilungsprozesses der negative, angreifende Elternteil und das mißbrauchte Kind im Wechsel auf mich projiziert. Ein Patient warf mir vor, ich mißbrauche ihn, weil seine Stunde ein paar Minuten später begann. Als ich ihm versicherte, daß er die volle Zeit haben würde, verlagerte er sein Opfer-Selbst auf mich und behauptete nun, er mißbrauche mich.

Ein anderer Mann, der voller Wut auf seine Mutter steckte, weil sie ein hysterisch-erstickendes Wesen hatte, generalisierte seinen Haß auf alle Frauen. Er war äußerst frustriert, als ich ihm nicht gestattete, mich verbal zu mißbrauchen, indem ich mir von ihm all die Arten ausmalen ließ, wie er mich schlagen und vergewaltigen könnte. Als ich ihm sagte, daß es nichts bringe, sein Verhaltensmuster ständigen Mißbrauchs hier beizubehalten, versuchte er, die mißbrauchende, strenge Mutter auf mich zu projizieren. Ich erinnerte ihn noch einmal daran, daß wir hier das Mißbraucher-Opfer-Schema auf keinen Fall wiederholen würden, ganz gleich, wer welche Rolle spielte. Statt dessen ermutigte ich ihn, seine mißbrauchenden und seine mißbrauchten Selbstaspekte zusammenzuführen, indem er sie darstellte und sich in dieser Darstellung zwischen beiden hin und her bewegte, bis er schließlich eine zentrierte Gestalt fand. Es war ein echter Kampf für ihn, beide Pole gleichzeitig zu verkörpern, so als versuche man, zwei Magneten mit der gleichen Ladung zusammenzuführen. Aber nur, weil er diesen Schritt tat, war er schließlich imstande, seine eigene Kraft zu spüren und Gefühle der Liebe und Zuwendung für andere Menschen zu entwickeln.

Scham und Schuld
Sehr häufig bringt die internalisierte negative Bezugsperson aus der Frühkindheit das Individuum dazu, sich für das, was es tut und ist, zu schämen und schuldig zu fühlen. Es ist viel über die verschiedenen Schichten aus Scham und Schuld geschrieben worden, die die Lebenskraft einer Person umschließen und ihr Selbstempfinden und ihre Lebensfreude ständig torpedieren können. Eine Frau zeichnete sich selbst in den Fängen ihres inneren Beschuldigers und notierte in ihrem Tagebuch: «‹Kein Eintritt für dich! Bleib draußen! Du bist hier nicht erwünscht. Du wirst hier nicht gebraucht. Geh weg.› Ich stecke zwischen den gebleckten Fangzähnen des Selbsthasses und der Selbstverurteilung, immer wieder verschluckt und dann wiedergekäut zur endlosen Litanei all der Dinge, die ich falsch gemacht habe. Ich kann nicht mehr schlafen. Mein Peiniger sagt: ‹Es gibt keine Hoffnung für dich. Hast du etwa geglaubt, du wärst liebenswert? Vergiß es! Oder, noch besser, achte darauf, wie weh es tut, zu hoffen und dann AUSGESCHLOSSEN zu werden!›» (Abb. 6.10).

Der innere Richter urteilt ständig über die Person und teilt ihr mit, was sie alles falsch gemacht hat. Auf solch zerstörerische Weise mischte sich diese Instanz auch in das Leben der folgenden Patientin. Indem ich im Rollenspiel in die Rolle ihres inneren Kritikers schlüpfte, hoffte ich, ihr klarmachen zu können, daß diese Instanz ihr nicht etwa zu Diensten war, sondern im Gegenteil ihren ganz eigenen Regeln innerpsychischen Überlebens gehorchte. Ich/der ewige Kritiker sagte: «Nun paß mal auf. Ich sage dir genau, was du zu tun und wie du zu denken hast. Denn wenn du nicht auf mich hörst, werden sich die Leute von dir abwenden. Sie werden merken, was für ein dummes, schlimmes Ge-

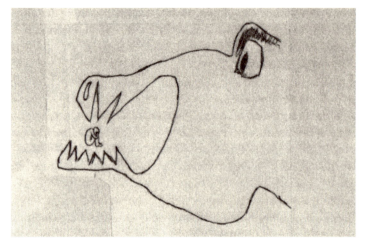

Abb. 6.10 Das mißbrauchte Selbst im Schlund des inneren Beschuldigers.

schöpf zu bist. Die Leute, die sagen, daß sie dich lieben, kennen dich nicht wirklich.»

«Das stimmt nicht», antwortete sie. «Ich weiß, daß Penny mich gern hat, und sie weiß, wer ich bin.»

Ich in der Rolle des Beschuldigers entgegnete schroff und erregt: «Ach was, sie kennt dich nicht. Glaub mir, ich brauche dich. Du bist mein Lebenserhaltungssystem. Glaub ihr kein Wort, glaub mir.»

Die Stimme meiner Patientin wurde lauter: «Ich bin dir völlig egal. Ihr nicht. Ich brauche dich nicht, hau ab!»

Ich wies sie an aufzustehen, während ich bittend am Boden kroch und mit jammernder Stimme sagte: «O bitte, schick mich nicht weg. Ich werde auch ganz lieb sein.»

«Raus!» schrie sie entschieden.

Die Ausbildung äußerer Grenzen
Den negativen elterlichen Komplexen psychische Energie zu entziehen und sie statt dessen dem Selbstempfinden und dem Ich

zuzuführen, ist nur dann möglich, wenn das Individuum sich durch starke innere und äußere Grenzen schützen kann. Mit der Differenzierung ist die Fähigkeit gekoppelt, negative Komplexe durch eine stabile Ichgrenze und durch die Hautgrenze abzuwehren, die die eigenen Bedürfnisse und Gefühle von denen anderer unterscheiden hilft. Verschmelzung, Projektion oder Schuldgefühle werden so verhindert. Die genannten Grenzen sind jedoch unzureichend ohne angemessene äußere Grenze, die in der Wiederannäherungsphase entwickelt wird. Die Kinesphäre oder der persönliche Raum ist wie eine unsichtbare Kuppel, die den einzelnen davor schützt, daß ihm andere zu nahe kommen und ihn dadurch mißbrauchen. Zugleich schafft sie ihm einen geschützten, intimen Bereich, in dem er sich spüren und kennenlernen kann. Aus der Perspektive des Gegenübers bewahrt der private Raum die Menschen davor, den Raum anderer zu verletzen.

Die Grenze dieses Raumes ist fließend und kann sich erweitern oder schrumpfen, je nachdem, wo die Person sich befindet und wer bei ihr ist. Sie gibt Schutz, hindert die Person aber nicht am Empfangen und Geben von Nähe. Die so wichtige äußere Grenze kann nicht in der Isolation erworben werden, sondern nur in der Beziehung zum Elternteil, der die Grenzen des Kindes respektiert und sich gegen die Verletzung des privaten Raumes aller Familienmitglieder verwahrt. Kinder aus gestörten Familien, in denen die Grenzen des Kindes verletzt werden, «mauern» entweder oder sie kennen überhaupt keine Grenzen.

So geriet zum Beispiel eine Patientin, eine Bulimikerin mit Perfektionszwängen, unglücklicherweise an eine narzißtische Tanzlehrerin, die ständig darauf herumritt, sie wolle bei ihren Schülerinnen «die Knochen» sehen. Der Improvisationstanz der Patientin ähnelte dem vieler Anorektikerinnen. In sanften Aufwärtsbewegungen versuchte sie, Phantasien schwerelosen Fliegens und Schwebens auszudrücken, um sich so um jeden Preis vor dem Empfinden des tief in ihr brodelnden Zorns zu schützen, den sie vollkommen von ihrem Bewußtsein abgespalten hatte.

Ich ließ sie mit dem Sandspiel experimentieren, malen und führte stundenlange Telefongespräche mit ihrer Mutter, die ich darin unterstützte, ihrem alkoholabhängigen Ehemann entgegenzutreten, wodurch sie ihrer Tochter ein gutes Rollenvorbild wurde. Unter dieser ständigen Begleitung und Ermutigung meinerseits begannen sich die Tanzimprovisationen der Patientin langsam zu verändern: Der Spitzentanz wurden seltener, und es tauchten mehr vorbereitende Pelées (Tanz mit gebeugten Knien) auf. In einer Sitzung schließlich bewegte sie sich auf einmal auffallend kraftvoll und schnell. Ich war nicht besonders erstaunt, als sie mir in der nächsten Sitzung erzählte, sie habe ihre Tanzlehrerin zum Teufel geschickt und ihr Studio verlassen.

Eine andere Frau nahm in der authentischen Bewegung eine aufrecht stehende Position ein: Sie stellte sich vor, daß ihre erstickende Mutter auf sie zukam, und schuf sich mit Karatehieben und -tritten ihren eigenen äußeren Raum.

Eine Familie war bei mir in Therapie, deren Mitglieder alle über einen Mangel an Durchsetzungsvermögen klagten. Der Vater war sich bewußt, daß seine Stimme bei weitem nicht so laut war, wie sie hätte sein müssen. Er sprach in einer nach unten und nach hinten gerichteten Weise, statt seine Stimme nach oben und außen zu richten. Die Mutter sprach extrem leise und schnell. Mir wurde klar, daß ihre Sprechweise mit einem Muster ihrer Kindheit zu tun haben mußte, in der ihr eingeprägt worden war, nicht zuviel Raum und Zeit für sich zu beanspruchen. Der ebenfalls äußerst leise sprechende Sohn hatte eine allgemeine Angst vor der Welt und dem Leben (Brownell und Lewis 1990). Keiner in der Familie hatte ein Gefühl für den Einsatz äußerer Grenzen, die ihn schützen und ihm Raum und Zeit geben konnten, einfach er selbst zu sein. Zunächst schlug ich vor, sie sollten einmal ihre gegenseitigen Grenzen erkunden. Ich ließ ein Familienmitglied langsam auf ein anderes zugehen, bis dieses «Halt» sagte. Zum Teil waren sie überrascht über die Distanz, die der andere forderte, während einem Elternteil bewußt wurde, daß sein Grenzsystem in der Kindheit beschädigt worden war. In der nächsten Sitzung wurde die Fähigkeit, nein zu sagen, erprobt. Hier wurde deutlich gemacht, wie Stimme und Lautstärke die äußere Grenzlinie verstärken können. In der folgenden Stunde wurden Harmonien und Gesänge erkundet. Die ganze Familie übte sich, unter anderem durch eine bessere Atmung und Lautbildung, in einer voller tönenden, klar akzentuierten Aussprache. Dabei wurden in der tonalen Resonanz und Dissonanz wieder die Grenzen getestet. Jedes Familienmitglied machte so die Erfahrung, daß es seine ganz eigene äußere Stimme in Zeit und Raum hatte.

Die Ausbildung von Grenzen ist lebenswichtig, wenn Individuen auszudrücken beginnen, wer sie sind und was sie fühlen. Ohne Grenzen könnten ihre Gefühle einfach verschlungen oder weggeworfen werden. Eine Frau, deren Vater Alkoholiker gewesen war, zeichnete die vielen Aspekte ihrer Persönlichkeit als eine Vase mit verschiedenen Blumen. Ihre schöpferischen, inspirativen, sinnlichen Seiten wurden dargestellt. Dann malte sie eine rote, regenbogenförmig geschwungene Grenzlinie darüber, um sich vor Verletzungen zu schützen. Wenn ein Mensch diese Grenze in der frühen Kindheit nicht ausbilden kann, ist er in seiner späteren Entwicklung allen Formen des Mißbrauchs hilflos ausgeliefert und wird häufig kein Bewußtsein dafür haben, daß er sich in die Nähe potentiell mißbrauchender Personen oder vergiftender Situationen begibt, bis er verletzt worden ist.

Das wurde deutlich bei einem Workshop, den ich im Ausland mit Therapeuten durchführte. Bei der Arbeit begaben sich alle Teilnehmer in die authentische Bewegung. Ein Mann, der eindeutig einen Groll gegen Frauen und alle Arten von Autorität mit sich herumtrug, verkörperte dabei sein zorniges Selbst. Alle spürten, daß sie einen weiten Bogen um ihn machen mußten, bis auf eine Frau, die in seinen Raum eindrang. Ich ging so schnell wie möglich dazwischen und «schälte» ihren Körper im wahrsten Sinne des Wortes von seiner warnend ausgestreckten Hand ab. Ich hielt sie fest, wiegte sie sanft und brachte sie dann in ausreichendem Abstand von diesem Mann in eine vertikale Position. Während ihr Körper Halt findend an meinem lehnte, nahm ich ihre Hände in meine und führte sie nach vorn in einer Geste, die «Stop» signalisierte. Wir verharrten mehrere Minuten in dieser Position, wobei ich ihr meine verkörperte Erfahrung externer Grenzen zu vermitteln versuchte. Im Anschluß daran besprachen wir, wie es zu diesem Mißbrauch hatte kommen können, gingen auf ihre Kindheitsgeschichte ein und überlegten, wie sie ihre Grenzen aufrechthalten und ihre Kraft stabilisieren könne.

Das Ausbleiben gesunder äußerer Grenzbildung in der frühen Kindheit kann ein Kind schutzlos machen, so daß es Verletzungen und Vergewaltigungen aller Arten ausgeliefert ist. Pädophile haben einen untrüglichen Instinkt für solcherart verletzbare Kinder.

Ein Beispiel dafür, wie ein solcher Mißbrauch in der Kindheit beginnen kann, war der Fall eines Mannes, der träumte, daß seine Mutter seine Genitalien stimulierte, während er im Bett lag. Er wachte zornig auf. Es fiel ihm ein, daß sie in seiner Kindheit immer nach seinen Genitalien gegriffen hatte, um ihn zu ärgern. Ich spielte im Rollenspiel seine Mutter und sagte: «Dein Körper gehört mir. Ich kann damit machen, was ich will. Du bist unter meiner Kontrolle.» Er gab zurück: «Mein Körper gehört mir, und du hast ihn nicht anzufassen!» In der nächsten Sitzung erzählte er, daß er mit einer asiatischen Kampfsportart begonnen habe. Ihre Techniken werden zur Selbstverteidigung eingesetzt und die Teilnehmer darin trainiert, äußere Grenzen zu setzen.

Eine Frau begab sich in die authentische Bewegung und stellte fest, daß sie immer wieder ihren Kopf von einer Seite zur anderen drehte. Diese Körperbewegung vermittelte ihr die körperliche Erinnerung, wie sie von ihrer Mutter in ihrem Bettchen sexuell mißbraucht worden war. Gleichzeitig begann sie sich auch gegen das subtile, aber eindeutige Eindringen ihres Vaters in ihren sexuellen Raum zu wehren. Energisch schleuderte sie ihren imaginierten Eltern entgegen: «Faßt mich nicht an. Das ist mein Körper!»

Die Heilung von Mißbrauch in der Kindheit

Sobald das abgespaltene, nach Selbstsicherheit strebende, zornige Selbst und eine beginnende Grenzbildung sich abzeichnen, ist die Person in der Lage, in der Kindheit erfahrenen Mißbrauch zu bearbeiten. Das Bewußtsein eigener Kraft befähigt Menschen dazu, Leugnung und Banalisierung hinter sich zu lassen und zu ihren verlorengegangenen Erinnerungen durchzudringen. Viele werden von Alpträumen über in der Kindheit erfahrenen Mißbrauch heimgesucht, wenn ihr Unbewußtes angeregt wird.

Das Vorgehen bei der Bearbeitung des Mißbrauchs ist einfach, aber wirksam. Man fordert die Person auf, sich ein Mißbrauchserlebnis zu vergegenwärtigen. Falls es um wirklich lebensbedrohende Ereignisse geht, ist es günstiger, wenn die Person mit weniger bedrohlichen Ereignissen beginnt und sich langsam zu den schwerwiegenderen Erfahrungen vorarbeitet. Das Ereignis wird imaginiert oder mit Gruppenmitgliedern dargestellt, die die Rollen der verschiedenen Beteiligten übernehmen, wobei die betroffene Person in der Regel nicht teilnimmt. Bevor es zu einem Mißbrauch des kindlichen Selbst kommt, bringt das Erwachsenenselbst oder sein Protagonist im Psychodrama das kindliche Selbst an einen sicheren Ort und stellt sich dann mit oder ohne Unterstützung des Therapeuten oder anderer Gruppenmitglieder dem Mißbraucher. Es ist unter Umständen notwendig, den Mißbraucher zu töten und/oder zu transformieren, damit er die Person nicht mehr als innerer negativer Richter oder Angreifer verfolgt. Danach versichert der Erwachsene in der Rolle des guten Elternteils seinem inneren Kind, daß er es gegen jeden möglichen Mißbrauch abschirmen wird, und macht ihm deutlich, daß es in Sicherheit ist.

In einer solchen Dramatherapiesitzung spielte ein Gruppenmitglied das geängstigte Kind, während ein anderes Mitglied den wütenden alkoholkranken Vater und Killer darstellte. Die Protagonistin der erwachsenen Betroffenen winkte das Kind hinüber zu einem Gruppenmitglied, das die gute Mutter darstellte. Dann wandte sie sich gegen den «Vater» und schrie ihm gemeinsam mit zwei Gruppenmitgliedern, die sie unterstützten, ins Gesicht: «Du nennst dich Vater, du elender...! Du wirst dieses Kind nie mehr schlagen. Und hier hast du was von deiner eigenen Medizin zu kosten!» Daraufhin wurde die Person, die den alkoholabhängigen Vater spielte, durch eine Puppe ersetzt, auf die eingedroschen wurde.

Für manche Personen werden auch Themen und Bilder aus dem Bereich des Archetypischen zum Anstoß zu Heilung. Eine Frau stellte das verlassene innere Schlüsselkind einer anderen dar. Ihre verbitterte, haßerfüllte Mutter hatte ihr ständig das Gefühl gegeben, daß sie an allem schuld sei. Die Mutter wurde Arm in Arm mit dem mißbrauchenden, geldsüchtigen Ehemann der Frau dargestellt, den ein anderes Gruppenmitglied spielte. «Wenn du nicht wärst...», fingen sie beide an, das kindliche Selbst auszuzanken. Ein anderes Gruppenmitglied nahm das Kind nach draußen zum Spielen. Nun betrat die Protagonistin die Szene. Sie war erst verwirrt, erkannte dann aber die hexenartige dunkle Seite ihrer Mutter. In ihren Gedanken fühlte sie sich wie Dorothy im *Zauberer von Oz*. Sie spürte, sie mußte sich die magischen roten *(calcinatio)* Schuhe der Stärke dieser bösen Hexe beschaffen. Teilweise mit Unterstützung von anderen Gruppenmitgliedern wurde die Hexe und mit ihr die Liaison mit dem Ehemann vernichtet. Die Hexe lag am Boden, die Schuhe der Frau an den Füßen. Die Frau holte sich ihre Schuhe zurück, zog sie an und ging damit im Raum herum. Dann wurde ihr auf einmal klar, daß das Gruppenmitglied, das die fürsorgliche Mutter des Kindes spielte, die gute Hexe war. Sie begriff, daß auch das ein Teil von ihr war, den lebendig zu halten sie lernen mußte.

Von den Eltern übernommene Gefühle

Ohne die erforderlichen inneren und äußeren Grenzen kann ein Säugling oder Krabbelkind leicht die unbewußten Gefühle der primären Bezugsperson in sein Unbewußtes aufnehmen. Weil es die Gefühle des Elternteils sind, können sie nicht auf die übliche Weise verarbeitet werden. Deshalb werden das innere Kind und das Erwachsenen-Ich die Empfindung haben, von diesen Gefühlen – Angst, Scham, Zorn, das Gefühl der Verlassenheit, Panik, sexuelle erotische Energie oder Schmerz – überwältigt zu werden. Auch das Familienskript kann auf diese Weise übernommen werden, zum Beispiel: «Die Schmids sind harte Arbeiter, aber sie bringen es nie zu etwas» oder «Die Frauen der Familie Meier suchen sich immer schwache Männer, die sie unter dem Pantoffel halten, aber auch bemuttern».

Eine Frau in einer Koabhängigengruppe kam zu der Erkenntnis, daß sie die Empfindung hoffnungslosen Verlassenseins, der Bitterkeit und Krankheit von ihrer Mutter und ihrer Großmutter übernommen hatte. In einer Choreographie, in der authentische Bewegung und improvisiertes Drama sich mischten, gestaltete sie aus dem imaginativen Raum heraus ein Transformationsritual. Sie setzte eine Mondmaske auf, nahm einen Dreizack und kroch unter eine Decke. Die Mondmaske repräsentierte für sie die dunkle Schattenseite ihrer Vorfahrinnen mütterlicherseits. Die Decke war ein Leichentuch, und das Teufelsszepter stellte den nach unten gerichteten Sog der Verzweiflung dar. Ich versuchte mich währenddessen innerlich ganz leer zu machen und wartete auf Botschaften aus dem Unbewußten der anderen Gruppenmitglieder. Nach einer Weile fühlte ich mich zu einer Maske der Freiheitsstatue und einem Stab mit einem roten Herzen hingezogen. Ich legte die Freiheitsmaske auf die Knie der Liegenden und hob langsam die negative Persona-Maske von ihrem Gesicht. Dann tauschte ich den Dreizack gegen das Herz. Zu diesem Zeitpunkt hatte sie schon begonnen, ihren Schmerz in einem erlösenden Weinen loszulassen. Einige Augenblicke später kritzelte sie wild chaotische Muster auf ein großes Blatt Papier, die all den übernommenen Schmerz, die Verlassenheit, Bitterkeit und Verzweiflung der beiden Mütter darstellten. Nun, da sie sich außerhalb von ihr befanden, konnte sie sich aus dem Griff dieser übernommenen Gefühle lösen. Dann zerknüllte und zerriß sie das Papier und warf die Stücke in den Raum. Ich sammelte sie auf und legte sie in die tibetische Klangschale. Kniend bot ich sie

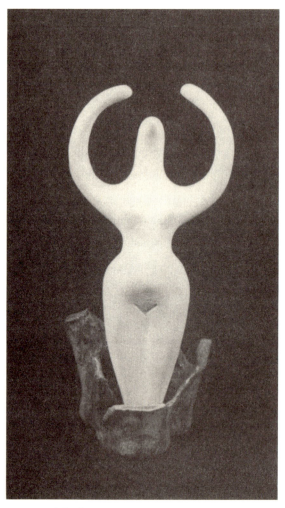

Abb. 6.11   Fruchtbarkeitsgöttin.

dem Himmel zur Transformation dar. Die Frau ergriff die Schale im Stehen und hob sie noch höher. Zum Schluß führte sie eine archetypische Geste aus, die die Einheit von Seele und Geist ausdrückt und sich häufig bei Skulpturen von Göttinnen findet *(siehe Abb. 6.11)*. Aus ihrer vertikalen Haltung beugte sie sich nach unten, erntete von Mutter Erde, nahm das Gesammelte in ihren Körper auf und hob die Arme nach oben und außen in einem nach oben geöffneten Halbkreis. Ihre klare vertikale Aufrichtung drückte deutlich die Befreiung von der Last mitgeschleppter Gefühle und Skripts aus.

Zusammenfassung

Der Prozeß der Loslösung und Individuation stellt sich in drei verschiedenen Subphasen dar: Differenzierung, Übung und Wiederannäherung. Die Differenzierung zielt auf eine erste Loslösung von der Mutter, in der das Kind sich selbst als getrennt von ihr sieht und erfährt und erlebt, daß die Mutter diese Erfahrung ebenfalls macht. In dieser Zeit bildet sich langsam das Bewußtsein einer körperlichen Hautgrenze und einer inneren Ichgrenze aus. Mit dem Zahnen kommt die Fähigkeit zu beißen, zu kauen und zu unterscheiden, was die Person aufnehmen will.

In der Subphase der Übung erkundet das Individuum seine Umgebung, indem es sich räumlich von der Mutter entfernt und gelegentlich zu ihr zurückkehrt, um «aufzutanken». Der analambivalente, spielerische Umgang mit «Schmutz» schafft die Instinktbasis für das Erleben angenehm empfundenen Loslassens. Während der letzten Phase, der Phase der Wiederannäherung, nimmt das Individuum eine aufgerichtete Haltung im Raum ein und wird unabhängig in seiner Beziehung zum Objekt oder zur primären Bezugsperson. Die Kontrolle über die Ausscheidungen mit ihren Anspannungs- und Loslaßrhythmen bildet die Grundlage für die Fähigkeit, etwas zu produzieren, selbstsicher zu werden und ein Gefühl der Kontrolle und Macht zu entwickeln. Äußere Grenzen werden ausgebildet, die dafür sorgen, daß das Individuum weniger gefährdet ist, zum Opfer verschiedener Formen von Mißbrauch zu werden.

Bei dysfunktionalen Familien, traumatischen Ereignissen und/oder unzulänglichen primären Bezugspersonen schwindet das Selbstempfinden des Individuums, wird abgespalten, bleibt unterentwickelt und/oder geht ganz verloren. Das führt dazu, daß der Person nur Teile ihres Selbst bewußt sind. An der Polarisierung des Grundgefühls einer Person – ob sie sich minderwertig fühlt oder besser als die anderen, perfekt oder schlecht, passiv abhängig oder übertrieben bedürfnislos, unkontrolliert oder überkontrolliert – zeigt sich, welche Teile des Selbst vorhanden sind und welche fehlen. Die fehlende Balance führt zu Süchten und/oder Verhaltensmustern, die die Person in die Opferrolle drängen oder anfällig für Mißbrauch machen. Das Erfahren und Geben von Nähe, das ein wirkliches Vertrauensgefühl und klare eigene Grenzen andeutet, wird unmöglich.

Da die kunst- und körpertherapeutischen Verfahren sich oft auch auf präverbale Erlebnisse beziehen, können sie häufig dabei helfen, die Ätiologie einer Dysfunktion ins Bewußtsein zu holen, wo andere, traditionellere Therapien, die auf das Gespräch fixiert sind, versagen. Weil die dysfunktionalen Muster und Symptome im imaginativen Raum liegen und sich der gleichen symbolischen und metaphorischen Sprache bedienen wie diese therapeutischen Verfahren, kann auf diese Weise die Abwehr des Individuums umgangen werden. An die Stelle äußerer Schuldzuweisungen kann der Prozeß innerer Transformation und Verarbeitung von elterlichen Komplexen und von Mißbrauchserfahrungen treten, und die Person oder Gruppe kann langsam in Eigenverantwortung hineinwachsen, je mehr psychische Energie sie wieder für sich nutzbar machen kann und je mehr Selbstheilungskraft sie dadurch gewinnt. Überleben und Genesen bedeuten in diesem therapeutischen Kontext aber auch, daß die Stufen der Loslösung und Individuation in gesunder Weise nachgestaltet und durchlaufen werden müssen.

Kapitel 7

Selbst- und Objektkonstanz: Bewahrung des inneren Kindes, Initiative und Kreativität in der chthonischen Phase

Selbst- und Objektkonstanz

Aus der Woge der Selbstbehauptung und Unabhängigkeit in der letzten Phase der Loslösung und Individuation erwächst dem Kind ein fester Halt aus der Erfahrung eines ganzheitlichen, stabilen Selbst und eines ebensolchen Objektes. Davor standen dem in einen guten und einen bösen Pol aufgespalteten Selbst auf der Objektseite die Pole des belohnenden und des verweigernden Objektes gegenüber (Masterson 1980). Nun kommt es zur Ausbildung eines realistischen Selbstempfindens. Das Individuum lernt zu akzeptieren, daß es wie der Rest der Menschheit unvollkommen ist und neben seinen Stärken auch Schwächen hat, die es in weniger vorteilhaftem Licht erscheinen lassen. Dieses Selbstempfinden gibt der Person ein Bewußtsein von Substanz – das Empfinden, von sich selbst erfüllt zu sein (Lewis 1987). In diesem Zustand entstehen ganz selbstverständlich eigenständige Bedürfnisse und Wünsche, die unabhängig sind von den Wünschen anderer. Das Individuum übernimmt die Verantwortung für seine Handlungen, ohne von irrationalen Schuldgefühlen gequält zu werden. Das Wissen um den Schutz innerer und äußerer Grenzen läßt ein Gefühl von Selbstachtung und Spontaneität zu (Melody und Miller 1989).

Das gesunde Selbst ist untrennbar mit einem realistischen internalisierten guten Objekt verbunden. Diese «innere Mutter» unterstützt das innere Kind und gibt ihm Halt, wenn es nötig ist. Sie stößt es nie von sich, nur weil es unvollkommen ist oder eigene Gefühle oder Bedürfnisse hat. Diese positive, nährende Instanz ist immer da, so daß sich die Person niemals alleine fühlen muß (Mahler 1972, Winnicott 1979). Wenn das innere Kind Angst hat vor den nächsten Entwicklungsschritten oder davor zurückscheut, in irgendeinem neuen Unterfangen die Initiative zu ergreifen, ist diese gute innere Instanz im imaginativen Raum präsent und ermutigt es mit mütterlicher Wärme und Liebe. Sie macht die Person weder kleiner, als sie ist, noch erwartet sie zuviel von ihr. Sie weiß vielmehr ganz genau, was ihr Sohn oder ihre Tochter leisten können, und kann zu ihrem Schutz intervenieren.

Die Realität kindlicher Entwicklung sieht freilich leider häufig anders aus. In Märchen wird manches von der tragischen Wirklichkeit deutlich. Da will eine Hexen-Mutter das Kind vereinnahmen, indem sie es künstlich auf der Stufe der Debilität und Infantilität hält, wie bei Rapunzel. Oder sie fordert, daß nur ein Teil des Selbst sich im Licht des Bewußtseins zeigen darf, während die anderen, «schlechten» Teile im Halbdunkel bleiben müssen, überspült vom ozeanischen Unbewußten, wie in Aschenbrödel. Oder sie «mästet» das kindliche Selbst zu einem übersteigerten Narzißmus, um sich dann die Leistungen des Kindes einzuverleiben, wie bei Hänsel und Gretel. Ein Mann erzählte den folgenden, immer wiederkehrenden Alptraum aus seiner Kindheit: «Ich komme die Treppe hinunter in die Küche. Meine Mutter hat den Backofen geheizt, und seine Tür steht offen. Sie will mich hineinstecken.»

Wo Generationen auf Generationen dysfunktionaler, mißbrauchender Familien folgen, wachsen immer mehr Kinder mit Schuldkomplexen auf, und häufig übertragen sie die dysfunktionalen Beziehungsmuster ihrer Kindheit, indem sie koabhängige Partner heiraten. Das führt dazu, daß es immer mehr dysfunktionale Familien gibt, die nicht imstande sind, ihren Kindern zu gesunden Objektbeziehungen zu verhelfen.

Ein mit Scham oder Schuldgefühlen kämpfender Elternteil wird seine Scham oder Schuld auf sein Kind übertragen, das wiederum, ob es will oder nicht, ein mit Schuldgefühlen belastetes Kind haben wird (Melody und Miller 1989).

Bei vielen Individuen endet dieser Entwicklungsprozeß mit einem geringen Selbstwertgefühl, oder aber sie legen sich aus kompensatorischen Gründen übertriebene Masken zu, um besser dazustehen als die anderen. Da ihnen gesunde Grenzen abgehen, sind sie entweder zu offen oder sie begegnen der Umwelt mit einer Art massiver innerer Reserve. Sie werden sich an andere klammern oder sich und anderen vorgaukeln, sie bräuchten niemanden. Sie werden zu gefühlsbetont sein oder gefühlskalt. Männern wird dabei meistens das letztere Anpassungsmuster nahegelegt, während Frauen sich oft das erstgenannte zu eigen machen – ein Auseinanderdriften der Geschlechter, das als zusätzliche Hypothek wirkt und gesunde heterosexuelle Beziehungen um ein Vielfaches erschwert (Miller 1984). Aus diesem Grund ist eine sorgfältige Aufarbeitung der beiden ersten Entwicklungsstufen entscheidend, selbst wenn die Probleme einer Person eher mit späteren Entwicklungsphasen zusammenzuhängen scheinen, etwa mit dem Ringen um Identität, Intimität oder Leistung.

Wenn ein Kind in diesen frühen Phasen eine feste Grundlage mitbekommen hat, dann tut sich dem jungen Geist, der alles um sich herum förmlich einsaugt, die Welt als ein großes Wunder auf. Ein Beispiel für das Erleben dieser liquiden (urethralen) Phase zeigte sich bei einer Frau, die sinnierte: «Junge, Junge, das fühlt sich ganz anders an. Ich habe ein Gefühl, als ob ich schwebe, aber es ist nicht so angstauslösend wie vorher, als ich dieses bodenlose Loch gespürt habe. Das ist ganz weg. Ich fühle mich prima. Es gefällt mir, mir einfach so nachzugeben – mit meinem dreijährigen Ich herumzuplätschern. Gelegentlich ertappe ich mich bei Dingen, die ich nie zuvor getan habe, zum Beispiel Zukunftspläne schmieden» (eine erste Andeutung von Eriksons Phase der Initiative). Die libidinösen Rhythmen, die in dieser Phase dominieren, waren beim Sprechen deutlich aus ihrer Stimme herauszuhören. Sie ließ die Worte langsam und sanft in den Raum strömen. Ich legte etwas New-Age-Musik auf, und sie ging zur freien Assoziation über. Die Rolle der Mutter/des Therapeuten besteht in dieser Phase darin, die erweiterten Grenzen der Person zu stärken, den Patienten wieder zu sammeln, wenn er zu weit abtreibt, und ihn zugleich im Genuß dieses liquiden Daseinsgefühls zu unterstützen.

Sobald eine Person ihr Selbstempfinden spürt, empfängt sie aus ihrem Unbewußten durch Träume, das Spiel der freien Assoziation, authentische Bewegung und den Umgang mit künstlerischen Ausdrucksmitteln im therapeutischen Raum Signale, wohin sie ihre Produktivität und ihren Tätigkeitsdrang richten soll. Der Therapeut kann diesen Prozeß fördern, indem er in zentrierter Ruhe dasitzt und dem neu ausgebildeten Selbstempfinden des Patienten Zeit und Raum gibt, so daß dieser frei entscheiden kann, was er tun möchte. Die Phase flüssigen (urethralen) Sich-treiben-Lassens im Alter von drei Jahren läßt die Lockerung von Grenzen zu, um alle Möglichkeiten erwägen zu können, die schließlich in die Initiative münden. Mit dem Schritt zur Initiative ist der Schritt in die nächste Phase getan, in deren Mittelpunkt dann die Freude am Tun selbst steht. Die Phase der Grenzlockerung ist aber zugleich auch eine wichtige Vorbereitung für die spätere Entwicklung des Vierjährigen, wenn sich das Kind mit der Mutter als schöpferischer Instanz identifiziert.

Wer als Kind jedoch von einer verschlingenden Mutter ständig die unbewußte Botschaft vermittelt bekam, «wenn du gehst, droht dir großes Unglück oder gar der Tod», der wird sich mit der Abgrenzung schwertun.

Personen, die eine solche Erfahrung gemacht haben, werden häufig als Borderline-Persönlichkeiten oder koabhängige Persönlichkeiten bezeichnet und leiden meist unter panikartiger Verlassenheitsangst. Für diese Menschen ist das Erlebnis des freien Sich-treiben-Lassens, das andere als so wohltuend empfinden, zutiefst beängstigend. Eine Person schilderte diesen Zustand als ein Hinausgeschleudertwerden in den Weltraum, allein und ohne Hoffnung, jemals festen Boden unter die Füße zu bekommen. Hier kann es erforderlich sein, daß der Therapeut als «ganzes» Objekt für das sich entwickelnde kindliche Selbst des Patienten elterliche Verpflichtungen übernimmt und seine Entwicklung fördert. Als ganzes Objekt tritt der Therapeut den Ängsten des Patienten vor der Leere und dem Ausagieren von Verhalten entgegen. Häufig wird die Wiederannäherungsphase mit dem Patienten aufgearbeitet und dadurch seine Fähigkeit zur Unabhängigkeit und Ganzheit gestärkt. Manchmal muß der Therapeut eingreifen und dem haltlos treibenden Patienten Grenzen anbieten, bis er gelernt hat, die Strömung seines Selbst und seines Selbstausdrucks zu steuern und sich selbst zu motivieren.

Die Verlassenheitsdepression, die sich einstellt, wenn der Patient den Wunsch nach Vereinigung mit der ihn verlassenden Mutter aufgeben oder das Risiko eigenen Schuldgefühls und des mütterlichen Zorns bei einer erstickenden Mutter auf sich nehmen kann, ist ein entscheidender, wenn auch schmerzlicher Schritt hin zu innerem Wachstum und erfordert eine massive Verschiebung psychischer Energie weg von alten, kindlichen Überlebensmustern. Bei vielen Patienten wird daraus ein echter Kampf, wie bei jener Frau, die auf meine Gymnastikmatte einhieb und mit den Füßen nach ihr trat, wobei sie in einer Art kindlichem Trotzanfall den Kopf von einer Seite zur anderen warf und schrie: «Ich will nicht für mich sorgen! Ich will versorgt werden!» Einige Sitzungen später brachte sie ein Bild aus einem Traum mit, in dem all ihre weiblichen Vorfahren ihr Mut zusprachen. Sich selbst schilderte sie als gut funktionierende Berufstätige, die ungeduldig mit dem Fuß auf den Boden klopfte (in einem urethral-sadistischen Rhythmus). Ihr Unbewußtes hatte sie mit einem Bild ihrer selbst versorgt, in dem sie fähig war, initiativ zu werden.

Die Fähigkeit, das innere Kind zu lokalisieren und für es zu sorgen, ist in dieser Phase sehr wichtig. Ich bitte meine Patienten häufig, ihre Aufmerksamkeit auf das Innere ihres Körpers zu richten und ihr kindliches Selbst auszumachen. Das Alter des inneren Kindes sagt oft etwas darüber aus, wann das Kind mißbraucht wurde und sich deshalb in sich selbst zurückziehen mußte. Manche Personen finden winzige Tierwesen als ihr Selbst oder kleine, verschüchterte Geschöpfe, die fest überzeugt sind, daß sie nicht liebenswert sind, daß niemand sie anfassen möchte und sie sich am besten nie im Tageslicht zeigen sollten. Wenn dieses kleine Selbst jedoch erst einmal gefunden ist, können mein Patient und ich gemeinsam dieses Kind imaginieren oder ihm helfen, indem wir es festhalten und ihm Mut zusprechen. Eine Frau in mittleren Jahren brachte eine winzige Puppe mit, die aussah wie sie selbst als Kleinkind. Ich nahm die Puppe und drehte ihre Beine so, daß sie eine sitzende Position einnahm. Dann hielt ich sie die ganze Stunde in meinen Händen, den Blick auf meine Patientin gerichtet, die sich aus einem schwarzen Tuch, das auf ihren Schultern lag, wickelte und von ihm löste. Das Tuch symbolisierte die Unterdrückung, Beschämung und den körperlichen Mißbrauch ihrer Mutter an ihr.

Auch das Schreiben eines Briefes an das innere Kind mit der dominanten Hand und das Antworten des Kindes durch Schreiben mit der nicht-dominanten Hand hat sich als äußerst hilfreich für die Lokalisierung dieser Instanz und die beginnende Kommunikation zwischen Patient und kindlichem Selbst erwiesen. Photographien aus Frühkindheit und Kindheit können ebenfalls von unschätzbarem Wert sein. Das Versagen einer Mutter, ihrem Kind eine liebevolle, haltende Umgebung zu schaffen, ist in diesen visuellen Erinnerungen häufig gleichsam konserviert. Die Bilder in der Körpererfahrung nachzuvollziehen und aus der kindlichen Erfahrung heraus zu reden kann Personen wieder mit sich selbst in Verbindung bringen.

Wenn eine Person die Rolle der negativen Mutter oder des elterlichen Beschuldigers übernommen hat, traut das innere Kind dem urteilsbesessenen Ich des Erwachsenen vielleicht nicht zu, überhaupt zu irgendeiner Form der Fürsorge und Liebe fähig zu sein. Hier ist wiederum wichtig, daß der Therapeut in der Gegenübertragung als guter Elternteil die Funktion einer Art elterlichen Fürsprechers übernimmt.

Ich frage dann beispielsweise: «Wie geht es Klein-Sowieso heute? Ist sie hier bei uns? Haben Sie ihr erlaubt mitzukommen? Sie wissen, daß ich darauf bestehe, daß sie dabei ist und angehört wird. Sie kann auf meinem Schoß sitzen oder spielen, wenn sie möchte, aber sie soll nicht länger eingesperrt sein..., bist du da?»

Manchmal geht der Patient so stark in dem internalisierten negativen Elternteil auf, daß ich sein inneres Kind spiele und meine/seine Verletztheit, Angst oder Wut dem Patienten gegenüber ausdrücke. Zu einer Frau sagte ich: «Du hast mich im Stich gelassen. Du hast dich auf ihre Seite geschlagen. Du hast ihr geglaubt, als sie mich weggestoßen hat und dafür gesorgt hat, daß ich mich schlecht fühle, weil ich Wünsche hatte und Spaß haben wollte. Ohne mich wirst du niemals lernen, wie man fühlt oder spielt oder schöpferisch ist. Ich bin dein innerstes Wesen und trage deine Seele und deine Lebenskraft in mir.» Die Frau weinte zum ersten Mal in Gegenwart einer anderen Person. Sie war heimgekommen an einen Ort, an dem sie so sein durfte, wie sie war.

Schritt für Schritt werden die Erfahrungen mit der negativen Mutter unter therapeutischer Begleitung ins Gedächtnis gerufen und angeschaut. Die Mißbrauchserlebnisse werden Schicht für Schicht abgeschält, und der Einfluß der negativen Mutter wird verringert. Allmählich wird mein Intervenieren als gute, unterstützende Mutter internalisiert und wirkt als Bollwerk gegen die Hexen-Mutter.

In dieser Zeit, in der langsam Objektkonstanz erworben wird, berichten die Patienten, daß sie sich nur in meiner Gegenwart vor der Mutter als Richterin und Beschuldigerin beschützt fühlen. Doch allmählich können sie mich für längere Zeiträume internalisieren. In dieser Zeit sind Übergangsobjekte notwendig. Ich habe Patienten schon Schmuckstücke von mir zum Tragen gegeben oder bestimmte ausgewählte Sandspielfiguren, die sie bei sich tragen sollten, solange sie sie brauchten. Eine Patientin nahm eine Decke aus dem Therapiezimmer zu einem Besuch bei ihrer medusenartigen Mutter mit.

Gegen Ende der Behandlung machte eine Patientin verschiedene Fotos von mir und schnitt und vergrößerte sie zu einem «Bildgedicht», wie sie es nannte *(siehe Abb. 7.1 und 7.2).*

Abb. 7.1 Bildgedicht: Übergangsobjekt, Therapeutin, ein Eichhörnchen fütternd. Legende: Pionier/Mutter, Führerin in der Wildnis/Erforschung der Finsternis.

Abb. 7.2 Bildgedicht (Fortsetzung): Eichhörnchen mit Keks. Legende: Hoffnung finden durch die ineinandergewundenen Reben.

Allmählich wird die gute Mutter/Therapeutin internalisiert. Nach drei Jahren Behandlung sagte eine schizoide Patientin: «Wenn ich jetzt daheim bin, kann ich mir Ihre Kissen vorstellen, auf denen ich saß, und fühle mich geborgen. Und wenn meine Mutter sich in mir bemerkbar macht und mir das Gefühl geben will, völlig wertlos zu sein, stehen Sie vor der kleinen Gestalt in mir wie eine Kriegerin.»

Eine Reihe von Bildern, die während der zweieinhalbjährigen Therapie einer anderen Patientin entstanden, stellen die innere

Abb. 7.3   Wildes, tierhaftes Selbst.

Wandlung ihres bis dahin noch ungeborenen Selbst durch die Internalisierung der guten Mutter dar. Der Mangel an Nahrung von der ursprünglichen, negativen Mutter bringt ein an ein kleines wildes Tier erinnerndes Selbst hervor *(siehe Abb. 7.3)*. Mit therapeutischer Hilfe wird im Laufe mehrere Monate ein Teil des Selbst-Objekt-Raumes verwandelt. Ein blumenartiges Selbst beginnt zu wachsen, auch wenn es nach wie vor von mächtigen Resten des nicht neutralisierten zornigen Chaos der Mutter umgeben ist *(siehe Abb 7.4)*. Im letzten Bild schließlich ist die Patientin fähig, das sich entwickelnde gesunde Selbst selbst zu nähren (siehe *Abb. 7.5)*.

Eine andere Patientin streifte ein langes Netz über Kopf und Körper und forderte mich auf, mich mit ihr zu bewegen. Ich zog ebenfalls ein Netz über den Kopf und spiegelte ihre Bewegungen:

Abb. 7.4 «Im Auge des Sturms».

Abb. 7.5 Selbst-Ernährung durch Bewußtwerdung.

Einkreisend, zudeckend und aufdeckend, sehend und verbergend, nach vorn vorstoßend, nach meinem Netz greifend und es wieder loslassend. Der ambivalente Wunsch, zu sehen, was im Schatten ist (das heißt das potentiell verborgene, gute/schlechte Objekt), und gleichzeitig sich davon wegzubewegen, begann sich zu verschieben. Allmählich nahm sie ihr und mein Netz ab und rollte beide zu einem Knäuel zusammen. Den entstandenen weichen Ball drückte sie gegen ihr Zwerchfell. Dann bewegte sie sich auf mich zu. Ich legte eine Hand sanft auf ihr Kreuz, die andere drückte ich von unten gegen das Knäuel.

Mütter, die eine zu starke Bindung an ihr Kind aufrechterhalten, um sich in der Wichtigkeit ihres Kindes zu sonnen, behindern die Entwicklung ihres Nachwuchses. Diese Kinder bleiben für immer das kleine Mädchen oder der kleine Junge (die *puella aeterna* oder der *puer aeternus*). Das sind die Mütter, die sich unaufhörlich mit «meinem Sohn, dem Arzt» oder «meiner Tochter, der Tänzerin» brüsten. Der Preis für die Bewunderung der Mutter und die daraus resultierende Inflation ist zunächst oft gar nicht abzusehen.

Das tragische Schicksal des Ikarus verdeutlicht, welch verheerender Sturz einer Persönlichkeit beschieden sein kann. Jung (1968) schreibt: «Das menschliche Ich kann zu einem gottähnlichen Zustand erhoben werden, aber nur auf die Gefahr hin, durch Selbstüberhebung ins Verderben zu stürzen. (Dies ist auch die Bedeutung der Geschichte von Ikarus, der auf zerbrechlichen, von Menschenhand gefertigten Flügeln zum Himmel hinaufgetragen wird, aber dabei der Sonne zu nahe kommt und abstürzt.)» (S. 122 f.). Der Ikarus-Mythos wurde in meinen Augen sinnfällig an einem Mann, der sich ständig in den Vordergrund spielte. Er nahm an einer Gruppe teil, in der es um authentische Bewegung und Psychodrama ging. Über die somatische Gegenübertragung spürte ich seine archetypische, narzißtische, vereinnahmende Mutter, die in der Psyche so vieler Männer dominiert.

Ich sagte zu ihm: «Komm mit mir. Ich werde dich mächtig und wunderbar machen, so daß du bald über allen anderen stehst. Der einzige Preis, den du dafür bezahlen mußt, ist, daß alles, was du schaffen wirst, mir gehört, und daß du dich niemals ganz auf irgendeine Arbeit oder auf eine Beziehung einlassen kannst.»

Während ich ihn so vereinnahmte, bewegte er sich auf mich zu. Ein anderer Mann blieb unbeweglich in einer geschlossenen Position. Zwei Frauen bewegten sich weiter von ihm fort, während eine dritte zu ihm sagte: «Verpiß dich, Leute deines Schlages kenne ich.» Nur eine Frau, die seine kämpferische Amazonenseite verkörperte, kam auf ihn zu und provozierte ihn zu einem Ringkampf.

Ich sagte: «Komm zu mir zurück, sie kann dir nicht das Geheimnis des Fliegens verraten, das kann nur ich.» Daraufhin kam er zu mir als negativer Mutter zurück, und seine Abhängigkeit wurde ihm bewußt. Er würde die Dominanz seines hochfliegenden Selbst aufgeben müssen, das so stark mit dem Archetyp identifiziert war, und würde auf die Erde zurückkommen müssen, um zu lernen, daß er ein Sterblicher war, zu menschlichem Leiden fähig.

Er griff nach einer länglichen Schaumstoffrolle, hielt sie sich an den Unterleib und paradierte damit im Raum herum. Als negative Mutter sagte ich darauf: «Das kannst du behalten, solange alles, was du tust, mir gehört. Alle schöpferischen Aktivitäten deinerseits gehören mir. Du kannst ruhig weiter in höheren Gefilden schweben, aber du mußt unter meiner Herrschaft bleiben.»

Am Ende entschied er sich spontan dafür, alles wegzuwerfen, und türmte alle Attribute, die ihn auf seinen Höhenflügen begleitet hatten, zu einem hohen, scheiterhaufenartigen Hügel auf. Worte, Gedanken, angebliche Großtaten – alles wurde zugunsten eines realistischeren Selbstempfindens geopfert. Der Verlust stürzte ihn in eine tiefe Depression, während er darauf wartete, ein erstes Signal seines wahren, eigenständigen Selbst zu empfangen.

Chthonische Phase und Kreativität

Wenn das realistische Selbstempfinden des Kindes sich ausreichend gefestigt hat, durchläuft das Vorschulkind einen Prozeß, der die elementare Zivilisierung seiner Instinkte zum Ziel hat, damit es in der Lage ist, mit anderen in sozialen Kontakt zu treten.

Vom Alter von etwa zweieinhalb Jahren an bis zum ödipalen Dreieck erwacht die symbolische Welt im Kind. Noch im Herrschaftsbereich des mütterlichen Objektes tauchen Träume und Phantasiespiele auf, in denen extrem aggressive oder zerstörerische Monster erscheinen. Die Instinkte und ihr Ausdruck durch Tierwesen herrschen vor. In Gesellschaften, in denen diese chthonische Phase dominierte, wurden sexuelle Orgien zu Ehren der Fruchtbarkeitsgottheiten gefeiert. Dabei identifizierten sich die Menschen mit der Großen Mutter als schöpferischer Kraft.

In dieser Entwicklungsphase erwachen auch die schauspielerischen Fähigkeiten des Kindes, die diesen schöpferischen Prozeß innerhalb des *mundus imaginalis* unterstützen. Etwa im Alter von drei Jahren werden die ersten Alpträume erlebt. Das Reich der nächtlichen Jäger steigt aus der Tiefe der Erde und aus dem Meer (mütterliche Bereiche) herauf, Fledermäuse, Teufel, Hexen und Zombies fallen ein und versuchen, ihre Beute zu verschlingen, auszusaugen oder zu vergiften.

Vor einer Reihe von Jahren wachte meine jüngste Tochter, damals etwa dreieinhalbjährig, schreiend aus einem Alptraum auf. In ihrem Zimmer war ein Monster, das sehr laut war und alle ihre Spielsachen haben wollte. Es war klar, daß sie nicht wieder einschlafen würde, bis wir uns mit diesem Wesen auseinandergesetzt hatten. Ich forderte sie auf, ein Bild von ihm zu malen und mir zu erzählen, was es gesagt hätte. Dann schrieb ich seine Worte in eine Art Sprechblasen. Das Blatt sollte die erste Seite eines Buches über das Geschöpf sein, das wir gemeinsam gestalten wollten. Ich fragte meine Tochter, ob ich sie spielen dürfe. Sie war einverstanden. Ich schaute das jetzt visuell eingefangene

Monster an und sagte zu ihm: «Du kannst nicht alle meine Spielsachen haben. Hat dir jemals jemand etwas von Bittesagen und Teilen gesagt?» Meine Tochter spielte das Wesen, während wir die Geschichte weiter zeichneten und darstellten. «Nein», sagte es/sie. «Ich hab' keine Freunde. Keiner will mit mir spielen.» Ich antwortete als meine Tochter: «Na, das ist kein Wunder. Weißt du was, du kannst mit mir spielen, und ich bringe dir bei, wie man miteinander teilt.» Das wurde zwischen uns abgesprochen und vertragsmäßig mit einem letzten Bild besiegelt, auf dem ihr inneres Monster und sie selbst miteinander spielten. Das war das letzte, was wir von diesem «Monster»-Alptraum sahen.

Auch in der Therapie begegnen die Patienten in dieser Phase fordernden, mächtigen Schattenwesen, die nun soweit sind, daß sie ins Menschliche verwandelt werden können. Wenn sie dann vom Patienten dargestellt und verkörpert werden, können diese Kreaturen aus der Tiefe angesprochen werden, und man kann in einen Dialog mit ihnen treten.

Ein männlicher Patient berichtete von einem immer wiederkehrenden Traum: «Ich bin gelähmt, und dieser Zombie kommt in mein Zimmer.» In der Personifizierung seiner Lähmung sagte er: «Ich halte dich unten, damit du nicht in Schwierigkeiten kommst.» Als Zombie ging er mit starren, frankensteinartigen Bewegungen umher. «Ich bin tot, ich will dich haben. Ich werde dich umbringen.» Ich als Träumer fragte: «Was habe ich dir getan, daß du mich umbringen willst?» Der Zombie entgegnete: «Du hast mich vergessen und ausgesperrt.»

Beim Rollentausch wurde ich der Zombie und bot ihm eine Beziehung an. Ich sagte ihm, er sei sein ganzes Leben ohne mich ein Opfer gewesen, und er brauche die Lähmung nicht mehr. Ich bestärkte ihn darin, daß er ein Mann sei und seine eigene Stärke erkennen sollte.

Gemeinsam verbündeten wir uns gegen seine innere Mutter und seinen inneren Vater, die ihn als Kind geschlagen hatten. Mit Puppen und Kissen spielte er seine Kindheit noch einmal durch und tötete seine mißbrauchenden Eltern, die er bisher auf alle

Beziehungen projiziert hatte, die er in seinem Leben eingegangen war.

Das Bedürfnis nach dem positiven Aspekt des Instinktiven wurde plastisch deutlich im Alptraum einer Frau: «Ich nehme meinen Sohn mit in einen Zoo, wo er all die Tiere kennenlernen kann. Als ich dort bin, entdecke ich, daß ihnen jemand die Köpfe abgeschlagen hat. Vor meinen Füßen liegt der Kopf eines Löwen. Ich bin überwältigt von Entsetzen und ziehe meinen Sohn schnell fort, damit er diese mutwillige Verstümmelung nicht mitansehen muß.» In der aktiven Imagination konnte sie die Identität des «Instinktmörders» ausmachen. Es war der Animus ihrer Mutter, der alle Verbindungen, die sie zu ihren natürlichen Bedürfnissen und Trieben hatte, zu kappen pflegte. Indem sie ihre innere Mutter durch den imaginativen Raum ins Zimmer zitierte, konnte sie endlich zu ihr sagen: «Wenn ich etwas an dieser Erziehung gehaßt habe, dann war es dein ewiges Beharren darauf, daß das Leben grau, grausam und ungerecht ist. Nie durfte ich etwas tief empfinden, leidenschaftlich fühlen oder mich am Leben freuen.»

Die dem Instinktbereich zugehörigen Aspekte elterlicher Schatten und Anima-/Animus-Komplexe werden in Mythen, Märchen und Träumen, im Sandspiel, in Bildern und Zeichnungen und im improvisierten Drama häufig in Tierform dargestellt. In Ägypten wurde die löwenköpfige Göttin Sekhmet «die Mächtige» genannt; ihr Atem war Feuer, und sie spie heiße Wüstenwinde des Schreckens und der Zerstörung aus.

In einer mythischen Geschichte heißt es, daß eines Tages Ra, der Sonnengott, mit den Menschen unzufrieden war, die sich gegen ihn auflehnten. Darauf sandte er Sekhmet in ihrer feuerspeienden Gestalt auf die Erde, um sie zu vernichten. Als sie die Menschen mit Verderben geschlagen hatte, rief der Gott Ra sie zurück. Sie aber entgegnete: «Du hast mir Leben gegeben, und als ich Macht über die Menschheit hatte, hatte mein Herz Wohlgefallen daran.» (Budge 1969, S. 393) Nachdem sie Menschenblut gekostet hatte, wollte sie nicht mehr in die liebevollere Seite ihres Wesens zurückkehren. Ra mußte sie überlisten, indem er einen mit Ocker gefärbten Trank bereitete. Sie trank ihn, weil sie dachte, es sei Blut, wurde davon berauscht und schließlich in ihre freundlichere Wesensform zurückversetzt.

Im Hieroglyphentext heißt es: «Als die Göttin diesen Morgen heraufkam, fand sie den Himmel überflutet. Froh wurde ihr Gesicht davon, froh trank sie, glücklich war ihr Herz, als sie in einen Zustand der Trunkenheit geriet, nichts wußte sie mehr von der Menschheit. Da sprach die Majestät des Ra zur Göttin: ‹Komm, komm in Frieden, o Schöne, und da wurde sie schön in Am.›» (Budge 1969, S. 396–397)

Ein Beispiel für die alles verschlingende Sekhmet-Energie zeigte sich im Unbewußten eines Mannes, der von einem Mutterkomplex beherrscht wurde und sich unbedingt von seiner Mutter-Idealisierung lösen mußte, um eine echte Beziehung zu einer Frau haben zu können. Er erzählte den folgenden Traum: «Ich bin an einem wüsten Ort. Um mich her ist nichts als Verwüstung. Niemand lebt mehr. Die Häuser sind ausgebombt. Ich schaue umher und sehe Katzen, die zu Hunderten auf mich zukommen. Ich sehe ihre Augen, sie sind hungrig. Es ist klar, daß sie mich fressen wollen.»

Der Mann hatte im Laufe der zwei Jahre dauernden Behandlung eine ganze Reihe von Katzenträumen. Der letzte handelte von der «Hauskatze» einer Frau, die er später heiratete. Im Traum zerrte die Katze an seinem Hosenbein, und seine künftige Frau nahm sie auf und setzte sie vor die Tür.

Am Anfang brachte er alle seine Träume in getippter Form mit und überreichte sie mir, als wären sie ein Geschenk an mich und nicht an ihn selbst. Als geklärt war, daß seine Träume zu seiner eigenen Transformation beitragen sollten, brachte er Essen mit und bestand darauf, daß ich auch davon aß, sonst könne er nicht essen. Die Botschaft war klar. Was ihm gehörte, gehörte immer auch der Mutter beziehungsweise dem Mutterersatz, in diesem Fall mir. Er konnte sich selbst nicht ernähren, ohne etwas an sie abzugeben. Als ich diese Situation gemeinsam mit ihm explorierte und mich weigerte, mich in diese machtvollen, bedeutsamen Handlungen einbeziehen zu lassen, entstand Raum für eine andere Form der Übertragung.

Die Helden der Sagen des griechischen Altertums hatten ständig mit der chthonischen Natur des Weiblichen und ihrer Überwindung zu kämpfen. So wurde Odysseus, einer der Helden des Trojanischen Krieges und Archetyp erwachsener männlicher Individuation (insbesondere im Hinblick auf die verschiedenen Animafiguren), auf seiner Irrfahrt von den Sirenen herausgefordert. Diese Wesen, halb Frau, halb Tier, lockten Männer in den Tod, wenn sie nahe an ihrer Insel vorbeisegelten. Wenn die Sirenen sie mit lockenden Tönen betörten und dabei die Stimmen ihrer Geliebten nachahmten, steuerten die Männer ihre Schiffe zu nahe an die Klippen und wurden zerschmettert. Odysseus veranlaßte, daß seine Männer sich Wachs in die Ohren stopften, und befahl ihnen, immer weiter zu rudern, ganz gleich, was geschah. Sich selbst ließ er an den Schiffsmast binden, so daß er die verführerischen Stimmen zwar zu hören vermochte, sie aber nicht von ihm Besitz ergreifen konnten.

Bei einem anderen Zwischenfall auf der abenteuerlichen Heimreise zu seiner wartenden Anima Penelope begegnete Odysseus der Hexe Circe. Circe war die gefährlichste und chthonischste Zauberin überhaupt, denn sie pflegte Männer in ihr Lager zu locken und sie dort in Schweine zu verwandeln. Mit Hilfe von Merkur/Hermes wurde Odysseus gegen ihre finsteren Zaubersprüche immun und war so in der Lage, ihrer Macht entgegenzutreten und ihr Geliebter zu werden. Auf diese Weise schlug er sogar noch Kapital aus einem Aspekt seiner Psyche, der ihm sonst zum Verhängnis geworden wäre.

Auch Frauen müssen sich mit den verschiedenen Facetten des unentwickelten chthonischen Weiblichen auseinandersetzen. In der Zeichnung einer Frau zum Beispiel wurde ganz deutlich, daß sie förmlich besessen von ihrem negativen Mutterkomplex war, der sie ständig in die Opferrolle drängte. In einer kinetischen Familienskizze stellte sie ihre «Verhextheit» als eine Spinne, eine Schwarze Witwe, dar, die drohend über ihrer ganzen Familie lau-

Abb. 7.6　Kinetische Familienzeichnung: Spinnenmutter mit Familie.

erte, deren Mitglieder sie als geflügelte Insekten karikiert hatte *(siehe Abb. 7.6)*.

Die Rolle des Therapeuten läßt sich in diesen Fällen mit der des Hermes vergleichen. Wir können den Patienten das notwendige Gegengift aus Vertrauen, Sicherheit und bedingungsloser positiver Zuwendung geben, damit sie gefeit das Lager der negativen Mutter betreten und frühe persönliche Erinnerungen noch einmal durchleben können, um sie dabei im Rahmen der Übertragung aufzuarbeiten und zu transformieren. Es ist kein Zufall, daß Hermes als Gott der Tiefenpsychologie gilt, war er es doch, der die Seelen in die Unterwelt geleitete und sich selbst in jedes Bild verwandeln konnte.

Die Griechen hatten viele theriomorphe Götter (halb Tier, halb Mensch), die mit dem mütterlichen Bereich verhaftet waren. So war Pan, halb Mann, halb Ziegenbock, eng mit dem stark vom Instinkt geleiteten Sexualtrieb verbunden. Der Holz-

Abb. 7.7 Theriomorpher Pan.

schnitt in *Abb.* 7.7 stammt von einer Patientin, die dabei war, ihre Sexualität neu zu entdecken und verstärkt auszuleben. Dieselbe Frau schnitzte auch die weiblichen Pendants zu Pan – Ozeaniden (Meerjungfrauen). Während das sinnliche Vergnügen im einen Bild schon deutlich durchschlug, harrte ihre Sexualität, nach wie vor in einen Fischpanzer eingesperrt und noch nicht differenziert von den mütterlichen Wassern, weiterhin der Transformation.

Ich selbst setzte die Metapher der Meerjungfrau bei einer Patientin ein, die mein Therapiezimmer betrat und sagte, sie wolle sich einfach nur hinlegen und schlafen. «Ich bin in Urlaub», erklärte sie, während sie sich auf die Matte lümmelte. Ich erklärte ihr, daß die Meerjungfrau in ihr, die fast gedankenlos in Beziehungen hinein- und wieder herausglitt und sich von den Gezeiten des libidinösen ozeanischen Unbewußten tragen ließ, nicht wollte, daß sie den Kopf aus dem Wasser strecke und in den Bereich des Bewußtseins hineinschaue. Etwas zögernd erhob sie sich und entschloß sich zur Arbeit mit dem Sandspiel. Zunächst begrub sie ihre eigene instinktgeleitete männliche Stiernatur und legte sie dann wieder frei. Ich legte eine Meerjungfrau daneben und schlug ihr vor, mir etwas über die abgespaltene Beziehung der beiden zueinander zu erzählen. Daraufhin erzählte sie: «Der Stier steht unverrückbar fest, doch die Meerjungfrau weicht ebenfalls nicht von der Stelle. Die Schuppen beginnen sich von ihren Hüften abzulösen. Sie wird zu einer Frau und er zu einem Mann.» Diese schlichte Geschichte lieferte gleichsam den metaphorischen Wegweiser für ihre Tiefenarbeit. Die authentische Bewegung gab ihr Raum, ihre Schuppen abzustreifen. Langsam begann sie ihre Beine zu bewegen und ihre Schenkel und Hüften zu spüren. Sie schilderte ein zunehmendes Gewahrwerden starker, innerer (innergenitaler) sinnlicher Empfindungen, sanfter, wellenartiger Uteruskontraktionen, die sie nach einiger Zeit in einen «Frauentanz» einarbeitete.

Dionysos, der Gott der Musik, des Schauspiels und des Weins, wurde auf Bildern häufig als Stier oder Hengst dargestellt. Er wurde auch mit Pan und Osiris identifiziert. Whitmont schreibt in *Die Rückkehr der Göttin:*

> «In seinen Riten gab es reichlich orgiastische Verzückung, Tanz und wilde Ausgelassenheit. Im Zusammenhang mit dem Leben der Träumerin ist es wichtig, daran zu denken, daß die dionysischen Riten mehr als nur Darstellung und Ausleben von Sexualität, Verlangen und Gewalt bedeuten. In Wirklichkeit setzten die dionysischen Kulte Musik und Ritual als Mittel ein, Gewalt und Verlangen in die ganze Persönlichkeit zu integrieren.» (1989, S. 21)

Damit fungierten diese Kulte, wenn man so will, als eine erste Form der Körper- und Kunsttherapie und halfen, die hungrigen und bedürftigen wilden Tiere und Furien im Menschen auf harmonische Weise zu integrieren.

Den Schlüssel zum Verständnis dieser Phase in der menschlichen Entwicklung bildet die weibliche Verbindung zur Großen

Göttin und zu Fruchtbarkeitsgottheiten wie Dionysos. Das vier- bis viereinhalbjährige Kind findet hier zu einer starken Identifikation mit der Mutter als schöpferischer Instanz. Physiologisch dominieren wellenartige Kontraktionen von Uterus, Samenleiter und Hodensack, die als innergenitale Rhythmen identifiziert wurden (Kestenberg und Sossin 1979). Unter archetypischen Gesichtspunkten versetzt die Beziehung zur Göttin der Fruchtbarkeit und zu Dionysos das Kind und den Erwachsenen, der diese Phase angemessen integrieren konnte, in die Lage, die schöpferischen Zyklen der Natur zu erkennen und nachzuempfinden.

Innerlich läuft das auf die Zerstörung archaischer Muster und Beziehungen und das Zulassen von Leidenschaft und sexueller Erosbezogenheit unter dem Aspekt des Schöpferischen hinaus. Äußerlich heißt es, Mutter Erde zu bewahren und sie nicht durch leichtsinnige Verschmutzung zu vergewaltigen.

Einer Patientin eröffnete sich im Rahmen einer Paartherapie, in der sie ihre Kreativität und Sexualität energisch für sich einzufordern begann, ihre ganz eigene Beziehung zur Erdgöttin. In einer Einzelstunde brachte sie ein Gemälde von einer monumentalen weiblichen Gestalt mit, die bis zu den Oberschenkeln in Wasser stand. Vor ihr befand sich ein springlebendiges junges Mädchen. Mein Vorschlag, die mütterliche Gestalt zu verkörpern, brachte der Frau eine scheibenartige Blockade an ihrem Zwerchfell ins Bewußtsein. Ich forderte sie auf, diese wirbelnde Scheibe zu personifizieren. Als Blockade sagte sie: «Steig nicht zu diesem allzu erdhaften Ort hinab. Bleib oben in deinem Kopf.» Das klang sehr nach der Mutter der Patientin, die kaum Kontakt zum archetypischen Weiblichen gehabt hatte. Nach einiger Zeit überredeten wir die «Mutterscheibe», in ihren Kopf aufzusteigen, während sie selbst in den warmen, weiten Schoß der Erdgöttin hinabstieg, um ihr eigenes, starkes, sinnliches, schöpferisches Selbst wiederzugewinnen.

Wenn es bei Männern und Frauen zu dieser Identifikation mit dem Weiblichen als schöpferischer Kraft kommt, halten sich per-

sönliche Wünsche und das Engagement für die Gemeinschaft die
Waage, und der lebendigen Erfahrung, Intuition und inneren
Erkenntnis wird gleichviel Wert beigemessen wie dem intellektu-
ellen Bewußtsein.

Leider hat die westliche Kultur die natürliche Vereinigung
dieser Bereiche untergraben. Das Aufkommen der patriarchali-
schen, jüdisch-christlichen Tradition ging mit der Unterdrük-
kung der Ich-Du-Beziehung zur Fruchtbarkeitsgöttin Hand in
Hand. Bezeichnend dafür ist die hebräische Geschichte der
chthonischen Lilith. Der Legende nach schuf Jahwe zuerst Adam
und Lilith. Als die Zeit der sexuellen Vereinigung kam, wies
Adam Lilith an, sich hinzulegen, so daß er oben zu liegen kam –
die sogenannte christliche Missionarsstellung. Lilith weigerte
sich und sagte, Adam solle unten liegen. Verärgert ging Adam zu
Jahwe und beschwerte sich. Der Patriarch gab ihm recht, belegte
Lilith auf ewig mit dem Fluch, von Männern und Frauen, die von
ihrer Kraft abgetrennt sind, gefürchtet zu werden, und schuf eine
scheinbar empfänglichere Eva *(siehe Abb. 7.8)*.

Die Fähigkeit der Frauen, ihr inneres, unterdrücktes, starkes,
chthonisches Weibliches aus dem Dunkeln zurückzuerobern,
läuft darauf hinaus, daß die Frau imstande ist, ihre weibliche
Kreativität und Sexualität auszuleben und «zu unabhängigem
Denken und Handeln fähig zu sein, insbesondere im Bereich der
Liebe» (Hall 1980, S. 151).

Der unintegrierte Lilith-Aspekt trat besonders zwingend bei
einer verheirateten Frau auf, die zu mir in Behandlung kam, weil
sie sexsüchtig war, was bei ihr in den unkontrollierbaren Drang
mündete, Männer zu verführen. Sie erzählte, daß sie es liebe,
«Kontrolle über Männer zu haben, rittlings auf ihnen zu sitzen»,
und daß sie häufig die Phantasie habe, sie in Stücke zu reißen. Als
sie anfing, diesen triebhaften, zornigen Teil ihres weiblichen Ich
bei mir zu verkörpern, wurde ihr der unterdrückte Zorn ihres
mißbrauchten und abgewerteten weiblichen Ich bewußt. Eine
andere Frau, die daran arbeitete, ihre weibliche Stärke für sich zu
reklamieren, brachte einen Comic in die Sitzung mit, in dem die

Abb. 7.8   Lilith. Altbabylonische Tontafel. Warburg Institut, London.

Heldin am Anfang ihrer Menstruation von ihrem Mann verspottet wird und daraufhin ihre ruhige, passive weibliche Rolle abschüttelt, um sich in eine wilde Werwölfin zu verwandeln, die alles Chauvinistische vernichtet, das ihr vor die Augen kommt.

Zusammenfassung

Ganz gleich, in welcher Erscheinungsform es auftritt, das machtvolle chthonische Weibliche muß beachtet und integriert werden. Männer wie Frauen müssen lernen, die abgespaltene chthonisch-schöpferische Seite ihrer weiblichen Natur wieder wertzuschätzen, sonst verlieren sie die Fähigkeit, schöpferisch zu sein und das organische Fließen des Daseins wertzuschätzen.

Einer meiner Patienten, der sich von seiner vereinnahmenden Mutter gelöst hatte, war nun frei, in unmittelbare Verbindung zur Fruchtbarkeitsgöttin zu treten. Er kam in die Sitzung und sagte: «Ich möchte mehr Frauen in meinem Mitarbeiterstab.» Er selbst hatte kurz zuvor eine revolutionäre Idee in seiner Firma verwirklicht. Daß ich bei diesem Entwicklungsschritt Hebammendienste leisten konnte, gab mir die einzigartige Gelegenheit mitzuverfolgen, wie Instinkt, Objektbeziehungen, Spiel und Arbeit auf dem Weg hin zu Gesundheit und Ganzheit zusammenwirken.

Mit dem Erwerb der Selbst- und Objektkonstanz ist das Individuum in der Lage, sein inneres Kind zu unterstützen und für es zu sorgen. Die Person wird von nun an immer einen inneren Kern spüren, aus dem Bedürfnisse, Wünsche und persönliche Entscheidungen aufsteigen, die ohne Scham, Verurteilung oder Schuldgefühle ausgedrückt werden dürfen.

Kapitel 8

Die magisch-kriegerische und die magisch-schöpferische Phase

In der magisch-kriegerischen und magisch-schöpferischen Phase, die sich von der Beendigung der ödipalen Krise bis in die Latenz erstreckt, muß die Macht der chthonischen Mutter vom Männlichen konfrontiert und vom Weiblichen kontrolliert werden. Nur so kann der Junge in seine Männlichkeit hineinwachsen, und das Mädchen kann eine Beziehung zu ihrem weiblichen Ich aufbauen, die losgelöst ist von einer Identifikation mit der Mutter.

Erich Neumann (1949) kam bei seiner Beschreibung der verschiedenen Stufen männlicher Entwicklung zu dem Schluß, daß auch das Ich der Frau männlich sei. Ich bin anderer Ansicht. Mit Jung bin ich der Überzeugung, daß es sowohl in der männlichen als auch in der weiblichen Psyche gegengeschlechtliche Aspekte gibt, das heißt, daß Männer einen inneren weiblichen Komplex haben, die sogenannte Anima, und Frauen eine innere männliche Seite, den Animus. Nach meinem Empfinden ist das Ich einer Frau weiblich, und ihre Entwicklungsfragen und -stufen unterscheiden sich grundlegend von denen des Mannes. Allerdings glaube auch ich, daß Männer und Frauen Entwicklungsphasen in bezug auf ihr Ich einerseits und ihren Animus beziehungsweise ihre Anima anderseits durchlaufen müssen, mit dem Ziel einer Androgynie im späteren Leben. Aus diesem Grund habe ich Neumanns männlicher, magisch-kriegerischer Ichstufe die weibliche, magisch-schöpferische Entwicklungsstufe an die Seite gestellt.

Die magisch-kriegerische Phase

Für die Entwicklung des Mannes ist es wichtig, in der magisch-kriegerischen Phase die innere Mutter abzutöten, ganz gleich, wie wundervoll sie auch erscheinen mag, um die ödipale Krise zu überwinden und Zugang zu seiner Anima – seiner weiblichen Seite – zu gewinnen. Ohne diesen Vorgang wird ein Mann immer seine Mutter auf die Frauen projizieren, mit denen er zusammen ist, und Angst vor Kontrolle oder symbiotischem Klammern haben, je nachdem, ob seine Mutter vereinnahmend oder ablehnend war.

Ein bezeichnendes Bild dafür ist der kindliche Cupido oder Eros an der Seite seiner Hetären-Mutter Aphrodite. Man mag sich an den Anfang des Mythos von Amor und Psyche erinnern, in dem Amors/Cupidos Sexualität ganz unter dem Einfluß seiner starken Mutter Aphrodite/Venus steht. Er muß ihr zu Willen sein und darf keine eigenständige Beziehung zu seiner Anima in Gestalt des Mädchens Psyche aufbauen. Auf einer Abbildung im Louvre schmückt das Motiv von Aphrodite mit dem kindlichen Cupido einen Spiegel, was aus therapeutischer Sicht durchaus sinnvoll ist, war es doch Aphrodites Eitelkeit, die ihren eifersüchtigen Zorn auf die liebliche Psyche schürte. Sie ist als typisch narzißtische Mutter dargestellt, die will, daß Cupido ihr Anhängsel bleibt, ihr Phallus, ihr Gefährte.

Ich arbeitete einige Zeit tiefenpsychologisch mit einem sehr innovativen Mann mit großen schöpferischen Talenten. Er hatte begriffen, daß sein Göttin-Mutterkomplex ganz unmerklich alle seine Leistungen für sich selbst ausgeschlachtet hatte. Schon als Junge war er dazu erzogen worden, dem Weiblichen dienstbar zu sein. Jetzt, als Erwachsener, erkannte er, wie negativ sich das auf seine Beziehungen zu Frauen und auf seine Fähigkeit, seine Leistungen als sein Eigentum zu betrachten, ausgewirkt hatte. Statt sein Initialbild – eine anzubetende Aphrodite – weiterhin auf mich zu übertragen, wie es in den ersten Monaten der Therapie der Fall war, begann er eine völlig neue Sicht zu entwickeln. Synchronistisch dazu kam ich um diese Zeit in einen riesigen Schal gehüllt in die Sitzung und erklärte ihm «verschnupft», daß ich eine «Erkältung» habe. Er brauchte nicht lange, um diese Erkältung in der Übertragung als «Kälte» zu deuten, wobei mein Schal als Symbol dafür diente, wie unerreichbar und verweigernd ich war. Nachdem ich seine Assoziationen ausgiebig exploriert hatte, «schälte» ich mich aus dem symbolischen Schal. Plötzlich füllte Eros-Energie den Raum, gefolgt von Angst, dann Furcht, dann Zorn. Er stellte sich vor, mich zu umarmen und mich dann durch den Raum zu prügeln. Noch immer in der aktiven Imagination, sah er, wie sich mein Gesicht in das seiner Mutter verwandelte. Ich ermutigte ihn, seinen Zorn in Worte zu fassen. Er schrie: «Ich bin nicht bereit, deine Gleichgültigkeit mir gegenüber weiter hinzunehmen.» Er imaginierte, wie er nach mir/der Mutter trat und den Raum verließ.

Ziemlich entsetzt wurde ihm bewußt, welche Phantasien ihn beschäftigten. Ich beruhigte ihn und erinnerte ihn an Märchen und Mythen wie die Sankt-Georg-Legende, in denen der Held erst den Drachen töten muß, bevor er um die Hand der Jungfrau werben darf. Zuerst muß sich das männliche Ich von der übermächtigen Mutter und dem inzestuösen Zwang lösen, bevor der Mann eine reife Beziehung zu einer Frau und zu seiner eigenen, inneren, weiblichen Seite haben kann.

Ich erzählte dem Mann die Geschichte vom heiligen Georg. In der Legende kann ein Drache, der in einem Sumpf lebt, von einer nahe gelegenen Stadt nur ferngehalten werden, indem ihm in regelmäßigen Abständen Jungfrauen geopfert werden. Da fällt das Los auf die Tochter des Königs. Der heilige Georg kommt durch diese Gegend und hört davon. Er schwingt sich auf sein Pferd und besiegt den Drachen, dann bittet er die Königstochter, ihren Gürtel um den Hals des Drachen zu legen, und das Ungeheuer folgt ihr, sanft wie ein Lamm.

Daraufhin fiel meinem Patienten seine Lieblingsgeschichte aus der Artussage ein. Sie handelte von einem jungen Ritter, der zu seinem Kummer als Wache in der Burg zurückgelassen wurde. Eine wunderschöne Frau kam zum Tor und bat mit allen Mitteln der Verführungskunst um Einlaß, doch er ließ sie nicht herein. Jeden Abend, wenn alle um den runden Tisch versammelt waren, glühte der Schild desjenigen Ritters auf, der die edelste Tat des Tages vollbracht hatte. Dieses Mal glühte der Schild des jungen Ritters, denn die Frau am Tor war eine verkleidete böse Hexe gewesen.

Im Anschluß an diese Sitzung begann das musenverwandte archetypisch Weibliche in den Träumen des Patienten aufzutauchen. In zwei Träumen breitete Mutter Erde ihre Reichtümer in Gestalt von unerschöpflichem Öl und herrlichen Landschaften vor ihm aus. In einem anderen Traum erwies sich eine weibliche Muse als hilfreich für seine Arbeit, indem sie ihn zu unbegrenztem Wissen führte. Im Gegensatz zu seiner sonstigen lebhaften Aufgeschlossenheit für symbolisches Material setzte er der Exploration dieser starken Archetypen Widerstand entgegen. Dabei war ihm selbst bewußt, daß seine Weigerung «untypisch» für ihn war. Schließlich betrat er mein Arbeitszimmer und sagte, er habe das Gefühl, daß es einen Bruch in der therapeutischen Arbeit gebe. Dann fuhr er fort, über die «imaginative Hausaufgabe» zu berichten, die ich ihm aufgegeben hatte. Ich hatte ihn gebeten, über die Frau in seinem letzten Traum als helfende und unterstützende Quelle zu phantasieren. Er berichtete, daß sie sich plötzlich in eine Vagina verwandelte, die sich immer weiter öffnete wie die Blätter einer schönen Blume. Auch hier schien er wieder in untypischer Weise gleichgültig gegenüber diesem bezwingenden archetypischen Bild. Ich erinnerte ihn an die Themen seiner früheren Träume und äußerte die Vermutung, daß seine weibliche Seite sich ihm offenbare, um von ihm angenommen und als Partnerin akzeptiert zu werden. Dann schlug ich ihm vor, sich vorzustellen, wie er seinen Phallus in die Blüte einführte.

An dieser Stelle nahm ich sein Bild von der blühenden Vagina in mich auf. In der Vorstellung verlegte ich den Mittelpunkt der Blume in den Mittelpunkt meines Körpers. Obwohl ich ihm nichts davon sagte und wir uns weder bewegten noch sprachen, geschah sehr viel in diesem bipersonalen, imaginativen Raum.

Eros-Energie erfüllte das Zimmer. Ich fühlte mich penetriert, und allmählich entwickelte sich das Bild eines männlichen Kindes in meinem Leib.

Ich wies ihn an, dieses neue, kindliche Selbst, das aus der Vereinigung seines männlichen Ich und seiner weiblichen Seite hervorgegangen war, zu verkörpern. Er beschrieb sein Erlebnis später so: «Ich versetzte mich in das Kind und schaute sie [die Therapeutin] an und empfand dieses mächtige, wachsende drängende Gefühl in mir. Ich dachte, ich würde zerspringen.»

Zu diesem Zeitpunkt fragte er, ob er mich umarmen dürfe. Ich sagte: «Sie würden nur mich umarmen. Sie müssen diesen weiblichen Teil Ihrer selbst, den ich in mir halte, nehmen und in Ihr Inneres hineinversetzen, dorthin, wo er hingehört.»

Er notierte später: «Ich wußte nicht genau, was ich tun sollte, aber ich wollte mich öffnen, und sie [die Therapeutin] schaute mich weiter an. Nach einer Weile sagte sie so etwas wie ‹weiter›, und ich fühlte ein Aufflammen von Freude.» Zu mir sagte er: «Ich habe ein Bild von meinem kindlichen Selbst, wie es mit diesem neuen, weiblichen Selbst zusammen ist.»

Nach Monaten der Isolation, der Spurensuche und des Bemühens, die Drachenmutter zu töten, nach Beseitigung aller Hindernisse, die das Verhältnis zu seiner inneren Jungfrau, seinem inneren Weiblichen, blockiert hatten, konnte er seine Anima endlich annehmen und in der Vereinigung mit ihr zu einem vollständigeren Selbst finden.

Er schrieb über diese Erfahrung: «Seither bin ich ein anderer Mensch – eine Person mit mehr und mit tieferen Gefühlen. Ein riesiges Reservoir an Angst ist verschwunden, und mein Geist ist freier.»

Bei einem anderen Mann zeigte sich der Kampf um die Ausschaltung der negativen Mutter ganz deutlich in der authentischen Bewegung. Der Mann blieb in der Horizontalen und schien keine Kraft zu haben, in die vertikale Aufrichtung zu kommen. Auf allen vieren kauernd wiegte er sich vor und zurück. Immer stärker werdende wellenartige Kontraktionen stellten sich ein. Er kam hoch in den Vierfüßlerstand. Sein Mund öffnete sich weit, sein Rücken spannte sich, und er griff wiederholt hinter sich, als ob er etwas aus seinem After entfernen wollte. Aus der emotionalen Intensität seines Atmens und seiner Bewegungen war klar zu ersehen, daß etwas überaus lebendig in seinem imaginativen Raum anwesend war. Die wiederholten Reiß- und Ziehbewegungen halfen ihm offenbar, etwas loszulassen, denn er richtete sich mit einem energischen Ruck in eine vertikale, sitzende Position auf, in der er vollen Zugang zu seiner positiven Energie hatte. Sein Körper wurde so für ihn zum Gefäß der Transformation und zum Instrument im Ringen darum.

Später berichtete er, es habe sich angefühlt, als habe er eine Schlange in seinem Verdauungstrakt. Er wußte, daß dies sein innerer Ur-Mutterkomplex war, der sein Ich besetzt hielt und ihn daran hinderte, seine innere Substanz für sich selbst zu verwenden. Wie ein riesiger Bandwurm hatte der Komplex sie aufgezehrt. Nachdem er den parasitären Komplex losgeworden war, stand seinem hungernden Ich endlich mehr psychische Energie für den Wandlungsprozeß zur Verfügung *(siehe Abb. 8.1)*.

Abb. 8.1   Apoll, den Python tötend. Radierung von J. M. W. Turner.

Manchmal hat die negative Mutter viele Gesichter, wie sinnbildhaft im Kampf des Herkules mit der zwölfköpfigen Hydra zum Ausdruck kommt. Ein Mann brachte eine Kopie des Filmes *Die Kleine Meerjungfrau* in die Therapie mit und sagte, die böse Hexe sei wie seine Mutter. In diesem Disney-Film ist eine Unterwasserhexe hinter der wunderschönen Stimme der Königstochter her. Dieses böse Wesen ist halb Frau, halb Octopus, ausgestattet mit zahlreichen, mit Saugnäpfen besetzten Tentakeln. Die Geschichte endet damit, daß der Prinz, der Held, sie tötet und die Meerjungfrau (seine sexuelle Anima) rettet, die sich daraufhin in einen Menschen verwandelt.

Die Mutter dieses Mannes hatte ihn auf vielfache Weise physisch, sexuell, emotional und spirituell mißbraucht. In meinem Behandlungsraum ergriff er einen Stock als Schwert und stach wiederholt mit äußerster Kraft auf eine lebensgroße Stoffpuppe ein, die er symbolisch mit seiner inneren giftigen Mutter aufgeladen hatte. In der Folge berichtete er, er komponiere gerade ein Musikstück, in dem eine Prinzessin gerettet werde.

Ein weiteres, wieder ganz anders verlaufendes Beispiel für das Loslassen der Mutter und das Auftauchen der Anima erlebte ich bei einem Mann, der eine narzißtische Mutter hatte, die sich selbst als Göttin betrachtete und von ihrem Sohn quasi-religiös verehrt werden wollte. Als Erwachsener hatte er eine Reihe von Träumen. Im ersten wurde er aufgefordert, sich wieder bei der Armee zu bewerben, das heißt, seine Beziehung zum Archetyp des Kriegers wiederaufzunehmen. In der nächsten Traumszene schrie er seine Mutter an, sie solle den Mund halten. Dann hatte er einen Traum, in dem er sich von der «Mutter Kirche» lossagen mußte. In einem weiteren Traum beklagte sich der Priester – ein Schattenaspekt – bei ihm, daß er sich in einem Konflikt befinde, weil er der Kirche gelobt hatte, zölibatär zu leben. Im Verlaufe eines Rollenspiels entdeckte der Mann jedoch, daß er sich nach einer intimen Beziehung zu einer Frau sehnte.

Ein Teil dieses Mannes war in der magisch-kriegerischen Phase stehengeblieben, weil er sich nicht mit seinem Vater identifizieren konnte, der sich ihm und seinen Schwestern gegenüber in schrecklicher Weise mißbrauchend verhalten hatte. Ich ermutigte den Patienten, sich als der Schattenpriester in seinem Traum selbst von seinem Amt zu entbinden und das dunkle Priestergewand abzulegen. Als er in der Imagination daranging, die schwarze Robe, das Leichentuch seiner zerrütteten, mißbrauchenden Familie, abzustreifen, stellte er voller Angst fest, daß er keinerlei Halt und keinen schützenden Puffer zwischen sich und der Welt hatte. Etwa um dieselbe Zeit träumte er von einer Katze, die sich fest in seine Haut krallte, als er sie ganz gegen seine Art abzuschütteln versuchte. In der Rolle der Katze sagte er: «Ich lasse nicht los. Ich gehöre zu dir.» Diese dem Instinktiv-Weiblichen entstammende Gestalt verwandelte sich allmählich in eine Frau, mit der er in den folgenden Träumen auf der menschlichen Ebene interagierte.

Meiner Erfahrung nach empfinden Männer einen um so stärkeren Zorn auf alle Frauen, je vereinnahmender und kontrollierender ihre Mutter war, und haben es um so schwerer, die negative internalisierte Mutter deutlich in den Blick zu nehmen und zu vernichten. Durch die Allgegenwart der erstickenden Mutter, die darauf besteht, in der Verschmelzung zu verharren, sind der von ihr ausgehenden Vergiftung keine Grenzen gesetzt. Diese Männer gehen gleichsam in einer schmutzigen Wolke aus toxischem, undifferenziertem Gas umher, das von der Matriarchin ausgeht. Einige von ihnen wählen die Homosexualität, während andere nur kurze Bindungen an ein und dieselbe Partnerin ertragen. Manche können länger mit einer Frau zusammenleben, brauchen aber sehr viel Abstand und Pausen in der Partnerschaft, oder sie haben Schwierigkeiten, ihre Erektion aufrechtzuerhalten, weil sie die klassische *vagina dentata* fürchten, die kastrierende, beißende Matriarchin. Wieder andere schaffen es, eine Ehe einzugehen, leben sich jedoch in zahllosen sexuellen Abenteuern aus oder stellen sich wenigstens vor, solche Affären zu haben. Da ihre Ehefrau für sie die erstickende Mutter verkörpert, entfernen sie sich emotional, sexuell und physisch immer weiter von ihr, bis die Frau versucht, die Verbindung wiederaufzunehmen, und näher rückt. Tut sie das, wirft der Mann ihr typischerweise sofort vor: «Ich wußte doch, daß du schon die ganze Zeit versuchst, mich unter dem Pantoffel zu halten.»

Partnerin in diesem ehelichen Tanz ist in der Regel eine Frau, die ebenfalls in irgendeiner Form mißbraucht wurde und koabhängig ist. Tief innen ist sie überzeugt, daß etwas mit ihr nicht stimmt und daß sie es deshalb verdient, von ihrem Mann schlecht gemacht, mißbraucht und im Stich gelassen zu werden, und aus diesem Grund harrt sie in der Beziehung aus.

Eine der schwersten Schlachten der magisch-kriegerischen Phase erlebte ich bei einem Patienten namens Josh, der von einer überängstlichen Borderline-Mutter vereinnahmt worden war, die ihm schwerste Schuldgefühle eingeimpft hatte. Die alles durchdringende Vergiftung seines Lebens durch die negative Mutter nahm geradezu archetypische Züge an. «Sie ist in jeder Zelle meines Körpers. Sie ist wie eine verheerende, Zerstörung bringende radioaktive Wolke, die mir überallhin folgt. Jede Beziehung, die ich habe, wird von ihr beschmutzt», beschrieb Josh das Gefühl. Nach einer Personifizierung seines Mutterkomplexes gefragt, schilderte er ihn als Kreuzung zwischen Jabba the Hut aus *Star Wars* und dem Alien aus dem Film *Alien*.

Seine giftige innere Mutter pflegte immer wieder mit voller Kraft anzugreifen. Wie alle Komplexe war auch dieser völlig autonom und hatte einen ungeheuren Überlebenswillen. Er saugte einen Großteil der psychischen Energie des Patienten aus dessen Ichsphäre auf und versetzte ihn in einen geschwächten, schuldverstrickten Zustand. Ich wies Josh die Rolle von Han Solo in *Star Wars* zu, und ich wurde Sigourney Weaver in *Alien* – beide töten ihre Gegner und retten das Weibliche in Gestalt von Prinzessin Lea beziehungsweise einem Kätzchen *(Alien I)* oder verkörpert in einem kleinen Mädchen *(Alien II)*. Weil der Mutterkomplex – wie alle Komplexe – im imaginativen Raum zwischen dem Bewußten und dem Unbewußten lebt, mußte der Kampf auch in dieser Sphäre ausgefochten werden. Das

Schlachtfeld befand sich im Körper meines Patienten. Die Feindin hatte sich an sein Rückgrat geheftet, was dazu führte, daß er im Leben «kein Rückgrat» hatte. Vor dem Kampf versuchte sie uns abzulenken, indem sie als verzerrte Wasserspeierfratze über unser beider Gesichter huschte. Wir bestätigten uns gegenseitig diesen visuellen Eindruck und bekräftigten zugleich unser Waffenbündnis. Josh sollte sich durch nichts von seiner magischkriegerischen Mission abbringen lassen. Er bearbeitete den Komplex in der Imagination mit der Lötlampe, während ich mit Weavers rücksichtsloser Entschlossenheit daranging, diesen Komplex aus seinem Brustkasten herauszustemmen.

Die imaginäre Schlacht tobte viele Sitzungen lang. Die Körperhaltung des Patienten veränderte sich in dieser Zeit von einer eingesunkenen S-Kurve des Rückens zu einer energischen Aufrichtung. Auch sein Kinn trat deutlicher hervor und wies stärker nach oben.

In der Paararbeit wurde seine Frau zur Meisterin darin, schon kleinste Haltungsverschiebungen bei ihm wahrzunehmen, die anzeigten, daß sein Mutterkomplex sich seiner Ichsphäre wieder bemächtigte, und ihn durch spielerische Intervention aus diesem Griff zu befreien.

In einem langsamen und mühseligen Prozeß ließ Joshs innere negative Mutter allmählich davon ab, seine Beziehung zu der anderen Frau zu zerstören. Statt dessen fuhr sie ihr Waffenarsenal nun gegen sein Berufsleben auf. Josh und ich stellten uns dieser neuen Front im imaginativen Raum. Hilfe kam dabei aus dem Bereich des Archetypischen. Während einer unserer imaginären Schlachten erschien mir das Bild eines erigierten Phallus. Als er ejakulierte, tötete das Sperma die innere Mutter. Ich berichtete Josh davon, und er stellte sich einen riesigen Phallus vor, der, vom Steißbein ausgehend, in seinem Inneren nach oben führte bis durch seine Schädeldecke hindurch, und wie eine Fontäne ejakulierte. Als ich dieses Bild gemeinsam mit ihm imaginierte, füllte sich der Raum deutlich spürbar mit numinoser Energie. Er hatte eine Verbindung zum Schöpfergott in sich hergestellt. Immer noch im imaginativen Raum erzählte er, daß die Mutter vollständig verschwunden sei. «Ja», sagte ich, «nur ein Mann kann diese Form der Beziehung zum Vatergott haben. Ihre Mutter hat darin keinen Platz.»

Doch wie Sekhmet, die nicht von ihrem Zorn ablassen wollte, wollte auch seine Wut nicht verschwinden. In den folgenden Monaten begann Josh mich anzugreifen. Er schwankte zwischen der Vorstellung, mich zu vergewaltigen und zu töten, und weichen Stimmungen, in denen ihm klar bewußt war, daß ich ihm helfen wollte und er mich eigentlich gern mochte. Der aufgestaute Zorn in ihm brauchte ein Ventil. Während eines Intensivwochenendes wurde er von einer Gruppe festgehalten und gestützt und konnte so seinen Zorn ausdrücken und frei ausströmen lassen, ohne sich oder jemand anders zu verletzen.

Nach dieser Erfahrung begann er seinen Zorn als eine Art Sucht zu sehen, die von seinem Ich Besitz ergriff, aber er merkte auch, daß das Gefühl nur stärker wurde, wenn er versuchte, dagegen anzukämpfen. Ihm wurde klar, daß ihm nichts anderes übrigblieb, als sich zu öffnen und, wie er es formulierte, «die Blamage zu riskieren», sich und die Welt illusionslos zu betrachten und betrachten zu lassen. Ich entdeckte bei ihm immer mehr Anzeichen zurückkehrender Lebendigkeit und Menschlichkeit, die vor allem in seinem Augenausdruck aufleuchteten. In einer Sitzung rückte er näher zu mir. Er saß im Schneidersitz, und seine Knie berührten meine. Dann legte er seinen Kopf auf meine Schulter. Ich spiegelte seine Atmung, so daß er die Verbindung spüren konnte, wenn wir gemeinsam einatmeten, und die natürliche Trennung, wenn wir ausatmeten. Sein Zorn hatte sich gelegt – es war wie der Friede nach einem langen, grausamen Krieg. Josh hatte endlich seine Mitte gefunden und war nun in der Lage, einer echteren Realität gegenüberzutreten.

Ein Beispiel für die Exploration der magisch-kriegerischen Phase im Sandspiel bietet der Fall eines anderen Patienten. Er schob bei meinem aus Einzelelementen bestehenden, L-förmigen Sofa jedesmal das Teil, auf dem er saß, zur Seite, so daß er keiner-

Abb. 8.2   Sandbild: Anima-Figuren.

lei Verbindung zu mir hatte. Seine Mutter, eine fromme Christin, pflegte ihn in seiner Kindheit täglich mit dem «Jüngsten Gericht» zu traktieren. In einer Sitzung wählte er das Sandspiel als Medium. Er identifizierte sich selbst mit dem Bären, dem ein goldener Uräus beistand, die «Totenkopfmutter» zu töten, während der Vater in Gestalt einer Aristoteles-Figur zuschaute. Dann wurden Mutter und Vater im Sand begraben. Daraufhin wählte er weibliche Figuren aus dem Sandspielinventar, die den Schlüssel zu seiner sich entwickelnden Beziehung zu seiner weiblichen inneren Seite darstellten und ihn von seiner schöpferischen (Mutter-perfektionistischen) Blockade befreiten *(siehe Abb. 8.2)*.

Nicht selten können in Gruppen zwei oder mehr Teilnehmer den Heilungs- und Transformationsprozeß des jeweils anderen erleichtern, indem sie sich wechselseitig in ihre imaginativen Prozesse einschalten. So war es auch bei einem Mann, der an einer authentischen Bewegungs- und Psychodramagruppe teilnahm, und mir. Der Mann wiegte sich eine Stunde lang in einer hockenden Position hin und her, während tief aus seinem Inneren ein anhaltendes, tiefes Grollen aufstieg.

Ich ging zu ihm hin und spiegelte ihm den Laut und seine Bewegung. In der somatischen Gegenübertragung spürte ich, wie sich in meinem Körper ein verkrümmtes, deformiertes, umhertastendes und eindeutig weibliches Etwas regte. Ich weiß noch, daß ich dachte: «Wie häßlich und abstoßend sie ist, wie eine balinesische Gottheit.» Ich gab einen Laut von mir, von dem ich nie gedacht hätte, daß ich ihn überhaupt hervorbringen könnte. Es klang wie ein gutturales Zischen. Krallende, kratzende Bewegungen stellten sich ein.

In kontrolliertem Zorn drängte der Mann mich zurück an die Wand und hockte sich über mich, wobei er sich imaginativ erbrach. Ich lag flach da und spürte, wie das Wesen meinen Körper verließ. Nach einer gewissen Zeitspanne fühlte ich mich neu belebt. Meine Arme reckten sich nach oben, und mit einem Gefühl tiefen inneren Friedens erhob ich mich. Als alchemistisches Gefäß, in dem sich durch Übertragung die innere Weiterentwicklung des Teilnehmers vollzog, erlebte ich den Ablauf dieser magisch-kriegerischen Transformation auf eindrückliche Weise mit. Der Mann begann, mit seiner Anima in Kontakt zu treten, und fand zu einer Wertschätzung des Weiblichen, die ihm zuvor fremd gewesen war.

Die magisch-schöpferische Phase

Bei Frauen gestaltet sich diese Entwicklungsphase, die ich als magisch-schöpferische Stufe bezeichnet habe, ganz anders. Die Frau tötet die Mutter nicht, da beide ja dem gleichen Geschlecht angehören. Sie muß jedoch lernen, das starke Weibliche zu integrieren und zu kontrollieren und den Vater nicht als Bestie unter der Macht des dunklen Weiblichen zu erleben wie in dem Märchen *Die Schöne und das Biest,* sondern als eine menschliche, beziehungsfähige Person.

Die Beziehung zur Schlangen-Mutter taucht wieder und wieder auf, und sie ist eine völlig andere in bezug auf den weiblichen

Abb. 8.3   Minoische Schlangengöttin. Britisches Museum, London.

Aspekt der Psyche als auf den männlichen. Das Bild der Schlangengöttin, einer alten minoischen Fruchtbarkeitsgottheit, zeigt, wie die Frau, in diesem Fall die Göttin, die dem Instinktbereich zugehörige Schlange beherrscht und unter ihrer Macht hat *(siehe Abb. 8.3)*.

In ganz ähnlicher Weise wurde in der christlichen Tradition die heilige Margarete von Antiochia, die Schutzpatronin der Kinder, die von einem Drachen verschlungen werden sollte, dargestellt, wie sie sich das Ungeheuer als Fortbewegungsmittel zu Diensten macht.

Eine Patientin, die in anderer Umgebung durchaus fähig war, zu tanzen und Selbstexploration im Rahmen der authentischen Bewegung zu betreiben, war in meiner Gegenwart gleichsam erstarrt. Sie hatte ihren negativen Mutterkomplex auf mich übertragen, um ihn so unter Kontrolle zu bekommen und zu transformieren. Nach einem längeren Therapieprozeß war sie schließlich soweit, daß sie eine Rose, das Symbol der Liebe und Ganzheit, und ein Tonband, nach dem sie zu Hause immer tanzte, in die Sitzung mitbringen konnte. Am Ende konnte sie sich sogar gemeinsam mit mir bewegen, wobei ich nicht die Führung übernahm, sondern sie einfach spiegelte. Es berührte sie tief, daß ich dabei, anders als ihre verweigernde Mutter, ihre Signale aufnahm, auf sie antwortete und ihr auf diese Weise geben konnte, was sie brauchte – eine positive, wertschätzende Spiegelungserfahrung.

Die Geschichte unzureichender mütterlicher Einstimmung und Zuwendung geht häufig Generationen zurück. Neid und Eifersucht sind Schlüsselelemente pathologischer Familienkonstellationen. Eine archetypische Personifizierung der negativen Mutter, die in den Träumen und Darstellungen von Patientinnen häufig auftaucht, ist die schlangenhaarige Medusa. Einst ein schönes Mädchen, wurde sie in ein schreckliches Monster verwandelt, weil sie sich Göttinnenstatus anmaßte, nachdem sie Geschlechtsverkehr mit Poseidon gehabt hatte. Sie wurde von Athena, einer Vater-Tochter, bestraft. Medusas Zorn zeigte sich

Abb. 8.4 Sandbild: Medusenmutter.

immer dann, wenn jemand in ihre entsetzlichen Augen blickte. Die Opfer erstarrten bei dem Anblick sofort zu Stein.

Eine Frau zeichnete ihre Medusenmutter und umgab im Sandspiel die Medusengestalt und eine ihr zugesellte Spinne mit Warnhinweisen. Zur Linken der Medusa ist eine Kloschüssel zu sehen, aus der eine Ratte herausschaut, hinter der Meduse steht ein Telefon. «Stundenlang redet sie am Telefon auf mich ein und meckert ständig herum, ich solle ihr ihre Zigaretten bringen.» Als Kind bekam die Patientin immer wieder den ganz privaten «Schöpfungsmythos» zu hören, den ihre Mutter um ihre Person herum konstruiert hatte. «Ein Vogel machte einen Klecks auf den Zaun, die Sonne trocknete das Ganze, und da warst du geboren.» In der Aufarbeitung ihres Sandbildes im Rollenspiel sagte die Patientin in der Rolle der Figur mit dem Affen und dem Engel: «Dieser Felsen schützt mich jetzt vor dir, aber ich werde wiederkommen.» *(Siehe Abb. 8.4)*

Indem sie in den Sitzungen mit mir gesunde Objektbeziehungen erfuhr, wandelte sich die dunkle Mutter allmählich. In einer Sitzung legte sich die Patientin in der authentischen Bewegung hin und bat mich, ihre Hand zu halten. Sie erzählte, das Bild eines schwarzen Geiers, der sich in den Himmel hinaufschraubte, sei in ihr aufgestiegen. Während er immer höher stieg, streifte er plötzlich seine schwarzen Federn ab, und eine wunderschöne gute Mutter mit Flügeln erschien. Etwa um diese Zeit malte die Patientin zwei Batikbilder: Eines zeigte einen geflügelten Pegasus mit dem Horn des Einhorns, das andere die positive gute Mutter. Bemerkenswert ist, daß im Medusamythos aus dem Blut des enthaupteten Ungeheuers der geflügelte Pegasus hervorgeht, der Liebling der Musen und ein Symbol der Inspiration *(siehe Abb. 8.5 und 8.6).*

Eine andere Frau war Opfer einer tiefen Verlassenheitsangst, die aus dem Verhältnis zu einer narzißtischen Mutter herrührte, die nur dann Interesse an der Tochter zeigte, wenn diese sie bewunderte und ihre Großartigkeit spiegelte. Sich gegen die Mutter aufzulehnen hätte bedeutet, daß die Tochter alle Hoffnung, jemals irgendwelche Beachtung von ihr zu bekommen, hätte aufgeben müssen.

Die Tochter erzählte folgenden Traum: «Da ist ein sehr trauriges Mädchen, das dem Feuerdrachen entgegentreten muß. Sie ist so traurig, daß sie sich die Pulsadern aufschlitzt. Sie wird schneeweiß von dem Blutverlust. Sie [gemeint war ich, die Therapeutin] finden sie und ziehen ihr die Kleider aus und legen sie in eine achteckige Wanne. Es sind noch andere Gruppenmitglieder da, die Öl über das Mädchen ausgießen. Sie [die Therapeutin] beginnen mit einer Bluttransfusion, und die rote Farbe kehrt in ihren Körper zurück. Jetzt kann sie dem Feuerdrachen entgegentreten.» Hier scheint das Motiv vom Sterben und Wieder-zum-Leben-erweckt-Werden durch ein schamanistisches Heilritual durch.

Als die Patientin diesen Schattenaspekt ihrer selbst verkörpern sollte, legte sie sich passiv auf den Boden und spürte, wie ihre Energie aus ihr herausströmte. Die Darstellung des Feuerdrachen verlangte dagegen ganz anderes. Sie stand aufrecht, agierte seine Wut aus, bäumte sich auf und brüllte mit aller Kraft tief aus dem Bauch heraus. Als Drache wälzte sie sich auf ihr imaginiertes geschwächtes Selbst und bellte: «Steh endlich auf und

Abb. 8.5 Batik: Pegasus erhebt sich aus dem Blut der Meduse.

Abb. 8.6 Batik: Transformation zur archetypischen guten Mutter.

nimm dein Leben in die Hand. Reagiere nicht immer bloß. Du läßt dein Leben an dir vorbeiziehen.»

Wieder in der Rolle des geschwächten Selbst, wandte sie ein, sie habe nicht die Kraft dazu. Nach einem nochmaligen Rollentausch nahm der Drache männliche Züge an und fing an, ihr Feuer in den Mund zu blasen, um sie wiederzubeleben. Das machte ihr angst, gab ihr aber immerhin genügend Kraft, ihn abzuwehren. Diese neuentdeckte libidinöse Seite in ihr ließ allmählich ein erotisches Gefühl in ihr aufsteigen, und sie gab dem Wunsch Ausdruck, mit dem Drachen zu schlafen, der sich nun in einen Mann verwandelte. Die Patientin erzählte, daß der Drache – im Gegensatz zu ihren üblichen narzißtisch bestimmten Beziehungen, in denen der Partner jeweils von ihr Passivität und ein Spiegeln seiner selbst forderte – wollte, daß sie mit ihrer ganzen Stärke und Leidenschaft sie selbst war. Danach legte sie sich wieder hin und fühlte, wie eine lodernde Energie oral und vaginal in sie eindrang und im Zentrum ihres Körpers zusammenfloß.

Heilung sexuellen Mißbrauchs

Vor allem für Frauen, die physisch, sexuell und/oder emotional von ihren Vätern, Stiefvätern, Brüdern, den Partnern ihrer Mutter oder irgendwelchen anderen wichtigen männlichen Personen in ihrem Umkreis traumatisiert wurden, ist es schwierig, ein Männerbild aufzubauen, in dem der Mann kein wildes Tier ist, sondern ein zivilisiertes menschliches Wesen. Väter, die Alkoholiker, sex- oder drogensüchtig, macht- oder arbeitsbesessen sind, können ihre Töchter an der Lösung des Elektra-Problems in der magisch-schöpferischen Phase hindern.

Wenn der Vater seine Anima auf seine Tochter projiziert statt auf seine Frau oder statt eine innere Beziehung zu seiner eigenen weiblichen Seite zu haben, wird das Mädchen «Daddys kleine Prinzessin». Diese zweifelhafte Ehre hat für das Mädchen zur Folge, daß es nie die Erfahrung macht, von Männern wirklich wahrgenommen zu werden. Solche Mädchen werden Anima-Frauen. Sie fühlen sich im wahrsten Sinne des Wortes bar jeder eigenen, weiblichen Identität und warten darauf, daß diese Leere von den Weiblichkeitsvorstellungen irgendeines Mannes ausgefüllt wird. Sie wechseln beliebig die Rolle, ihre Frisur, ihren Kleidungsstil, die Art, wie sie sich geben, nur um weiterhin ihren Status als angebetete, bewunderte Prinzessin zu wahren. Der Preis dafür ist ihre Seele. Eine junge Frau, deren Vater sie in der eben beschriebenen Weise mißbraucht hatte, schloß sich einer bereits laufenden Therapiegruppe an, die auch mit dramatischen künstlerischen Ausdrucksmitteln im imaginativen Raum arbeitete. In einer Sitzung verkleidete sie sich mit den vorhandenen Materialien und Requisiten als Königin. In einer Ecke des Raumes sitzend, reagierte sie auf keinerlei Signal von männlicher Seite. Sie hatte ihre Grenzen klar gezogen – sie würde sich auf keine Projektionen von außen mehr einlassen. Allmählich begann sich auch ihre Beziehung zu ihrem Ehemann zu verändern. Sie forderte mehr Raum für sich, entfernte sich von der Rolle der fürsorglichen Ehefrau und eroberte sich die Instinkt-Seite ihrer Sexualität zurück.

Es ist ein weites Spektrum inzestuöser Vergehen und Übergriffe, dem Mädchen ausgesetzt sind. Einige sind danach entschlossen, niemals körperlich intim mit einem Mann zu werden, andere verfallen in das andere Extrem und sexualisieren jede Beziehung. Die Heilung des sexuellen Mißbrauchs ist in jedem Fall entscheidend, wenn die Überlebende jemals in der Lage sein soll, aus freien Stücken sexuelle Nähe zu suchen und zuzulassen. Wie bei anderen Formen des Mißbrauchs muß das Erlebte auch hier in der Imagination noch einmal durchlebt werden. Es gilt dabei, das kindliche Ich zu retten, es an einen sicheren Ort zu bringen und die Konfrontation mit dem Mißhandler durchzustehen. Maltherapeutische Verfahren können den Anfang dieses quälenden Prozesses erleichtern, da sie es der Protagonistin ermöglichen, sich auf dem Papier abzugrenzen und die Dämonen in Schach zu halten. Die Darstellung im Psychodrama ist noch wirksamer und daher die Methode der Wahl, sofern die mißbrauchte Person sich sicher genug fühlt, sich als Regisseurin, Beobachterin oder Mitspielerin auf diesen Prozeß einzulassen.

Ein ganz anderes kathartisches Medium wurde im Fall einer Frau wichtig, die sich entschloß, einen imaginären Brief an ihren Vater zu schreiben, der sie mißbraucht hatte und gerade dabei war, seine Alkoholsucht zu überwinden. Aus dem zunächst während der Sitzung nur gesprächsweise entworfenen Brief wurde ein echter Brief, in dem die Tochter ihren Vater mit seinem Tun konfrontierte. Seine positive Reaktion, in der er die Verantwortung für das Geschehene übernahm und Reue und Liebe zeigte, löste bei der Patientin eine Reihe von Träumen aus. Im ersten war sie hochschwanger. Als sie in sich hineinschaute, was da in ihrem Leib wuchs, sah sie zwei fröhliche männliche Babys. Im folgenden Traum wuchsen ihre beiden Jungen heran, und sie tat alles, um sie vor einer negativen männlichen Gestalt zu schützen, die an die Introjektion eines Stiefvaters erinnerte. Je stärker die männlichen inneren Aspekte in ihr wuchsen, desto bereitwilliger und entschlossener nahm sie äußerlich den Kampf mit dem Leben auf. Sie erzählte, daß sie gerne singe und ihre Freude an dieser Ausdrucksform dahingehend ausgedehnt habe, daß sie auch eingängige geistliche Lieder sang. Auch ihr Verhältnis zu Männern erfuhr eine Neubelebung, jedoch in einer Weise, die darauf abzielte, sich selbst und ihr Wohlergehen durch schützende Grenzen abzusichern.

In anderen Fällen ist die Lösung der Elektra-Beziehung zum Vater unmöglich, weil dieser emotional oder physisch nicht verfügbar ist oder keine Tochter haben will. Einer Patientin kam zu Bewußtsein, daß sie sich den ganzen Tag bei jeder ihrer Handlungen in Grund und Boden schämte, weil sie als Frau und nicht als Mann geboren war. Viele Frauen erzählen Träume, in denen bedrohliche männliche Gestalten sie verfolgen und erschießen oder auch vergewaltigen wollen. Häufig ähneln sie wilden Tieren, sind stark behaart oder unrasiert, oder es sind heruntergekommene Penner. Diese inneren männlichen Gestalten konnten auf Grund der ungelösten Vaterproblematik der Frau keine Beziehung zu ihrem Ich aufbauen. Wenn der Vater abwesend ist oder in der Familie nicht dominiert, weil die Mutter «die Hosen anhat», dann entwickelt sich die innere männliche Seite der Tochter unter dem Einfluß des negativen männlichen Aspekts der Mutter, des negativen mütterlichen Animus. Ist dieser Animus oder der Vater mißgünstig, scharf-kritisierend, analytisch-verspottend, trocken-intellektuell oder platt-materialistisch orientiert, so hat die Tochter wenig Möglichkeiten, positive Erfahrungen mit dem männlichen Bereich zu sammeln.

Ein Beispiel für den Einfluß des männlichen Aspekts der Mutter ist der Traum einer Frau, die träumte, daß ihre Geldbörse von Dämonen geraubt wurde. Da sie in ihrem Leben schon so unendlich viel verloren hatte, ließ sie sie einfach passiv los. Ich dagegen vertrat ihrer Not gegenüber keine so resignative Haltung. Ich ermutigte sie vielmehr, in ihrer Vorstellung in den Traum zurückzukehren. Als sie in die Rolle der Dämonen schlüpfte, merkte sie, daß sie Handlanger ihrer Mutter waren, die sie daran hindern wollten, Zugang zu ihrem innersten weiblichen Wesen zu erlangen. Diesmal antwortete sie als ihr Traum-Ich: «Ihr kriegt meine Börse nicht.» Sie hielt ihr Eigentum fest und schickte die mütterlichen Angreifer dahin zurück, wo sie hergekommen waren.

Häufiger sind die männlichen Aspekte, wie sie in Träumen und Figuren auftauchen, die im Zuge kunsttherapeutischer und psychodramatischer Interventionen gestaltet werden, gegengeschlechtliche Aspekte der Psyche der Frau selbst, die in ihre Persönlichkeit integriert werden wollen. Werden sie erst einmal wahrgenommen und angesprochen, so entdeckt die Frau meist, daß sie durchaus interessante Zeitgenossen sind, die ihr den Weg weisen oder ihren schöpferischen Gedanken Form und Gestalt verleihen können.

Zusammenfassung

Es ist wichtig, sich klarzumachen, daß Männer und Frauen, obwohl sie auf der bewußten Ebene jeweils in einem unterschiedlichen Verhältnis zu Mutter und Vater stehen, gegengeschlechtliche Seiten in sich tragen, die sich ähnlich verhalten wie Personen des anderen Geschlechts. So kann der Animus der Frau kriegerisch und angriffslustig sein, wenn es nötig ist, und die Anima des Mannes kann vermittelnd wirken und die Macht oder Kraft eines anderen auf diesen zurücklenken, wenn es sein muß. Der Yin-Aspekt des Mitgehens mit dem Fluß der Bewegung des Gegners in manchen Kampfsportarten ist ein hervorragendes Beispiel für dieses weibliche Phänomen. Auf jeden Fall sind aber beide Seiten nötig für die Weiterentwicklung zu einer vollständigeren, androgynen Persönlichkeit.

Insofern verlangt die magisch-kriegerische beziehungsweise magisch-schöpferische Entwicklungsstufe des Ich und seiner gegengeschlechtlichen inneren Aspekte die Überwindung wichtiger Schwellen, um das Ich und das Selbst der Person aus dem Einflußbereich der Matriarchin zu lösen und zu weiterem innerem Wachstum zu befähigen. Für den Mann heißt das, daß er seine innere weibliche Seite von seinem Mutterkomplex befreien muß. Erst dann kann diese weibliche Seite in ihm die Phase der *puella* hinter sich lassen und stärkere weibliche Dimensionen zur Entfaltung bringen, die zum Beispiel in Gestalten wie der Amazone/Mondgöttin, Athene/Sophia, Isis/Inanna, Ischtar und/oder Demeter verkörpert sind.

Für die Frau geht es darum, die Macht der Matriarchin zu integrieren und zu kanalisieren. Ist dies geschehen, so kann die Beziehung zum und die Abgrenzung vom Vater beziehungsweise vom Animus der Mutter ihre innere männliche Seite, ihren Animus, dazu befähigen, sich vom *puer aeternus* zu lösen und in Kontakt zu den Archetypen des Männlichen zu treten, als da sind Hermes/Merkur als listenreicher Helfer in psychischen und anderen Notlagen, Theseus/Herkules als Kriegsheld, Cupido/Eros als Liebhaber und/oder Apoll als Bringer der Ordnung und Förderer der Künste.

Kapitel 9

Latenz und Übergangsriten von der Pubertät in die Adoleszenz

Latenz, Leistung und Geschlechtsgruppenzugehörigkeit

Die Latenzphase, die nach Abschluß der magisch-kriegerischen und magisch-schöpferischen Phase ungefähr im Alter von fünfeinhalb Jahren einsetzt und bis zum Beginn der Pubertät dauert, ist eine Zeit, in der das Kind wichtige Sozialisationsprozesse durchläuft, sehr viel lernt und in die Beherrschung alltäglicher Aufgaben hineinwächst. Das Phantasieleben steht in dieser Phase ganz im Banne des Erwerbs und der Erkundung sozialer Normen und Rollen. Es dominieren Spiele, die die Kenntnis spezieller Regeln voraussetzen. Gleichgeschlechtliche Peergroups werden wichtig. Im Hinblick auf kreative Aktivitäten konzentrieren sich Kinder in dieser Phase vor allem auf die Beherrschung des künstlerischen Mediums und seiner Hilfsmittel. Bei dem, was geschaffen wird, liegt der Schwerpunkt auf dem Nützlichkeitsaspekt, das heißt, es ist wichtig, «etwas Brauchbares zu machen». Zugleich wird größeres Gewicht darauf gelegt, «etwas gut zu machen».

Die Themen und Motive im improvisierten Drama und beim Sandspiel verschieben sich vom Instinktbereich und von Handlungssträngen, in denen es um Kampf und edlen Wettstreit geht, hin zu eher häuslichen Szenarien. Im Sandbild eines Kindes in der Latenzphase marschieren zum Beispiel Tiere zu einem «Hof-Verkauf» auf *(siehe Abb. 9.1)*.

Gegen Ende der Latenz beherrschen die Kinder die meisten gesellschaftlichen und familiären Regeln und werden unabhängiger. Ihre wichtigsten Bezugspersonen finden sie nun nicht mehr in der Familie, sondern in ihrer Peergroup.

Abb. 9.1   Sandbild: Latenz – «Hof-Verkauf»

In dysfunktionalen Familien, das heißt in Familien, die nicht der gesellschaftlichen Norm entsprechen, werden Kinder im Latenzalter häufig alles tun, um sicherzustellen, daß ihre Familie «normal» erscheint. Leugnung und Verkleinerung von Problemen sind typische Strategien. Die Loyalität, mit der Kinder in diesem Alter das «Familiengeheimnis» bewahren, zum Beispiel, daß Papa Alkoholiker ist oder Mama den ganzen Tag in depressivem Stumpfsinn im Bett verdämmert, ist extrem. Sexuelle Belästigung und Inzest sind in dieser Phase meiner Ansicht nach zumindest zum Teil deshalb so häufig, weil der Druck auf das Kind, «den Regeln zu genügen» und nicht durch Stigmatisierung aus der Gruppe der Gleichaltrigen hervorzustechen, es zum Schweigen zwingt. Manche Kinder zeigen zwar unangemessene sexuelle Verhaltensweisen und Vorlieben, doch offene Zeichen des erfolgten Mißbrauchs machen sich oft erst in der Pubertät oder Adoleszenz bemerkbar, wenn die natürliche sexuelle

Entwicklung des Kindes es in die eine oder andere Richtung drängt.

Andere Überlebensmechanismen wie Isolierung und sozialer Rückzug wurzeln sich fest ein. Ich habe Patienten über diese Zeit in ihrem Leben sagen hören: «Am sichersten war es, einfach in mein Zimmer zu gehen»; «Ich konnte niemand nach Hause mitbringen, weil ich nie wußte, was gerade los war oder in welcher Verfassung mein Vater oder meine Mutter sein würden»; oder «Ich konnte nicht weg von zu Hause; wer hätte sonst auf meine jüngeren Geschwister aufgepaßt?» Zum letzten Beispiel ist zu sagen, daß Kinder in der Latenz auf Grund ihres Interesses an häuslichen Aufgaben in einem Alter sind, in dem Erwachsene dieses soziale Lernen leicht mißbrauchen und das Kind in eine Art verfrühte Elternrolle drängen können. Viele Patienten erzählen, daß sie in diesem Alter älter aussahen oder sich älter fühlten, als sie waren. Spielen kam gar nicht in Frage. Diese Menschen lernen tatsächlich erst im sicheren Raum der Therapie, wie man spielt. Ich habe viele Stunden damit verbracht, mit dem inneren Kind eines Patienten zu spielen, indem ich mein eigenes kindliches Selbst aus der Latenzzeit wieder in mir heraufbeschwor. Auch Kunsttherapiegruppen sind wunderbare «Spielräume» im wahrsten Sinne des Wortes für ein gesundes und ganzheitliches Erleben oder nochmaliges Durchleben dieser Phase. Vertrauen zu lernen und spontan etwas gemeinsam mit «den Mädels» oder «den Jungs» zu machen – Malen, improvisiertes Schauspiel, Tanzen, Musik oder ein Gruppen-Sandbild – hilft Menschen, die auf Grund einer durch Mißbrauch gekennzeichneten Kindheit diese Entwicklungsstufe nie durchlaufen konnten, diese Phase nachträglich zu gestalten und zu erleben.

Pubertätsriten

Pubertäre Übergangsriten kündigen die nächste Stufe in der Entwicklung des Ichbewußtseins an. Jung war der Überzeugung, daß man von einer «psychischen Geburt» in dieser Lebensphase sprechen kann: «Die seelische Geburt und damit die bewußte Unterscheidung von den Eltern erfolgt normalerweise erst mit dem Einbruch der Sexualität im Pubertätsalter.» (1985, §756) Für den Jungen wie auch für den Animus im Mädchen bedeutet das, die Absonderung vom Kollektiv, Schmerz und Mangel zu ertragen und sich Aufgaben zu stellen, die die Aktivierung und Bemeisterung männlicher Instinktenergie verlangen. Im Zuge dieser Entwicklung werden die Jungen körperlich stark. Ihre schiere Kraft kann tödlich sein und muß deshalb kanalisiert werden. Die Beherrschung der eigenen Triebe und Ängste wird wiederum mit geistiger Erkenntnis belohnt.

Vom heranreifenden Mädchen und von der Anima des Jungen fordert der Übergangsritus dieser Zeit das Hinabsteigen in die Tiefe und das Opfern der Mädchenzeit zugunsten der Suche nach tieferer seelischer Weisheit.

In unserem Kulturkreis sind diese wichtigen Übergangsriten immer mehr in Vergessenheit geraten. Pubertierende Jugendliche befinden sich daher in einem kulturellen Niemandsland, in dem sie auf der Suche sind nach Formen, mit denen sie die inneren Transformationen dieser Zeit und den Übergang ins Erwachsenenleben zum Ausdruck bringen können. Selbst die wenigen Rituale, die noch existieren, wie die Firmung im Katholizismus, die Konfirmation bei den Protestanten und die Bar oder Bat Mizwa im Judentum haben viel von ihrer ursprünglichen Bedeutung verloren. Ein Jude sagte auf meine Frage: «Übergang ins Mannesalter? Das können Sie vergessen. Eine Armbanduhr, ein Füller-Set, ein paar Staatsanleihen, ansonsten *business as usual.*» Ein anderer Mann sagte im Hinblick auf seine Firmung: «Ich habe es für meine Mutter getan, nicht aus eigenem Interesse an der Sache. Ich erinnere mich noch, daß der Priester die ganze Zeit über ‹unreine Gedanken› schwafelte.» Einen Übergangsritus sah dieser Patient eher darin, daß er sich mit den anderen Jungs betrunken und danach versucht hatte, mit hoher Geschwindigkeit Auto zu fahren, ohne einen tödlichen Unfall zu provozieren.

Frauen werden ähnlich schlecht vorbereitet. Eine Frau erzählte: «Meine Mutter sprach nie mit mir über Menstruation. Eine Freundin hat mir davon erzählt. Da ich fest überzeugt war, ich würde bald menstruieren, trug ich tagelang eine Binde.»

Absonderung, Übergang und Wiederaufnahme

Um ein Verständnis für die Übergangsriten der Pubertät entwickeln zu können, sind wir auf Berichte aus anderen Kulturen angewiesen, die sich als wertvolle Quellen erweisen (Lewis Bernstein und Hall, 1977). Alle Pubertätsrituale, die bisher wissenschaftlich untersucht wurden, scheinen Turners (1989) Phasenschema des rituellen Prozesses zu folgen und schließen künstlerische Ausdrucksformen wie Tanz, Gesang, Körpermalerei oder dramatische Darstellung ein. Am Anfang kommt es zu einer Phase der Absonderung, der eine liminale oder Übergangsphase folgt, und am Schluß steht die Wiederaufnahme in die Gemeinschaft.

Die Absonderungsphase der afrikanischen Nias bestand darin, daß die männlichen Initianden über einen etwa zweieinhalb Meter hohen Stein springen mußten und schließlich durch das Tanzen des Jägertanzes in die männliche Gemeinschaft aufgenommen wurden. Die jungen Mädchen sonderte man bei den Buschmännern in einer besonderen Hütte ab. Dann wurden sie in eine andere Hütte geleitet, in der ältere Frauen sie unterwiesen, badeten, einkleideten und ihnen die Gesichter bemalten. Anschließend zeigten sie sich gemeinsam mit ihrer Lehrerin und wurden im Rahmen eines Tanzes mit der ganzen Dorfgemeinschaft wieder in die Gesellschaft aufgenommen.

Männliche Jugendliche in Zentralafrika badeten zusammen und wurden dann im Rahmen eines symbolischen Dramas, in dem sie «starben» und «beerdigt wurden», von ihren Müttern getrennt. Sie lebten drei Monate lang abgesondert in eigens dafür errichteten Hütten und lernten in dieser Übergangsphase Gehorsam und die traditionellen Tänze. Dann mußten sie sich einem chirurgischen Eingriff an den Genitalien unterziehen, um durch die «Blutung» das Weibliche in sich zu integrieren. Schließlich wurden sie in die Männergemeinschaft aufgenommen, indem sie mit dem ganzen Stamm tanzten. Die jungen Mädchen in Zentralafrika tanzten in einem Kreis mit der ganzen Gemeinschaft, dann wurden sie für mehrere Monate abgesondert und während dieser Zeit in bestimmte symbolische Tänze eingeweiht. In einem großen Fest, bei dem die Mädchen neue Grasröcke trugen, schlossen sie sich der Dorfgemeinschaft wieder an.

Nigerianische Knaben tanzten inmitten eines Kreises von Beobachtern zum Klang einer Trommel. Einer nach dem anderen wurden sie in die Mitte des *soro*-Kreises gerufen, wo sie als Zeichen des Übergangs ins Mannesalter wiederholt auf dieselbe Stelle am Unterarm geschlagen wurden, dabei aber keinerlei Zeichen von Schmerz oder irgendeine Veränderung ihres Mienenspiels zeigen durften. Durch dieses Ritual war der Knabe in die Gemeinschaft der Männer aufgenommen.

Wann immer das Thema Pubertätsriten bei meiner Arbeit mit Gruppen auftauchte, fiel auf, daß sich einzelne auf ganz ähnliche Weise von den anderen Gruppenmitgliedern absondern. Manche decken sich zu oder legen Kissen oder andere künstliche Barrieren zwischen sich und die Gruppe. Wieder andere ziehen sich mit einem oder mehreren Gruppenmitgliedern des gleichen Geschlechts zurück. Außerdem schildern die Personen, daß sie tiefer in einen ihnen unvertrauten Bereich des Unbewußten hinabtauchen. Viele finden sich in ihrer Vorstellung in einer Höhle oder einer dschungelartigen Landschaft wieder. Noch andere, vor allem Männer, schildern, daß sie hochgehoben wurden oder einen Berggipfel erklommen. Hier wird die Person mit dem konfrontiert, was sie innerlich integrieren, erobern und in Bahnen lenken muß, um in Kontakt mit machtvoller Seelenweisheit und/oder spiritueller Erkenntnis zu kommen.

Erst wenn dieses Ziel erreicht ist, können die Initianden in die Gruppe zurückkehren und mit dem Kollektiv tanzen. Schlägt die Integration fehl, so werden sie möglicherweise Einzelgänger, und ihre sich entwickelnde Selbstachtung in bezug auf ihre Erwachsenenidentität bleibt unerlöst und unreif.

Ein unvollendeter oder lückenhafter Übergangsritus von der Pubertät in die Adoleszenz bei Männern und beim Animus von Frauen liegt oft bei Personen vor, die sich ständig in lebensgefährliche Situationen begeben, zum Beispiel durch bestimmte Formen des Bergsteigens, etwa Free-climbing, oder durch das Sportfliegen bei schlechtem Wetter. Bei Frauen und in der Anima von Männern schlägt sich der unvollständige Übergang in die Adoleszenz in Persönlichkeitskonstellationen nieder, in denen die eigene Identität auf «Empfänglichkeit, Passivität und Mütterlichkeit» (Whitmont 1989, S. 208) reduziert wird. Andere Frauen huldigen der Überzeugung, Macht und Wissen kämen allein aus dem männlichen Bereich. Sie werden «Karrieristinnen», die unter Einsatz ihres hochgeschärften Animus ehrgeizig Positionen an der Spitze gesellschaftlicher Hierarchien stürmen. Da sie fest an die solar geprägte Rationalität als höchsten Gott glauben, suchen sie nie den Kontakt zur Göttin. Perera schreibt in *Der Weg zur Göttin der Tiefe:* «Solche Frauen haben es um so nötiger, der Göttin in ihrer ursprünglichen Wirklichkeit zu beggnen. Die Herstellung dieser inneren Verbindung ist eine Initiation, die für die meisten modernen Frauen in der westlichen Welt wesentlich ist; ohne sie sind wir nicht ganz. Der Prozeß fordert von uns das Opfer unserer Identität als geistige Töchter des Patriarchats und das Hinabsteigen zum Geist der Göttin, weil vieles von der Macht und Leidenschaft des Weiblichen in der Unterwelt geschlummert hat – aus der Oberwelt verbannt seit fünftausend Jahren.» (1990, S. 7 f.)

Die lunar-zyklische Phase

Der Ritus dieser Entwicklungsphase verlangt vom pubertierenden Mädchen und von der Anima des Knaben ein Hinabsteigen in die Tiefe und die Darbringung eines Opfers im Hinblick auf die Suche und Wiedergewinnung der verkörperten weiblichen Weisheit. Der ägyptische Ritus des Tanzes der Hathor wurde immer von pubertierenden Mädchen ausgeführt. Als Wandlerin, Mutter und Todesgöttin stieg Hathor immer von neuem in die Finsternis hinab, um die goldene Sonnenscheibe zu gebären, die jeden Morgen wieder aus dem Land der Toten heraufstieg. In der Verkörperung dieses Aspekts des Archetyps wird Hathor zugleich zur Göttin der Liebe und Führerin durch die Mysterien der Sexualität.

Ein Beispiel für eine Manifestation des Pubertätsritus der Hathor war möglicherweise der Traum einer Patientin, den sie im zweiten Therapiejahr erzählte: «Ich nehme an einem Tanz teil. Die Lehrerin erinnert an eine Erdmutter. Sie liest die Choreographie des Tanzes von einer mit Hieroglyphen bedeckten Tafel ab. Es ist ein Tanz des Lebens. Wir tanzen in einer Gruppe, aber jede Tänzerin hat ihre eigenen Tanzfiguren, ihren eigenen Solopart, bevor wir zusammen tanzen. Nun bin ich an der Reihe. Ich beginne meinen Tanz mit ausgebreiteten, erhobenen Armen.» Anschließend stellte sie ihren Traumtanz dar.

Bei manchen meiner Patienten, die diese pubertäre Phase durchlaufen, tauchen auch schamanistische Initiationsmotive auf. Eine Frau sah mich in ihren Visionen immer wieder als Leoparden. Unmittelbar vor dem Auftreten der Visionen veränderte sich die Energie im Raum radikal. Die Atmosphäre war geradezu archetypisch aufgeladen. Ich machte die Erfahrung, daß es am besten war, wenn ich ganz still saß, weil diese Manifestationen wie ein mächtiger Energiestoß durch mich hindurchschossen. Zugleich weiteten sich die Augen der Patientin jedesmal überrascht. «O Penny», rief sie, «Sie sind gerade wieder zu einem Leoparden geworden!» Der Leopard, eines der Geschöpfe des Dionysos, wurde ihr Kraft-Tier, ein Bote, der sie in die Unterwelt rief. Dieser Zug in die Unterwelt führte sie durch die Pforten der Finsternis. In der authentischen Bewegung nahm sie in der Therapie über viele Wochen verknotete, verdrehte Stellungen ein. Sie trauerte um den Verlust ihrer mädchenhaften

Unschuld und wartete, ohne zu wissen, auf was. Endlich spürte sie, wie geistige Energie ihre Lungen füllte. Sie brachte ein Tonband mit Musik in die Therapiesitzung, die ein Musiker für sie komponiert hatte. Ganz allmählich erhob sie sich in eine stehende Position und streckte sich schließlich nach dem himmlischen Bereich aus. Sie war nicht mehr die Frau, die damals eine tiefenpsychologische Behandlung begonnen hatte. Wie die Göttin Inanna war sie hinabgestiegen, um einen Schattenanteil ihrer selbst zu suchen, ihre dunkle Schwester. Im Mythos besucht Inanna Ereschkigal, die Königin der Unterwelt und Göttin der Toten, und opfert dabei, was sie gewesen war, um zu werden, was sie danach sein würde.

Die weiblichen Übergangsriten der Pubertät tauchen in vielen Märchen auf, vom Spindelstich in Dornröschens Finger bis zu Aschenbrödels Flucht. Eine der eindrucksvollsten archetypischen Gestaltungen stellt jedoch der griechische Mythos von Demeter und Persephone dar. In diesem Mythos wandelte Persephone, die Tochter der Erdgöttin, in den Wiesen und Hainen ihrer Mutter, als sich plötzlich die Erde auftat und sie in die Unterwelt entführt wurde, wo sie an der Seite Hades', des Herrschers dieses Reiches, residierte. Demeter trauerte um die verlorene Tochter und machte sich auf, sie zu suchen (der Trauerprozeß, den die Mutter durchmacht, taucht vielfach als ein Motiv in den Pubertätsriten auf). In der Zwischenzeit aber hatte sich Persephone, nun die gekrönte Königin der Unterwelt, vom Mädchen zur Frau entwickelt und das Gebiet unter der Erde als ihr Herrschaftsgebiet deklariert, so wie ihre Mutter Anspruch auf die Erdoberfläche erhob. Hierin wird Persephone gleichsam zum Schatten ihrer Mutter, zur Ereschkigal der Inanna ihrer Mutter.

Eine Tänzerin arbeitete an der Choreographie des Orpheus-Mythos mit, in der sie die Rolle der Persephone verkörperte und tanzte. Das Publikum war immer wieder wie verzaubert und verwandelt von der eindrucksvollen Darbietung, und der Künstlerin erging es ganz ähnlich. Sie hatte sich in der Vergangenheit eher in der Rolle der *puella* gefühlt, statt die «weise Frau» in sich sprechen zu lassen. Nun nahm sie, angeregt durch das Stück, an einer Gruppe teil, in der mit authentischen Lauten und authentischer Bewegung gearbeitet wurde. Hier fand sie Zugang zu einer sich ihr ganz neu eröffnenden Energiequelle, die sich durch Klangvibrationen tief in ihrem Becken bemerkbar machte. Diese Vibrationsenergie war getragen und begleitet von starker, körperlich spürbar werdender Erkenntnis. In der nächsten Gruppensitzung war sie eine Frau, die eine ewige Flamme hütete und sich anschließend mit anderen Frauen in der Bewegung zusammenfand.

Die Verkörperung des Weiblichen
Die Kraft des Weiblichen liegt in den Hüften und Schenkeln der Frau (Harding, 1949, Hall, 1980). Hier wohnen ihre Stärke und ihre Fähigkeit, nicht nur gebärend den Fortbestand der Menschheit zu sichern, sondern auch mit den Zyklen des Lebens mitzuschwingen. Viele Pubertätsrituale für Mädchen gipfeln in der Unterweisung in bestimmen Beckenbewegungen und entsprechenden Tänzen. In vielen Gruppen zur authentischen Bewegung, in denen Männer und Frauen getrennt tanzten und sich spontan Pubertätsritualen hingaben, habe ich solche rhythmischen Hüftbewegungen beobachtet. In einer solchen Gruppe forderten sich die Frauen spontan untereinander auf, in die Mitte zu kommen und sich gegenseitig in ihre Bewegung miteinzubeziehen. Eine Frau, die vor dem Tanz das Gefühl hatte, gleichsam den Schuppenschwanz der Meerjungfrau abgestreift zu haben, der sie bisher daran gehindert hatte, in Kontakt mit ihrer weiblichen Kraft zu treten, wurde in ihrem Ausdruck und ihren Bewegungen während des Tanzes katzenhaft. Ihre leoparden-tigerhafte Ausstrahlung wurde von den anderen Frauen mit spielerischen Balgbewegungen aufgegriffen und gespiegelt.

Die solar-kriegerische Phase

Der Mann beziehungsweise der Animus der Frau wird in der solar-kriegerischen Phase vor die Aufgabe gestellt zu beweisen, daß er die eigene, nun voll entwickelte Körperkraft und seine sexuellen Triebe zu beherrschen und zu kanalisieren vermag. Daneben muß er Angst in lebensbedrohlichem Ausmaß erfahren und überwinden, um zu solarer Klugheit durchzudringen.

Ein Sinnbild für die Bewältigung dieser Aufgabe ist die Erschlagung des Nemeischen Löwen durch Herakles, die erste der zwölf «Arbeiten», zwölf Heldentaten, die ihm auferlegt waren. Das Ungeheuer war unverwundbar. Der Löwe, das Symbol der Stärke, des Mutes und des solaren Bewußtseins, aber auch der Grausamkeit und Wildheit, muß gebändigt und gewandelt werden.

Theseus, ein anderer Held der griechischen Mythologie, steht auf einer höheren, weniger instinktnahen Stufe als Herakles. Und doch muß auch er den Kampf mit dem Minotaurus, dem Solar-Instinktiven, in seiner labyrinthischen Behausung bestehen, diesem Symbol der quälenden Irrfahrten des menschlichen Lebens. Die Leidenschaft der männlichen Zeugungskraft, symbolisiert im Stier, muß von Theseus im Kampf mit dem Minotaurus unterworfen werden.

Der Kampf, der notwendig ist, um die eigene Stiernatur erfahren und integrieren zu können, wurde bei einem Patienten deutlich, der den folgenden immer wiederkehrenden Traum schilderte: «Ich bin zwölf Jahre alt. Ich müßte eigentlich in die nächste Klasse versetzt werden, aber ich bleibe sitzen.» Minuten später assoziierte er sich selbst mit vier Jahren, als sein Vater ihn immer mitnahm zu den Stieren. «Er wollte mich immer zu ihnen in den Pferch sperren.» Die implizite Botschaft war klar: Wage es ja nicht, Gebrauch von deiner phallischen Potenz zu machen, sonst wirst du getötet.

Ein anderer Mann, der an einer Bewegungs- und Tanztherapie-Gruppe für junge Erwachsene teilnahm, befand sich bei einer interaktiven Gruppenübung mit authentischer Bewegung plötzlich mitten in der Exploration seines eigenen pubertären Übergangsritus. Zunächst schilderte er das Erlebnis als Gefühl einer einzigen, großen Langeweile – er wußte einfach nicht, was er mit sich anfangen sollte. Er hatte das Bedürfnis, sich irgendwie zu verbergen, und wickelte sich schließlich in ein großes Stück schwarzen Stoff und wartete. Danach, so berichtete er, begann sein Gefühl für die Realität zu verschwimmen. Er sagte: «Mir ging auf, warum ich dort war... ich war nämlich ein Häuptlingssohn, und heute war mein großer Tag. Ich mußte mich bewähren – beweisen, daß ich ein Mann war.»

Er sagte, er sei sich wie ein Idiot vorgekommen. Als das Gefühl, etwas völlig Albernes zu tun, langsam verschwand, wurde ihm mit einem Mal ganz klar, was er zu tun hatte: «Ich hatte die Aufgabe, das wilde Tier zu töten und eine Frau zu finden. Diese Erkenntnis kam mir einfach, als würde ich vor mich hinsagen: ‹Ach so, deshalb sitze ich also hier herum. Ich bin hier, um mich auf das und das vorzubereiten!›», erzählte er launig. Dann wurde er ernster. «Was ich am stärksten spürte, war das Gefühl von etwas ungeheuer Wichtigem, das da war; daß ich es unbedingt tun mußte, weil eine Menge davon abhing.»

Bevor er seine Reise zu sich selbst antrat, stellte er dar, wie er den Knaben in sich tötete. Er verwendete dazu einen schwarzen Umhang, der das Knabenhafte an ihm repräsentierte. Er tanzte zentrifugal in spiralischen Kreisen um ihn herum. Seine Bewegungen wurden immer freier, und am Ende löste er sich aus der Beziehung zu dem Umhang/Knaben. Daraufhin stellte sich seinen Worten nach ein Gefühl ein, als «schreite er sein Territorium ab». Seine Bewegungen gewannen vertikale, selbstbewußte Qualität, wenn er anderen Gruppenmitgliedern entgegentrat, die aus ihrer eigenen psychischen Befindlichkeit heraus in Kontakt zu ihm traten, ohne zu wissen, daß sie für ihn zu den verschiedenen Archetypen wurden, die ihm auf seiner Reise begegneten.

Das «wilde Tier» (ein anderes männliches Gruppenmitglied) näherte sich ihm und zupfte und zog an seinem Cape. Zuerst ließ er sich im Zimmer herumzerren. Als er versuchte, sich mit Körperkraft zu wehren, wurde er von mehreren Gruppenmitgliedern angegangen und überwältigt. Er merkte, daß er mit List oder einem Trick vorgehen mußte. Er erzählte später: «Es erforderte Überlegung, Planung und das Abpassen des richtigen Augenblicks.»

Nun erschien im Ritual die Frau auf dem Plan. Es war eine Teilnehmerin, zu der er eine besondere persönliche Beziehung gehabt hatte. Sie tanzte kraftvoll, leicht und mit fließenden, vom Becken ausgehenden Bewegungen um die beiden Männer herum. Der junge Mann schilderte, wie er den Ablauf empfand: «Es war, als ob wir bis zur Erschöpfung um sie kämpften, und dann, nach einer Ruhepause, weiterkämpften.» Doch am Ende siegte seine List. Er wickelte das Tier völlig in einen langen Streifen elastischen Stoff ein. Die drei Gestalten, das noch immer umwickelte Tier in der Mitte, fingen an, um die anderen Gruppenmitglieder herumzutanzen. Dann fielen sie gemeinsam zu Boden. Der junge Mann löste sich von den beiden anderen und saß aufrecht da, das Gesicht ihnen zugewandt. Er berichtete, er habe in diesem Augenblick das Tier und die Frau seinem Vater präsentiert (ein weiteres Gruppenmitglied, das, ohne es zu wissen, in das Ritual des jungen Mannes einbezogen war). «Anfangs war ich eine Art stolzer, prahlerischer Krieger, ein ziemlich tierisch-roher Kerl – fast vollständig vom Instinkt geleitet; ich wollte mich bloß brüsten und mein Territorium abstecken. Nachdem ich dann das wilde Tier und die Frau gefangen hatte, fühlte ich mich sehr viel reifer. Ich war immer noch ein Mann, immer noch siegreich, aber es kam mir so vor, als sei ich gewachsen, und ich hatte es nicht mehr nötig zu prahlen.» Wir diskutierten dann die gerade gemachte Erfahrung vor dem Hintergrund seines Lebens und sprachen über seine Kindheit, seine jüngste Vergangenheit, entsprechende Träume, seinen gegenwärtigen und künftigen Weg.

Abschließend resümierte er: «In gewisser Weise hat alles, was ich gemacht habe, seit ich selbst über mein Leben bestimmen kann, also seit ich von zu Hause wegging und selbst die Verantwortung für mich übernahm, den Charakter einer Suche nach etwas. Ich weiß nicht genau, wonach ich suche, aber irgendwie scheint schon der Suche an sich etwas Heiliges anzuhaften. Es ist etwas daran, was mir Sinn gibt, ein Ziel und einen Sinn. Ohne das wäre mein Leben leer.»

Der Prozeß, den dieser junge Mann beschreibt, deutet nicht nur auf die endgültige Ablösung vom Matriarchat und von der Knabenzeit, sondern noch spezifischer auf die Ablösung von der patriarchalen Herrschaft. Nun, da er ein Mann ist, ist er frei, seine eigenen Prinzipien zu finden und zu definieren. Er ist nicht gezwungen, «so zu sein wie Papa» oder die Erwartungen seines Vaters im Hinblick auf das, was er mit seinem Leben anfangen soll, zu erfüllen.

Ein anderer Mann erschien in meiner Praxis, nachdem ihn seine Freunde massiv unter Druck gesetzt hatten, mich aufzusuchen. Er erzählte, daß er monatelang in der Weltgeschichte herumgereist sei in der Hoffnung, irgend etwas zu finden, ohne recht eigentlich zu wissen, was. Dabei wurde er sich einer wachsenden inneren Wut bewußt, die ihn allmählich beunruhigte. So ertappte er sich immer wieder bei sarkastisch-bissigen Ausfällen, wobei sich seine Gereiztheit vor allem gegen hart arbeitende, idealistische Personen richtete.

Seine Aggressivität, die er so verzweifelt in seinem Leben brauchte, war abgespalten von seinem Ich, das deshalb seine vermittelnde Funktion nicht wahrnehmen konnte, und griff nun seine eigene unentwickelte, verantwortliche und fähige Wesensseite und all diejenigen Personen an, von denen er hätte lernen können. Als er seinen inneren Kampf nun endlich austrug und in einen dramatischen Dialog mit der außer Kontrolle geratenen abgespaltenen Seite eintrat, fühlte ich mich an den Kampf zwischen Theseus und dem Minotaurus erinnert. Ich sorgte dafür, daß ein Ariadnefaden zur Hand war, der ihm half, wieder zurückzufinden. Der schwerste Schritt war, die Nabelschnur zum wohlhabenden Vater durchzuschneiden und das anzupacken, was er immer in seinem Leben hatte tun wollen – Lehrer werden.

Die Überwindung der Furcht
Das Überwinden von Furcht ist ein wesentlicher Bestandteil der männlichen Pubertätsriten. Ein Mann, der aus einer gewalttätigen Familie stammte, hatte mit Ängsten vor allen Personen zu kämpfen, die seine Grenzen überschreiten und in seinen privaten Raum eindringen konnten. Augen- und Zahnärzte waren besonders angstbesetzt für ihn. In seinen Träumen wimmelte es von wütenden Ungeheuern, die ihn umbringen wollten. Er hatte diese Schattenanteile seiner selbst ursprünglich abgespalten, weil er Angst hatte, zu sein wie sein mißbrauchender Vater, doch nun hatten sie ihn eingeholt und wurden auf die Ärzte, die ihm gar nichts Böses wollten, projiziert. Als er in der Therapie in die Rolle seiner Traum-Ungeheuer schlüpfte, hörte er sich selbst sagen, daß diese Wesen einfach nur an seinem Leben teilhaben wollten. Wenn er von da an einen entsprechenden Termin hatte, schlüpfte er im Geist in die Rolle der Ungeheuer und konnte auf diese Weise seine Angst bekämpfen. Als er das letzte Mal von einem Zahnarztbesuch erzählte, sagte er, er habe das Ganze geradezu genossen. Zu der Prozedur sagte er: «Ich stellte mir vor, meine Reißzähne würden gereinigt und geschärft. Es hat Spaß gemacht.»

Die Integration des Instinktiv-Phallischen
Die Integration der sexuellen Wesensseite des Mannes spielt bei der Initiation in der Pubertät eine entscheidende Rolle. Obwohl ein fester Bestandteil der oben erwähnten ethnologischen Feldbeobachtungen, sind entsprechende Rituale in der westlichen Welt allenfalls in Subkulturen anzutreffen. Den eigenen Phallus als zu sich gehörig zu betrachten, war nach dem katholischen Firmungsritual, von dem ein Mann erzählte, verpönt und galt als sündhaft. «Es war undenkbar, daß wir uns selbst berührten. Ich glaube, ich war froh, daß wir wenigstens noch auf die übliche Art pinkeln durften.» Diese Spaltung ist typisch für die jüdisch-christliche Tradition, die überlegene Männlichkeit mit intellektuellem Wissen gleichsetzt. Bei dieser Betrachtungsweise wird das

Körperliche abgewertet, das mit dem Weiblichen gleichgesetzt wird.

Die Arbeiten von Robert Bly, Monick (1987), Wyly (1989), Whitmont (1989) und anderen haben allesamt gezeigt, wie wichtig es ist, daß Männer ihre instinktive chthonisch-phallische Seite zurückgewinnen. Das Märchen *Eisenhans,* eine von Blys Lieblingsgeschichten, stellt diese abgespaltene Seite der männlichen Natur als einen rohen, instinktgeleiteten Kerl dar, der am Grunde eines Sees lebt. Dorfbewohner, die zuletzt in der Nähe des Sees gesehen wurden, verschwinden. Am Ende zieht eine Gruppe, die entschlossen ist, den rätselhaften Fällen auf den Grund zu gehen, aus, legt den See trocken, entdeckt den Eisenhans und nimmt ihn gefangen. Ein pubertierender Knabe läßt ihn frei und wird im Gegenzug in die Geheimnisse der phallischen Natur des Mannes eingeweiht. Monick schreibt:

> «Das Problem des chthonischen Phallus wird wichtig für Männer, die eine stark geistige Komponente in ihrem Leben und/oder eine dominant polare Männlichkeit haben. Was sollen sie mit dem schwitzenden, behaarten, animalischen Phallus anfangen, den Eisenhans verkörpert? [...] der Vater, der die Kraft und die rohe Energie des chthonischen Phallus verloren hat, wird sie auch seinem Sohn verweigern [...] und häufig verläßt der Vater, wenn er die Wiederkehr seiner phallischen Energie spürt, den häuslichen Bereich, um sie anderswo auszuleben. Entweder rückt der Sohn dann der Feminisierung im Freudschen Sinn näher, oder er wird zu früh solarorientiert in seinen Lebenszielen, indem er sich an eine männliche Grundhaltung ohne Sexualität anpaßt – oder beides.» (1987, S. 96 f.)

Daß dieser Eisenhans-Aspekt durchaus auch im Animus der Frau lebendig ist, zeigt der Fall einer Frau, die sich nicht mit ihrem Vater identifizieren konnte, weil er zu unkontrollierten Jähzornausbrüchen neigte. In einer Sitzung schlüpfte sie in die Rolle einer männlichen Eisenhans-Traumgestalt, die am Grunde eines tiefen Sees gelebt hatte, weil «jemand seinen Feueratem aus ihm herausgepreßt hatte». Der Unhold ließ sich kaum bewegen, sein düsteres Versteck zu verlassen. Er/die Patientin tappte herum und beschwor die Menschen, ihn in Ruhe zu lassen. Ich schaltete mich als listige Merkurgestalt in das Drama ein und trieb ihn an, die ihm gestellte Aufgabe zu erfüllen. Im Traum der Frau war ein Auto mit einem männlichen Fahrer in den See gestürzt und mußte irgendwie geborgen werden. Wie der versunkene Schattenaspekt ihres Animus bedurfte auch der «Feueratmer» der Beachtung und Rettung durch das weibliche Traum-Ich. Schließlich kam die heroische Seite in ihm zum Durchbruch, und er schleppte den Körper des Ertrunkenen an die Oberfläche des Bewußtseins, wo er wiederauferweckt werden konnte. Die Patientin war tief berührt von dem im imaginativen Raum Erlebten. In der Folge stellten sich bei ihr Träume ein, die eine sich allmählich wandelnde Beziehung zu ihrer männlichen inneren Seite und eine wachsende, selbstbewußte Betonung des Intellekts in ihrem Leben anzeigten.

Das Auftauchen des chthonischen Phallus in der Psyche des Mannes wurde beispielhaft deutlich bei einem Analysanden, der über Freud- und Antriebslosigkeit bei der Arbeit klagte. In früheren Sitzungen hatte er seine Mutter als kontrollierend und seinen Vater als still geschildert. Sein Initialtraum in der Analyse handelte von einer Schlange, die ein Knabe im Pubertätsalter ihm beschaffte und die, als der Patient sie verkörperte, äußerte, sie habe «tausend Volt Energie». In einem späteren Traum befand sich der Mann in einer Ausstellung mit männlichen Skulpturen. Sowohl die Ausstellungsstücke als auch der Künstler wirkten jedoch künstlich inszeniert, spießig und nicht besonders aufregend. Das Traum-Ich des Mannes meinte daraufhin lachend, in merkurial-dionysischer, augenzwinkernder Manier, man solle doch am besten einen riesigen, hölzernen, erigierten Phallus inmitten dieser sterilen, leidenschaftslosen Kunst aufstellen.

Ich schlug ihm vor, daß wir beide uns vorstellen sollten, mit diesem Phallus in Beziehung zu treten. Dann konzentrierte ich mich auf meinen Animus. Anfangs mußten wir beide lachen, doch dann empfanden wir allmählich Ehrfucht vor diesem numinosen Totem und spürten zugleich die Kraft, die von ihm ausging.

Wyly schreibt:

«Wenn die phallische Energie dem Bewußtsein eines erwachsenen Mannes vorenthalten wird, wird sie abgespalten. Das Ich des Mannes, das sich unmännlich oder weibisch fühlt, kompensiert den Mangel mit ausschweifenden Phantasien und einer aufgeblasenen Persönlichkeit, in dem Bemühen, einen Platz für sich in der Welt zu finden. Diese Aufgeblasenheiten scheinen insofern grundsätzlich kollektiv bestimmt zu sein, als sie dem Streben entspringen, sich einem äußeren Standard so anzupassen, daß ein Vergleich mit der Norm für den Betreffenden günstig ausfällt, gleichgültig, welche Fähigkeiten oder Persönlichkeitsmerkmale er tatsächlich hat.» (1989, S. 105)

Jener Patient, der von der Errichtung eines archetypischen Phallus träumte, hatte keine Lust mehr, die langweilige kollektive Auffassung zu teilen, die die Lebenskraft und schöpferische Leidenschaft seiner phallischen Natur eindämmte. Das Erleben der physischen Kraft des Phallus befähigt den Mann, sein Leben und seine persönliche Entwicklung zu befruchten und zu verwirklichen. Berufs- und Karriereentscheidungen klären sich und werden mit dieser befruchtenden Energie aufgeladen.

Adoleszenz

Eine gesunde Adoleszenz setzt voraus, daß der Mann sich wirklich als Mann und die Frau sich wirklich als Frau fühlen kann. Wenn die Pubertätsriten – auch die nachträglich im *temenos* der Therapie vollzogenen – erfolgreich waren, dann können beide nun die Verantwortung für die ganze Fülle ihres ausgebildeten seelischen und geistigen Selbst übernehmen. Sind die Macht der lunaren intuitiven Weisheit des Weiblichen und die solare intellektuelle Erkenntnis des Männlichen erlebt und integriert, werden der berufliche und der persönliche Lebensweg sowie die sexuelle Identität klar. Dabei ist es in unserer Gesellschaft natürlich einfacher, sich für die Heterosexualität zu entscheiden. Das Bekenntnis zur Homosexualität gestaltet sich weitaus schwieriger und ist zwangsläufig mit Ängsten besetzt. Phasenbezogenes homosexuelles Verhalten während der Pubertät ist in die Rituale vieler Kulturen einbezogen und hat auch im Wertesystem der westlichen Gesellschaften mehr Akzeptanz erlangt. Derartige Erfahrungen geben potentiell schwulen oder lesbischen Personen die Möglichkeit, ihre Sexualität auszuloten. Häufig erleben sie ihr Coming-out jedoch erst im jungen Erwachsenenalter, nachdem sie zunächst versucht haben, sich dem gesellschaftlichen Drängen auf heterosexuelle Beziehungen zu fügen. Der Prozeß, in dessen Verlauf die Verantwortung für die eigene sexuelle Vorliebe übernommen wird, erfordert sein ganz eigenes Übergangsritual, das seinen Abschluß darin findet, daß die Person sich einer bestimmten heterosexuellen oder homosexuellen Gruppe anschließt. Die endgültige Loslösung von elterlichen oder kollektiven Werten ist notwendig, um individuelle Wahrheiten, ethische Überzeugungen und Weltanschauungen für sich zu definieren.

Je nach Dauer der schulischen Ausbildung kann sich diese Phase bis in die Zwanzigerjahre einer Person hineinziehen oder gar bis ans Ende des Lebens. Häufig inszenieren Menschen immer neu die Dramen der Adoleszenz mit ihren Geliebten, Ehepartnern und/oder Arbeitsumwelten, während sie darum kämpfen, sich endlich zu lösen und ihre Kraft, Unabhängigkeit und Identität für sich einzufordern. Bei Jugendlichen in der Adoleszenz können in dieser Zeit Borderline-Störungen auftreten oder erneut in Erscheinung treten, weil nun ein weiterer großer Schritt fort von der vereinnahmenden, verschlingenden Mutter oder dem entsprechenden Vater getan werden muß. Ein Ausleben in der Sucht ist dabei recht häufig. Die Person wiederholt damit die

Wiederannäherungsphase des Kleinkindes. In der Adoleszenz steigern sich Temperamentsausbrüche zu gewalttätigen Wutanfällen, es kommt zu Alkoholexzessen, Drogensucht, Schuleschwänzen und Ladendiebstahl, auch Sex- und Liebessüchte können hier ihren Ausgangspunkt haben, wobei die Konstellation Mißbraucher-Opfer ständig wechselt.

Eine koabhängige Frau erzählte: «Wenn ein Mann mich mißbraucht, werde ich seine Sklavin und tue alles, um ihm zu gefallen. Wenn er ein netter Kerl ist, behandle ich ihn schlecht; ich komme nicht zu Verabredungen und mache ihn meinerseits zum Opfer.»

Personen, die in der Adoleszenzphase stehengeblieben sind, müssen häufig erst den elterlichen Mißbrauch verarbeiten und das Wiederannäherungsdrama noch einmal durchleben, um stabile Grenzen auszubilden, bevor sie in der Lage sind, sich für gesündere Formen der Rebellion zu entscheiden und die Entwicklungsaufgabe zu bewältigen, die sich in der Adoleszenz stellt – die Ausbildung einer eigenen Identität.

Zusammenfassung

Nachdem er sich in der Latenzphase die Regeln und Normen der Gesellschaft angeeignet hat, durchläuft der junge Mensch pubertäre Übergangsriten, die ihn von der Kindheit ins Erwachsenenalter führen. Für den Jungen und den Animus des Mädchens gilt es, roher Kraft, dem sexuellen Instinkt und diversen Ängsten entgegenzutreten und zu solarem, intellektuellem Bewußtsein zu gelangen. Das Mädchen beziehungsweise die Anima des Jungen muß in die Tiefe hinabsteigen und ein Opfer bringen, um lunare, weibliche Weisheit, die oft keine kulturelle Akzeptanz hat und daher abgespalten wurde, für sich zu gewinnen. Ist dieser rituelle Prozeß durchlebt worden, so kann während der Adoleszenz die endgültige Ablösung von den Eltern und die Ausbildung einer eigenen Identität vollzogen werden.

Die Kunst hat seit urdenklichen Zeiten als Vehikel für solche Initiationsrituale gedient. Heute werden künstlerische Verfahren auch im therapeutischen Gefäß zur Heilung und Transformation im Rahmen solcher Übergangsriten eingesetzt.

Kapitel 10

Die Suche nach dem Heiligen Gral

Die Entwicklung des Schattens

Mit dem Übergang von der Kindheit ins Erwachsenenalter eröffnet sich dem Jugendlichen und jungen Erwachsenen ein ganz neues, weites Panorama. Aspekte und Züge seines Ich und seines Selbst steigen aus dem Unbewußten auf und wollen in die Persönlichkeit integriert werden. Diese sogenannten Schattenkomplexe erscheinen in Träumen, in der Arbeit mit künstlerischen Materialien, oder sie werden auf eine andere Person oder Gruppe übertragen, der das Individuum starke positive oder negative Gefühle entgegenbringt. Bei Jugendlichen ist zu beobachten, daß sie Poster idealisierter Personen in ihren Zimmern aufhängen oder sich wie ihre Idole kleiden, wie sie sprechen, ja sie im wahrsten Sinn des Wortes «spielen». Im Rahmen der Psychotherapie projiziert der Patient diese Schattenaspekte häufig auf und in den Therapeuten, um sich später wieder mit ihnen zu identifizieren und sie zu introjizieren.

Wenn gleichgeschlechtliche «Unterpersönlichkeiten» aus dem Unbewußten auftauchen, sind sie zunächst häufig weniger wohlerzogen als die Person und haben «Ecken und Kanten». Weil sie nicht unter der erzieherischen Schirmherrschaft des Ich standen, scheint es oft nicht einfach, sie in das Leben der Person einzubinden; je mehr das Individuum sie jedoch kennenlernt und ausdrückt, desto alters-angepaßter, gewandter und verständiger gegenüber den Regeln der Gesellschaft, in der die Person lebt, werden sie.

Heute haben viele Buchhandlungen eigene Abteilungen mit psychologischer Literatur für Männer und Frauen, die sich mit den archetypischen Aspekten dieser Schattengestalten befaßt. Von Ester Hardings *Frauen-Mysterien* (1949) bis hin zu der Fülle von Büchern über die «Göttin» in den neunziger Jahren haben die Frauen unzählige, lang unterdrückte Facetten des Weiblichen wiederentdeckt und in sich neu belebt. Die Männer, die seit fünftausend Jahren in einer männlich dominierten Gesellschaft gelebt haben, scheinen solche mythischen, universalen Bilder des Männlichen weniger nötig zu haben, doch Campbell, Bly, Whitmont und andere konnten zeigen, daß es auch unterdrückte Aspekte des männlichen Ich gibt.

Das Auftauchen einer Schattenfigur in Träumen oder in Material, das mit künstlerischen Verfahren gewonnen wurde, deutet in der Regel auf ein Ungleichgewicht in der Psyche der betreffenden Person. Einer meiner Analysanden fühlte sich zum Beispiel dem männlichen Aspekt des romantischen Liebhabers eng verbunden. Dieser Teil von ihm, der sich aus dem inspirierenden *puer* entwickelt hatte, war künstlerisch und liebevoll. Nach den ersten Sitzungen klagte er, daß er das Gefühl habe, jemand oder die Gegenwart von irgend etwas schwebe über und um ihn. Er fühlte sich zunehmend unwohl in Gesellschaft aggressiver Männer und begann sich ängstlichen Grübeleien darüber hinzugeben, daß er von irgend jemandem angegriffen werden könnte. Seinen Worten nach war er nie von seinem Vater oder dem Animus seiner Mutter oder irgend jemand anderem mißbraucht worden. Ich schlug ihm vor, den Männertypus, der ihn zu belästigen schien, zu imaginieren und dann zu zeichnen. In der nächsten Woche brachte er ein Bild mit, und wir begannen einen Dialog mit diesem Schattenaspekt.

Im Gegensatz zu der Gestalt des Liebhabers und Humanisten, mit der er sich so bereitwillig identifizierte, war diese Personifikation eher kriegerisch. Ihr Protagonist richtete sein ganzes Sinnen auf die Verteidigung, den Schutz und die selbstbewußte Inanspruchnahme dessen, was er brauchte. Als der Mann in die Rolle dieses Schattens schlüpfte, berichtete er, daß er sich ganz anders fühle, seiner selbst sehr viel sicherer. Er begriff, daß der

Prozeß der Individuation nicht auf Kosten eines Teils seiner selbst zugunsten eines anderen ablaufen durfte, sondern daß es vielmehr darum ging, die eigene Persönlichkeit zu erweitern und ein größeres Repertoire an Seins- und Verhaltensformen zu gewinnen.

Ein anderer Mann definierte sich selbst als «Macher». Er hatte sein Leben vollkommen im Griff. Er war ein liebevoller und fürsorglicher Ehemann und Vater. Er herrschte ganz eindeutig über sein Reich. Der Grund dafür, daß er mich aufsuchte, war ein seltsames Erlebnis, das er auf dem Weg zu einem etwas entfernter stattfindenden geschäftlichen Treffen gehabt hatte. Wie der andere Patient hatte auch er das Gefühl einer fremden Gegenwart, als ob da noch jemand mit ihm im Auto wäre. Der Schilderung nach glich dieser uneingeladene Reisegefährte einem Zauberer, der die Züge eines Tricksters, eines listigen Kojoten trug und seine ganze Weltsicht auf den Kopf stellte – besonders beunruhigend für diesen Mann, der glaubte, alles so wohl geordnet zu haben. Die Schattengestalt hatte durchaus Sinn für Humor, doch ihre Scherze schienen allesamt auf Kosten meines Patienten zu gehen. Am Ende unserer gemeinsamen Arbeit hatte sich diese innere Trickstersite in ihm in einen zutiefst weisen Schamanen verwandelt. Immer mehr Türen zu anderen Wirklichkeiten begannen sich ihm aufzutun; nichts war mehr wie vorher. Wie den Shakespeareschen Narren hatte sein innerer König nun einen bei aller Spaßhaftigkeit weisen Ratgeber zur Seite, durch dessen Augen er seine Welt in neuem Licht betrachten konnte.

Auch Frauen entdecken und integrieren immer wieder neue, andere Aspekte ihrer weiblichen Natur, von der weisen und mächtigen Athene bis hin zur Mondgöttin Artemis, deren in sich ruhendes Wesen ihnen Unabhängigkeit und Selbstvertrauen schenkt.

Das folgende Beispiel zeigt die Begegnung einer Frau mit einer Schattengestalt. Die Frau, die dabei war, aus ihrem bisherigen koabhängigen Dasein herauszuwachsen, war immer die pflichtbewußte, brave Tochter gewesen, die versuchte, ihr Leben durch Gehorsam zunächst ihrer Mutter, dann ihrem Ehemann gegenüber zu meistern. In Gesellschaft weniger signifikanter anderer (less significant others) jedoch wurde sie zum «Superstar» und versuchte sich ihre Anerkennung durch berufliche Leistungen zu erkämpfen (Leonard 1988). Im Laufe der Analyse hatte sie ihren Ehemann verlassen und das «brave Mädchen» abgestreift und begann sich nun allmählich auch von ihrem Superstarimage zu lösen. Sie hatte das Gefühl, überhaupt keine Identität mehr zu haben. Etwa um diese Zeit tauchte ein fettes, vulgäres, keifendes Weib in ihren Träumen auf, angetan mit einem «Freizeitanzug aus Polyester». Die zurückhaltend-vornehm wirkende, fast anorektische Patientin selbst war immer sehr geschmackvoll im Stil einer Dame der gehobenen Mittelschicht gekleidet. Der Gedanke, daß diese Traumgestalt ein Teil ihrer selbst sei, hatte anfangs etwas geradezu Abstoßendes für sie. Als sie in die Rolle der dicken Frau schlüpfte, teilte ihr diese unverblümt mit, was sie von ihrem Exmann hielt und wie sie mit seinem mißbrauchenden manipulativen Verhalten umgehen sollte. Während sie mit ihrer Fülle gleichsam vom ganzen Zimmer Besitz ergriff, wurde der Patientin klarer, wie hilfreich dieser Teil von ihr während der Scheidungsprozedur für sie sein konnte. «Sie braucht nur ein bißchen zurechtgeschliffen zu werden, nicht viel, nur ein bißchen», meinte sie.

Manchmal sind die Schattenaspekte im Bewußtsein gegenwärtig, müssen aber in eine menschlichere, humanere Gestalt gekleidet werden. So war es bei einer Patientin, die sich darüber beklagte, daß sie Schwierigkeiten mit einer Vorgesetzten hatte, die hinter jeder Ecke einen möglichen Mißbrauch witterte. Da die Vorgesetzte selbst auf schreckliche Weise mißbraucht worden war, verhielt sie sich meiner Patientin, einer sehr netten, äußerst gewissenhaften Frau, gegenüber so, als wolle diese jeden Augenblick ein abscheuliches Verbrechen begehen. Meiner Patientin fiel es schwer, die schlimmen Erfahrungen, die sie mit dieser Frau gemacht hatte, hinter sich zu lassen, obwohl sie inzwischen nicht mehr mit ihr zusammenarbeitete. Allmählich wurde ihr bewußt, daß die Problematik irgendwie in ihr selbst stecken mußte. Die Vorgesetzte war wie ein Teil von ihr, der sich ursprünglich entwickelt hatte, um sie zu schützen und davor zu bewahren, etwas zu tun, was sie in Schwierigkeiten bringen konnte. Mittlerweile aber hinderte diese Instanz sie am beruflichen Weiterkommen. Sie erkannte, daß dieser Schattenanteil verwandelt werden mußte. Als «innere Vorgesetzte» spannte sie ihre Muskeln an wie eine Amazone oder eine Athene. Sie stellte sich vor, die Gestalt zu einem Teich mit heilendem Wasser zu bringen, kniete nieder und badete sie in dem Wasser, bis sie die Maske der Kriegerin abgewaschen hatte. Nun war ihre verletzte und verletzliche Haut zu spüren. In einem nächsten Schritt merkte sie, daß es gar nicht ihre eigenen Verletzungen waren, sondern die ihrer Mutter und Großmutter, die sie mitgeschleppt und internalisiert hatte. Nachdem sie diese Wunden in der Vorstellung dahin zurückgeschickt hatte, wo sie hingehörten, hatte sich die einst behindernde Instanz in eine mächtige Beschützerin verwandelt.

Coniunctio

Die Entdeckung der und die Vereinigung mit der gegengeschlechtlichen Seite
Die abenteuerliche Reise der Individuation, die ganz persönliche Suche des Ich/Selbst nach dem Heiligen Gral führt den Sucher zunächst zur Entdeckung seiner beiden inneren Seiten, der weiblichen und der männlichen. Der Mann muß eine Beziehung zu seiner Anima aufbauen und sich schließlich mit ihr vereinen, das weibliche Ich mit dem Animus. Häufig werden die gegengeschlechtlichen Seiten im körperlichen Erleben der sexuellen Vereinigung auf einen Geliebten projiziert, doch die Libido, die der inneren Anima oder dem Animus zugehört, muß am Ende wieder zu ihrer Quelle zurückströmen und internalisiert werden, sonst wird das Individuum immer das Gefühl haben, sie oder er sei ohne den anderen nur ein halber Mensch.

Abb. 10.1 Sandbild: Des Ehepaars Hexe und Drache. Internalisierte Aspekte ihrer elterlichen Komplexe.

Genau das trifft auf viele Patienten zu, die eine Therapie beginnen, wenn sie einen Ehepartner oder Geliebten verloren haben. Diese Menschen in ihrem Zorn und ihrem Kummer zu stützen und zu begleiten, ist nur ein Teil meiner Funktion; weit entscheidender ist, ihnen zu helfen, wieder zu sich selbst zurückzufinden.

Ein Beispiel, das zeigt, wie wichtig es ist, projizierte elterliche Komplexe aufzuarbeiten, stammt aus einer Paartherapie. Die beiden Partner rangen um Nähe; ihre Unfähigkeit, einander nahezukommen, rührte letztlich daher, daß beide keinerlei Kontakt zu ihrer eigenen gegengeschlechtlichen Seite hatten. Der Grund dafür waren Komplexe, von denen sie glaubten, daß sie sie schützten, die sie in Wirklichkeit jedoch daran hinderten zu lieben.

Ich stellte zwei Sandspielfiguren – eine Hexe (ein Aspekt der inneren Mutter der Frau) und einen doppelköpfigen Drachen (ein zorniger Aspekt des inneren Vaters des Mannes) – zwischen sie auf ein Kissen und spielte die Rollen dieser beiden Komplexe *(siehe Abb. 10.1)*. Die Frau wurde von einer inneren Mutterhexe, die sie in einem Turm eingesperrt hielt wie Rapunzel, an einer Beziehung zum Männlichen gehindert. Als Hexe sagte ich daher: «Alle Männer sind egoistische, gierige Arschlöcher, die bloß wollen, daß du für sie die Haushälterin und die Dirne spielst.» Der Ehemann, der als Kind mißbraucht worden war und durch den frühen Tod der Mutter eine schwere Verlusterfahrung hatte durchmachen müssen, verteidigte sich, indem er sich (nach eigener Entscheidung) in einen doppelköpfigen Drachen verwandelte. In der Rolle des Drachen wetterte ich nun gegen die Hexe: «Verbrennt sie, bringt das Miststück um! Die Leute prügeln dich entweder, oder sie lassen dich im Stich. Ich werde dich beschützen. Sei nicht verletzlich, empfindsam, achte nicht auf deine Gefühle.»

Es bedurfte vieler Sitzungen, diese, wie ich sie nannte, «Dreckschleuderkomplexe» herauszuarbeiten und abzulösen, bis die beiden Ehepartner schließlich aufeinander und auf sich selbst zugehen konnten. Als es jedoch soweit war, zeigte sich viel Liebe und Offenheit zwischen den beiden. Der Mann wurde weicher, stärker gefühlsbezogen, und die Frau entwickelte mehr intellektuelle Eigenständigkeit. Beide hatten besseren Zugang zu ihrer gegengeschlechtlichen Seite gefunden, die sie bis dahin in negativer Weise auf den anderen projiziert hatten.

Eine andere Patientin träumte von einer Animusgestalt, die mit einem warmherzigen, liebevollen Geschichtenerzähler assoziiert war. Im Traum hielt er sie umschlungen, und sie fühlte sich glücklich, doch dann wurde ihr Zusammensein unterbrochen. Ich forderte sie auf, die Vereinigung in der aktiven Imagination noch einmal zu spüren.

Sie erzählte, was sie sah: «Er bewegt sich auf mich zu, und wir werden eins. Nebel umgibt uns, dann werden wir der Nebel, wir sind eins mit allen Menschen und allen Dingen.» Als der Nebel sich wieder lichtete, sah sie sich und den Mann in einem riesigen Kreis von Menschen tanzen.

Ein Beispiel dafür, wie ein Mann Zugang zu seiner inneren Anima fand, war der Fall eines Analysanden, der den Kampf gegen Sucht und Koabhängigkeit gewonnen und daraufhin eine Art geistiges Erweckungserlebnis gehabt hatte. In die nächste Sitzung brachte er folgenden Traum mit: «Eine Frau zeigt mir unbegrenztes Wissen, dann steht sie nackt vor mir. Ich nähere mich ihr. Sie vereinigt sich mit mir, indem sie mit meinem Körper verschmilzt.» Ich forderte ihn auf, die Vereinigung dieses inneren Weiblichen mit ihm noch einmal zu erleben. In der somatischen Gegenübertragung spürte ich, wie die Gestalt auch mit mir verschmolz.Ich fühlte ihre ewige Schönheit, Heiterkeit und Weisheit; wie der Patient war ich zutiefst angerührt. Ich riet ihm, sich während der kommenden Woche ein bewußtes Gewahrsein dieser Vereinigung zu erhalten. Als er wiederkam, berichtete er mit Erstaunen, wie anders Menschen auf ihn reagierten. Viele fühlten sich gedrängt, ihm ihre persönlichen Probleme anzuvertrauen. Parallel dazu stellte er fest, daß er selbst sich anderen gegenüber ganz anders verhielt. Er spürte in sich die Fähigkeit, seinen Mitmenschen liebevoll und doch fest zu begegnen und seinen Standpunkt zu behaupten – nicht aggressiv, sondern von einer anderen Warte aus, durch ein tiefes inneres Wissen. Ich erklärte ihm, daß das der Bereich des Weiblichen ist, dessen besondere Stärke in den Hüften ruht und in der festen Verbindung zur Erde besteht. Hier ist der Ort der weiblichen, der Seele entstammenden Gnosis, die ganz anders ist als der männliche geistige Logos. Obwohl der Mann die Erfahrung als sehr beglückend empfand, hatte er Bedenken, wie sie in die hemdsärmelige Atmosphäre seiner Arbeitswelt passen würde. Passend dazu hatte er folgenden Traum: «Ich bin auf einem Geschäftstreffen. Meine Kollegen und ich laufen geschäftig hin und her. Da sehe ich die Frau, sie kniet am Boden. Ich beuge mich hinunter, um ihr zu helfen. Sie schaut zu mir auf und sagt: ‹Schämst du dich meiner?›»

Der Mann brauchte mehrere Monate, um sein männliches Ich und seine Anima wieder zusammenzuführen. In der Tat steht die männlich dominierte westliche Gesellschaft dem androgynen Gleichgewicht der männlichen und weiblichen Anteile einer

Person eher ablehnend gegenüber. Unsere Borderline-Kultur hat das Weibliche abgespalten, als die Göttin entthront wurde und der männliche Gott der jüdischen Kultur seine Herrschaft antrat. Frauen und das Weibliche im Mann galten von da an als minderwertig, triebhaft und hysterisch. Die eigene weibliche Seite einzufordern setzt einen Mann unter Umständen sogar der Ächtung von Geschlechtsgenossen aus, denen diese Seite angst macht.

Ein anderer Mann erzählte, wie männliche Jugendliche sensiblere Mitschüler mit Bezeichnungen wie «Schwuler» oder «Homo» belegten und hänselten. Unsere Kultur hat einseitig eine apollonische, solare, rationale Sichtweise gefördert, statt sie mit dem Lunar-Intuitiven zu verbinden. Apoll, der Gott der Ordnung, Reinheit, Klarheit, Harmonie und Konstanz, hat den androgynen Christus und das ebenfalls androgyne Christentum in eine patriarchalische Religion verwandelt, in der das Weibliche und das Dionysische in Männern und Frauen unterdrückt werden.

Eine Frau, die streng katholisch erzogen worden war, begab sich in die authentische Bewegung. Ihr alchemistischer, instinktiver, weiblicher Zyklus war blockiert. Sie sagte: «Ich befinde mich in einer Wüste. Die Sonne brennt unbarmherzig vom Himmel. Ich brauche Boden, um fruchtbar zu sein und befruchtet zu werden, aber um mich herum ist nur Sand.»

Pallas Athene ist die Verkörperung des Solar-Rationalen in der Frau und in der Anima des Mannes. Athene ist eine Vater-Tochter, da sie aus dem Haupt ihres Vaters geboren wurde. Sie ist die rationale Kriegerin, die ihre Weisheit und ihr Wissen vom Patriarchen empfängt, nicht vom Weiblichen. Ich sehe Athene-Frauen, gerüstet mit der «Yuppie»-Maske der Aufsteigerinnen und Businessfrauen, die mit starken Männern konkurrieren. Viele von ihnen haben irrtümlicherweise ihre weibliche, lunare Seite in den Flammen des Rationalen geopfert und sind nun wieder auf der Suche nach dem Verlorenen. Perera schreibt über die notwendige «Entschleierung» dieser Frauen: «Eine solche Entschleierung ist für eine Vater-Tochter (und es ist wahrscheinlich kein Zufall, daß Athene in voller Rüstung geboren wurde) äußerst hart, denn sie bedeutet nicht nur die Aufgabe der eigenen Verteidigungsmechanismen, sondern auch den Abschied von der Illusion einer Identität, die auf den Insignien der Oberwelt beruht. Jenen vom Patriarchat überkommenen Zeichen für Macht und Status, die einer Frau als Ersatz für persönliche Identität dienen, die die Handlangerin der Väter und des Animus ist.» (1990, S. 59 f.) Hier muß das «verkörperte Sein» an die Stelle des «abgespaltenen Tuns» treten.

Die alchemistische Coniunctio
Im *Rosarium philosophorum,* einem alchemistischen Text, steigen die gegengeschlechtlichen Pole Sol (der Sonnenkönig) und Luna (die Mondkönigin) in das «stinkende Wasser» hinab, das alle für den alchemistischen Transformationsprozeß erforderlichen Ingredienzien enthält. Dabei steht der König für den Geist und die Königin für Leib und Seele. Beide müssen miteinander vereint werden, damit das Gold des Selbst entstehen kann. Im Text wird ein Vers des Merculinus zitiert: «.../Lösen sich auf, um dem Ziel der Vollendung eilends zu nahen,/Zwei, die sie waren, zu Einem im Körper als Gleichnis zu werden.» (Jung 1971 a, § 457)

Die *solutio* verlangt, wie das Hinabsteigen in den liminalen Bereich, die Regression oder das Eintauchen in das flüssige Unbewußte, um das Bewußtsein zu befruchten. Dieser Vorgang war deutlich bei einer Frau zu beobachten, die monatelang während der Sitzungen auf dem blauen Teppich in meinem Arbeitszimmer lag, eingetaucht in das flüssige Element ihres Inneren. In der Vergangenheit hatte sie ein äußerst geordnetes patriarchalisches (Sol, Sonnenkönig) Leben geführt, in dem ein Ereignis vorschriftsmäßig, in linearer Entwicklung auf das andere folgte. Nun entdeckte sie durch die körperlich erlebte Versenkung die Vereinigung mit Luna, der Mondgöttin, und die weibliche Zeit, die Zeit der Kreise und Spiralen, der wiederkehrenden Zyklen von Tod und Wiedergeburt.

Bei Männern wird das Ringen um die Einforderung des Weiblichen und die Vereinigung mit der weiblichen Seite oft durch eine überdominante Mutter behindert, die über das männliche Ich bestimmt. Wenn diese blockierende Instanz im Zuge des magisch-kriegerischen Übergangsritus ausgeschaltet werden kann, kommt in der Regel bei jungen wie bei erwachsenen Männern eine Anima zum Vorschein, die nur darauf wartet, daß die Person in Beziehung zu ihr tritt und sich mit ihr verbindet.

Der Mythos von Amor und Psyche ist aus der männlichen und der weiblichen Ich-Perspektive betrachtet worden. Für das männliche Ich verkörpert sich darin die Suche nach Beziehung zu einer Anima, die nicht vom Mutterkomplex beherrscht wird. Wir erinnern uns, daß die eifersüchtige Aphrodite ihrem Sohn Eros befahl, die schöne Psyche zu bestrafen. Wenn ein Mann im mütterlichen Einflußbereich bleibt, werden alle anderen Frauen abgewertet.

Amor verliebt sich natürlich in Psyche, dringt jedoch darauf, daß die sexuelle Vereinigung eine unbewußte sein muß, das heißt, daß er nur nachts zu ihr kommen will. Damit ist er der Prototyp des Mannes, der die Frau nicht als Person wertschätzt, sondern nur als Lustobjekt sieht.

Angestachelt von ihrer Schattenseite, ihren Schwestern, versucht Psyche mehr über Amor/Eros zu erfahren und festzustellen, ob er tatsächlich, wie er von sich gesagt hat, ein wildes Tier ist. «Dieses den anderen unverstellt Sehen-Wollen ist ein Akt der Liebe», schreibt Ulanov und beginnt damit das göttliche Tier zu vermenschlichen (1971, S. 225). Ulanov fährt fort: «Psyche fordert von Eros, daß er eine vergleichbare heroische Größe zeigt und dem Weiblichen auf einer individuellen Ebene begegnet statt auf der kollektiven, das heißt nicht irgendeiner Frau, sondern dieser Frau, nicht einfach nur um der sexuellen Befriedigung willen, sondern in einer sexuellen Reaktion auf diese spezielle Person, nicht nur in dem Wissen, daß er ein Mann ist, sondern dieser bestimmte Mann, der sich seiner

Abb. 10.2 Amor und Psyche. Illustration von Edward Burn-Jones, als Holzschnitt gestaltet von William Morris. Aus: «The Story of Cupid and Psyche», Cambridge 1974.

Männlichkeit in bezug auf diese bestimmte Frau bewußt ist.» (S. 229 f.) *(siehe Abb. 10.2)*

Ein Mann, der an einer meiner Gruppen teilnahm, in der wir mit authentischer Bewegung, authentischem Klang und dramatischen Elementen arbeiten, hatte sich in der dramatischen Interaktion mit mir von seinem Mutterkomplex gelöst und ihn abgetötet *(siehe Kapitel 8)*. Nachdem er diesen Prozeß vollzogen hatte, nahm er statt seiner bisherigen stehenden eine sitzende Haltung ein. Eine Teilnehmerin saß hinter ihm und legte die Arme um ihn, um ihm, wie sie es später ausdrückte, «Mut zu machen, sich selbst zu lieben». Er sagte, in diesem Augenblick sei eine wunderbare Weichheit über ihn gekommen. «Ich wollte nur ihr Haar berühren – nicht als sexuelle Anmache, sondern nur, um seine Weichheit zu fühlen.»

Dann setzte sich die Frau vor ihn, und er stützte sie mit den

Händen im Kreuz ab. Sie sagte: «Es fühlte sich überaus angenehm an, dieser starke Halt.» In diesem Moment spürte sie etwas von der archetypischen Gegenwart des befähigenden, inspirierenden Männlichen, das das weibliche Ich der Frau unterstützt und ermutigt und so entscheidend zur Vollendung der magisch-schöpferischen Phase beiträgt.

Sie fuhr fort: «Ich habe diesen großen Bildteppich gewebt.» (Eine andere Teilnehmerin hatte zuvor gesagt, sie sehe sich selbst in der Vorstellung Fäden spinnen.) Hier transformierten sich die Bewegungen des Mannes von wellenförmigen, schwingenden Bewegungen (weiblichen, inner-genitalen Rhythmen) in stärkere Kontraktionsrhythmen, die an den Gebärvorgang erinnerten, und zugleich schob er die Frau nach vorn. Er sagte später: «Ich spürte, daß ich sie gebar.» Während dieses Vorgangs hatte sich eine andere Frau hinter ihn gesetzt, um ihn zu unterstützen. Er bemerkte dazu, wie wichtig diese Hilfe für ihn gewesen sei. Aus der Gebärbewegung heraus half er der ersten Frau aufzustehen, indem er sie aufrichtete, damit sie sich der Inspiration öffnen konnte.

Ein anderer Mann tat sich in einer Improvisation mit einer Frau zusammen, die seine weibliche Seite verkörperte und einem imaginierten Fluß entstieg. Aus der Perspektive der Fluß-Frau führte diese Vereinigung mit ihrem Animus sie auf eine Reise, die sie in Kontakt mit verschiedenen Aspekten ihrer eigenen weiblichen Natur brachte. Sie wurde zur Hetäre, zur Mutter und zur Amazone.

Deutet man den Mythos von Amor und Psyche aus weiblicher Sicht, so muß Psyche, wie die Fluß-Frau aus dem vorigen Beispiel, nachdem sie zu Bewußtsein erwacht ist, verschiedene Aufgaben bewältigen, um ihre weibliche Seite, das weibliche Ich/Selbst beziehungsweise die Anima im Mann weiterzuentwickeln.

In vielen Fällen bedarf die sich entwickelnde Anima oder der Animus zunächst der Heilung, bevor es zu einer Vereinigung kommen kann. In diesen Zusammenhang gehört die Geschichte von Isis und Osiris und ihren Schattengeschwistern Nephthys und Seth. Von Geb und Nut abstammend, herrschten Isis und Osiris in einer sich ideal ergänzenden Weise über Ägypten. «Als Osiris den Frauen Korn gab, lehrte Isis sie, wie sie daraus Mehl mahlen und Brot backen konnten. Mit ihrem magischen und medizinischen Wissen half sie ihm bei der Heilung seiner Patienten.» (Zabriski 1985, S. 48) Doch Seth war neidisch wie Kain und tötete seinen Bruder Osiris, indem er ihn in Stücke hieb und die Überreste über die ganze Welt verstreute. Isis und Nephthys suchten die Körperteile und trugen sie wieder zusammen. Sie fanden alles, nur seinen Phallus nicht. So formte Isis einen neuen Phallus für ihren Gemahl, verwandelte sich selbst in einen Vogel und verschmolz in sexueller Vereinigung mit ihm. In der Therapie übernimmt der Therapeut häufig die Rolle von Isis und Nephthys und trägt die Fragmente der männlichen Seite des Patienten oder der Patientin durch somatische Gegenübertragung zusammen und unterstützt die Person dann darin, sich durch eine erneute Identifikation wieder mit diesem geheilten Aspekt zu vereinigen.

Die Heilung des inneren Männlichen durch den Prozeß der *coniunctio* wird am Beispiel einer Frau sichtbar, die im Traum mehrere verkrüppelte oder mißgebildete Männer durch verschiedene Formen sexueller Vereinigung heilte. In dem Augenblick, in dem ihr weibliches Ich sich mit ihnen vereinigte, wurden ihre Körper heil, und sie waren imstande, aufrecht zu stehen und von ihrer eigenen Kraft Gebrauch zu machen. Für diese Frau war das Erleben dieser Vereinigungen nicht nur ein erotischer Akt, ihr erwuchs daraus ein ganz neues Gefühl der Ganzheit.

Männer müssen dagegen oft ihre weibliche Seite, ihre Anima, heilen. Ein Mann erzählte, daß er als Junge sah, wie seine Schwestern von seinem Vater mißbraucht wurden. Er fühlte sich völlig hilflos, diesem Entsetzlichen Einhalt zu gebieten. Als er erwachsen war, hatte er Angst vor Beziehungen zu Frauen, weil er nicht wußte, ob er sie mißbrauchen würde oder sie ihn. In einer Sitzung ließ er ein Bild seiner Anima in sich erstehen und schlüpfte in ihre Rolle. Sie/er sagte: «Ich bin verwundet und habe Schmerzen.» Es kam kaum überraschend, daß der Mann eine Beziehung mit einer jungen Frau begann, die mißbraucht worden war. Die Stufe der Anima- oder Animusentwicklung oder Heilheit dieser Instanz läßt sich immer daran ablesen, wen die Person als signifikanten anderen wählt. Dabei spielt es keine Rolle, ob es sich um eine heterosexuelle oder um eine homosexuelle Beziehung handelt, da gegengeschlechtliche Seiten auf jedes Geschlecht projiziert werden können. Eines Tages erzählte der betreffende Patient einen Traum. Im Traum sagte seine Anima: «Du hast mich getötet.» Er antwortete: «Nun, wenn ich dich getötet habe, dann kann ich dich auch wieder lebendig machen.» Die Anima hatte mittlerweile die Gestalt eines Totenschädels angenommen. Er ließ sich von dem Anblick nicht abschrecken, küßte den Schädel, und sie wurde wieder lebendig und verwandelte sich in eine schöne Frau. Ich riet ihm, sich vorzustellen, wie er sie nachts umarmte, und er tat es.

Außerdem begann er, auf dem Synthesizer eine Sinfonie für sie zu komponieren. Die verschiedenen Sätze der Sinfonie erzählten von der Suche und Rettung des Weiblichen aus den Klauen des bösen Zauberers. Zwei lyrische Themen in dem Stück, die für den Helden und die Heldin standen, trafen sich schließlich in rhythmischer und tonaler Vereinigung. Er schrieb auch ein Gedicht über die Sehnsucht nach dieser Vereinigung mit dem Titel *Meine Geliebte* [in freier Übersetzung]:

> *Ich war im Himmel*
> *Ich war in der Hölle*
> *Doch meine Geliebte*
> *Fand ich nicht.*
>
> *Die Feuer der Hölle*
> *Könnten mich nicht hindern*
> *Wenn sie dort wäre*
> *Ginge ich zu ihr.*

Ein Engelschor tönt
Voll strahlender Freude
Doch ich sitze allein
Beim Flackern der Kerze.

Mein Herz ist ganz fest
Meine Sehnsucht stark
Ich brauche deine Wärme
Deine Umarmung deinen Kuß.

Die Fülle des Lebens
Die auf mich wartet
Zerfällt mir zu nichts
Wenn ich dich nicht habe.

Meine Liebste meine Liebste
Hör meinen Schwur
Ich werde dich finden
Ganz gleich wie ganz gleich wo.

(Seine Anima antwortet):
Mein Liebster mein Liebster
Es wäre so einfach
Du suchst und suchst
Dabei bin ich doch hier.

Ich wollte dich halten
Und konnte es nicht
Ein Blick zurück
Hätte mich dir gezeigt.

Orpheus und Lot
War dieser Blick verboten
Welchen Weg gingest du
Ganz auf dich gestellt.

Bleib ganz still
Ich finde dich

*Laß mich dich suchen
Ich komme zu dir.*

*Wir beide vereint
Einer und dieselbe
Getrennt zu sein
Ist Heillosigkeit.*

*Die Welt ist eins
Das Universum heil
Mein Freudentaumel
Spottet aller Zähmung.*

*Laß Feste sein
Frohsinn und Lieder
Jubel ohne Ende
Das ganze Jahr.*

*Die Welt soll wissen
Wir sind vereint
Nie mehr zu trennen
In Ewigkeit.*

*Von diesem Tag an
Gehört mir die Welt
Mir und meiner Liebe
Zwei und doch eins.*

Der Mann erzählte, daß sich das Zimmer, als er dieses Gedicht geschrieben hatte, mit leuchtender Energie gefüllt habe.

Ein anderer Mann entdeckte und formte im Rahmen der tiefenpsychologischen Arbeit seine Anima, die in seinem Mutterkomplex eingesperrt gewesen war. Seine nächste Skulptur beschrieb er als androgyne Vereinigung männlich-harter Winkel und weiblich-weicher Rundungen in Gestalt einer Spirale, die in einem zyklischen Schwung anstieg und abfiel *(siehe Abb. 10.3)*. Im Laufe der Behandlung hatte sich die anfängliche Übertragung

Abb. 10.3   Die Conjunctio.

Abb. 10.4   Sandbild eines Mannes: Suche nach der Conjunctio.

der ständig hungrigen Mutter auf mich, die mit Traumschilderungen und Lächeln «gefüttert» werden mußte, auf eine geheimnisvolle Anima mit einer heroischen Seele verschoben. Der Patient war nun fähig, eine stabile Beziehung zu einer Frau aufzubauen, die er später heiratete. Davor pflegte er seine Beziehungen bewußt zu sabotieren. Die *Abbildung 10.4* zeigt das Sandspiel eines anderen Mannes, der eine Verbindung zu seiner weiblichen Seite suchte. Das Weibliche ist in zahlreichen Facetten dargestellt: als Mädchen, Tänzerin, Luna und Engel der Erlösung. Der Mann kommentierte seine Darstellung mit den Worten: «Ich habe einen Mittelpunkt zwischen meinen Instinkten und meiner Phantasie gesucht, doch es zeigt sich noch nichts.» Seine Schattenaspekte rangen um Vereinigung mit seiner weiblichen Seite – die von ihm immer noch als «Phantasie» betrachtet wurde, denn seine Verbindung zum Weiblichen stand noch immer unter der Kontrolle der Mutter. Für ihn waren Frauen Wesen, die man einfach nur benutzte und denen man heimlich etwas wegnehmen mußte, weil sie, noch immer umhüllt von der inneren Mutter, als kontrollierend und bedrohlich erlebt wurden.

Coniunctio in der Übertragung
Die alchemistischen Philosophen erkannten, daß verschiedene Stufen der Vereinigung für den Entstehungsprozeß des Goldes -geeinter Ganzheit – nötig sind. Jung (1971 a) beobachtete, daß diese Stufen auch im Rahmen der Beziehung zwischen Patient und Therapeut auftreten. Sein Modell beschränkte sich allerdings auf seine eigene Perspektive. Er ging davon aus, daß der Therapeut männlichen und der Patient weiblichen Geschlechtes sei, wobei ihr Animus auf seine Anima reagierte. Dieses Schema läßt sich jedoch leicht erweitern, wie Tabelle 10.1 zeigt.

Tabelle 10.1 Modelle der *coniunctio* in der Beziehung zwischen Patient und Therapeut

	Das Modell Jungs	
Ich des Therapeuten		Ich der Patientin
Anima des Therapeuten		Animus der Patientin
	Andere Modelle	
Therapeutin		Patient
Animus der Therapeutin		Anima des Patienten
	oder	
Therapeutin		Patientin
Animus der Therapeutin		Animus der Patientin
	oder	
Therapeut		Patient
Anima des Therapeuten		Anima des Patienten

Ein Patient in den Sechzigern träumte von einer sexuellen Vereinigung mit mir. Im Traum schlug er mir vor, mich umzudrehen, um von hinten in mich einzudringen. Ich nickte zustimmend. Er assoziierte zu dem Traum das Gefühl, daß ich ihm mehr Vertrauen entgegenbrachte. Ich las aus dem Traum die Botschaft heraus, daß ich «von hinten», das heißt über das somatische Unbewußte, auf ihn eingehen sollte. Indem ich mich auf die somatische Gegenübertragung konzentrierte, stellte ich mir vor, daß ich ganz leer wurde. Der Patient redete weiter, aber ich war mir seines Sekundärprozesses weniger bewußt. Ich spürte, wie ich von seiner undifferenzierten psychischen Energie erfüllt wurde. Ich sagte zu ihm, daß ich das Gefühl habe, daß sich etwas jenseits dessen, was er sagte, abspiele. «Ja», sagte er, «mir ist zum Lachen. Ich spüre, wie sich meine Brust füllt.» Seine Augen schwammen in Tränen. Daraufhin nahm ich Bezug auf eine frühere Erotisierung von ihm, den Wunsch, mit mir durchzubrennen. Ich sagte: «Wäre ich damals wirklich mit Ihnen fortgegangen, als Sie es wollten, dann hätten Sie gedacht, Sie hätten diese Erfahrung durch mich gemacht. Jetzt wissen Sie, daß es etwas ist, was Ihnen gehört und was Sie in mich verlagert haben und wiederhaben können, wenn Sie wollen.» Nachdem er seiner Mutter ein gehorsamer Sohn und danach allen anderen Frauen in seinem Leben ein ergebener Gefährte gewesen war, war diese neue Erkenntnis, daß seine Männlichkeit und schöpferische Kraft ihm selbst gehörte, für ihn nach seinen eigenen Worten eine «beglückende» Erfahrung.

Tod und Abstieg

Wenn die beiden gegengeschlechtlichen Wesensseiten sich aus den elterlichen Komplexen herausdifferenziert und sich vereint haben, tritt die Suche nach Ganzheit in ihre gefährlichste Phase. Viele Menschen sind an dieser Stelle nicht bereit weiterzugehen und bleiben deshalb dem solaren Bereich verhaftet. Den Helden oder Heldinnen jedoch, die die Gefahr nicht scheuen und ihre ganz persönliche Gralssuche fortsetzen, werden die Götter und Göttinnen der Mythen zu Wegweisern. Zugleich schenkt das

Verbundensein mit dem Archetypischen diesen Männern und Frauen ein tiefes Gefühl der Zugehörigkeit zur ganzen Menschheit in Vergangenheit, Gegenwart und Zukunft, das ihnen hilft, einen Sinn in ihrem Leiden zu erkennen.

Dionysos, der Gott des Weins und des Genusses, verkörperte auch Finsternis, Einbruch und Tod. Jedes Jahr wurden die Weinstöcke an Pflöcken gekreuzigt und zu bloßen Stümpfen zurückgeschnitten. Auch Dionysos wurde verstümmelt, um dann im Frühling verjüngt wiederaufzuerstehen und tanzend orgiastische Riten anzuführen. Als phallischer Fruchtbarkeitsgott stachelte er die Mänaden an, trunken von Wein durch die Wälder zu streifen und das rohe Fleisch von Tieren zu essen. Dabei wurde der Wein mit dem Geist des Gottes assoziiert, während das Fleisch der Tiere mit seinem Leib gleichgesetzt wurde. Diese erste Eucharistie, die von der christlichen Mythologie als Teufelsspuk verdammt wurde, hat in die moderne Gesellschaft keinen Eingang gefunden. Therapeuten, die mit Ausdrucksverfahren arbeiten, sehen sich allerdings oft vor der Aufgabe, Menschen durch die Rückgewinnung körperlichen Erlebens wieder mit ebendieser starken, bezwingenden, instinktiven Kraft in Berührung zu bringen.

Whitmont schreibt:

> «Psychologisch gesehen ist die Welt des Dionysos die Welt der personifizierten nackten Natur und der Leidenschaft in ihrem Doppelaspekt von Verzückung und Leiden. Sie ist Ausdruck des Primats von Verlangen, Wollust und freudiger Ekstase, die auch rasende Gewalt, Destruktives und sogar den Drang zur Selbstzerstörung miteinschließt.» (1989, S. 73)

Wenn nicht bewußt mit diesen Emotionen umgegangen wird, dann werden sie andere Wege finden, an die Oberfläche zu dringen. Dieser «Umweg» wurde ganz deutlich bei einer Patientin, die sich anfangs weigerte, den inneren Wegweiser, der sie zur Annahme des psychischen Todes wies, zu beachten. Statt dessen berichtete sie ständig von Ereignissen physischer Traumatisierung und sprach im gleichen Atemzug von den Schwierigkeiten, die sie mit ihrem Auto hatte. Schließlich hatte sie einen Traum, in dem ihr ein junger Mann erschien, der vor kurzem gestorben war. Im Traum stieg sie hinab und begegnete dem jungen Mann schließlich in einem Tempel. Er teilte ihr mit, daß sie in achtundvierzig Stunden tot sein würde. Ich machte sie darauf aufmerksam, daß der Traum genau achtundvierzig Stunden zurücklag. Daraufhin legte sie sich auf den Boden und war nun fähig, sich dem für ihre Ganzwerdung notwendigen Tod und der damit verbundenen Verstümmelung zu unterwerfen. Ihrer Schilderung nach hatte sie dabei das Gefühl, sich in einen breiartigen Zustand aufzulösen. Dieser Zustand dauerte Wochen.

Das bei weitem stärkste Symbol für Tod und Wiedergeburt ist Christus. Das Bild eines wie ein Baum gestalteten Kreuzes, dessen Früchte die Stationen der Passion Christi abbilden *(siehe Abb. 10.5)*, verbindet ihn mit seinem griechischen Pendant Dionysos. In Johannes 15,1 sagt Christus: «Ich bin der wahre Weinstock, und mein Vater der Weingärtner.» Es ist die bewußte Entscheidung des heroischen Individuums, den Tod am Kreuz zu erleiden, die ihn so stark mit allen leidenden Menschen verbindet. Durch Christus als sich individuierende Selbst-Gestalt wurde der Menschheit wieder ein Sinn im Leiden aufgezeigt.

Christi bewußtes Ja zum Tod im Garten Gethsemane schlug sich ganz unmittelbar in einem Übertragungstraum eines Patienten nieder, in dem mein Name in «Dr. Gethsemane» abgewandelt wurde. Eine andere Frau, die sich gerade in der Phase des Todes befand, erlebte in der authentischen Bewegung, wie sie zunächst in einer Wüste lag, dann aber merkte, daß sie dort nicht verwesen konnte, und schließlich in grasbewachsene Erde in Gestalt eines Kreuzes verwandelt wurde.

Der Vorgang von Tod und Abstieg wurde in einer Drama-Gruppe, die schon mehrere Monate zusammengearbeitet hatte, thematisiert. Eine Frau verharrte beinahe zwei Stunden lang bewegungslos, eingehüllt in ein schwarzes Tuch. Noch während

Abb. 10.5 Gekreuzigter Christus. Florentinisch, Schule des Pacino di Bonaguida, Galleria dell'Academia, Florenz.

sie sich in der Todesphase befand, benutzten andere Gruppenmitglieder sie als Projektionsfläche. Einige sahen in ihr jenen Teil ihrer selbst, der hatte sterben müssen; für andere wurde sie zur archaischen internalisierten Mutter, deren alte Form des Umgangs mit dem Ich/Selbst sterben mußte, um verwandelt zu werden. Der Gedanke, «vielleicht kommt sie als etwas ganz anderes zurück», machte es der Gruppe möglich, sie dem Verwesungsprozeß zu überlassen und endgültig für tot zu erklären. Die Teilnehmerin, die die Todeserfahrung verkörperte, erzählte, daß sie in dieser Zeit in einen langen Tunnel hinabstieg, in dem sie die Schatten all ihrer geliebten Verstorbenen sah. Eine Spirale versetzte sie schließlich in ein Vakuum, durch das sie in das Reich der Lebenden zurückgesaugt wurde. Wochen später schlug sie in der Formulierung und anschließenden Darstellung ihres persönlichen Mythos eine Brücke zwischen Leben und Tod. Ihr Mythos, den sie in ihrer Muttersprache schrieb und spielte, lautete übersetzt etwa so:

> Dann schuf Gott der Herr die Menschheit aus dem Staub der Erde.
> Ich mache mich klein und beuge mich hinunter, unterwerfe mich dem braunen Sein,
> Ich werde selbst zu Erde.
> Wenn ich mich im rot lodernden Feuer geläutert habe,
> Wenn der Wind meine Glieder streichelt,
> Wenn ich wieder zur Frau werde,
> Werde ich wie frische fruchtbare Erde, die die rechte Zeit zur Hervorbringung kennt.
> Wenn ich wieder zur Frau werde, werde ich WO-MAN sein.

Wie ein Mann die Stadien von Tod und Wiedergeburt erleben kann, läßt sich am Beispiel eines Analysanden aufzeigen, der seine traditionelle Rolle hinter sich gelassen hatte, um seine ganz persönliche Gralssuche anzutreten. Kurz nachdem er mit der Analyse begonnen hatte, träumte er, seine Frau führe ihn in ein Labyrinth, das in einem runden Raum von «sanft femininer» Ausstrahlung endete. Zwei Pflanzen träufelten aus ihren Adern goldenen Nektar in ein Gefäß. Er trank von dieser Ambrosia. Als der Mann sich in den Traum zurückversetzte, spürte er eine tiefe Verbundenheit mit dem archetypisch Weiblichen durch das Trinken der goldenen Flüssigkeit. Er berichtete über Empfindungen eines «wesentlichen, zeitlosen, freischwebenden Seins». Und er sagte auch, der Raum sei ein «Ort der Weisheit ohne Worte» gewesen.

In der nächsten Sitzung erlebte er einen todesähnlichen Abstieg. Er hatte das Gefühl völliger Reglosigkeit und spürte, wie ihm dabei die Tränen kamen, als ob er über seinen eigenen Tod trauere. Ein Hund saß neben ihm und gab ihm zu verstehen, daß er so lange für diesen Prozeß brauchen dürfe, wie er wolle. Der Analysand sagte: «Alles, was ich war, löst sich auf.» Ich wußte in der Gegenübertragung, daß ich in dieser Phase nichts für ihn tun konnte, als gleichsam still an seinem Grab zu verharren. Mehrere Wochen lang kreisten seine Träume um das Thema des Abstiegs und des Endes. Immer wieder ging es zum Beispiel darum, daß bestehende Gebilde und Strukturen zerstört und aufgelöst wurden. In einer Sitzung spielte er einen Traum nach. Er bewegte sich nacheinander in alle vier Richtungen und fiel dann rücklings zu Boden. Im Zuge dieses Prozesses betrat er immer neue Labyrinthe und entdeckte Dinge, die bisher von seiner solar-rationalen Seite gefangengehalten worden waren. Manchmal wünschte er sich, diese Phase durch einen einzigen, gewaltigen Sprung über den Abgrund hinter sich zu bringen, oder träumte davon, sich mit seiner *puer*-Ikarus-Seite in die Lüfte zu schwingen; dann holte ich ihn jedesmal sanft durch den körperlichen Ausdruck der Stille wieder auf seinen Weg zurück. In einem seiner Träume gab ihm ein Mathematiklehrer namens Lewis eine Gleichung auf, deren Lösung darauf hinauslief, daß dies eine Zeit des Rückzugs in sich selbst sei. Schließlich wurde der Analysand in einer Reihe von Träumen, die über eine gewisse Zeitspanne hinweg auftraten, in bestimmte Bewegungen eingewiesen, die einer Synthese aus Tai Chi und dem I Ging glichen und deren Ausführung ihm den Wandlungsprozeß erleichterten.

Auch in der Alchemie folgt auf die Vereinigung von Sol und Luna der Tod oder die *mortificatio*. Laut *Rosarium* sinken sie in die Tiefe und verwesen, während Geist und Seele ihre leblosen Leiber verlassen. Dieser Prozeß führt nach Jung «in Gebiete innerer Erfahrung, die sich auch der vorurteils- oder rücksichtslosesten wissenschaftlichen Darstellungskunst entziehen. Der [...] Begriff des Geheimnisses drängt sich hier dem forschenden Verstand auf [...].» (1971 a, § 482) Um ihn zu durchlaufen, muß die Person jedoch bereit sein, sich der Erfahrung von Tod, Niederlage und Versagen zu stellen. Edinger schreibt dazu: «Es braucht wohl nicht eigens betont zu werden, daß man sich selten bewußt für eine solche Erfahrung entscheidet. Sie wird einem gewöhnlich vom Leben auferlegt, entweder von innen, oder synchronistisch von außen.» (1981, S. 37)

Eine Patientin hatte für ihre Besuche bei mir, die jeweils eine Doppelstunde dauerten und sich über ein Jahr erstreckten, eine ganz bestimmte Abfolge: Zunächst äußerte sie sich verbal und malte, dann ging sie zur authentischen Bewegung über, und zum Schluß beschäftigte sie sich mit dem Sandspiel.

Abb. 10.6   Sandbild: Tod und Abstieg.

Anfangs hatte sie in der authentischen Bewegung das Gefühl, ihr Körper liege, von Unrat bedeckt, an einem dunklen Ort tief unten in der Erde. Sie berichtete, daß vampirartige Geschöpfe sie bei lebendigem Leib verschlingen wollten. Als sie begann, mit diesem Impuls in ihr in Kontakt zu treten und ihn anzunehmen, neutralisierte sie systematisch ihre negative innere Mutter und den negativen Vater, indem sie beide im Sand begrub. Während sie sich durch den Prozeß der *mortificatio* hindurcharbeitete, tauchten in ihrem Sandspiel zahlreiche Skelett-Teile auf *(siehe Abb. 10.6)*. Nach Monaten sagte sie einmal: «Ich habe Angst, daß vieles in mir stirbt und ich nachher nichts habe, was an seine Stelle treten kann.»

In ihrem Bemühen um aufwärts gerichtete Bewegungsfolgen wurden Widerstände sichtbar, die ihr den Zugang zu ihrer eigenen Kraft verwehrten. Ich bewegte mich dann häufig gemeinsam mit ihr und versuchte sie durch Spiegelung und das Entwickeln neuer Bewegungsmuster zu nach unten gerichteten Bewegungen anzuregen, die ihr ein Gespür für die Stärke und Kraft in ihren Schenkeln und Hüften vermitteln sollten. Allmählich begann sie eine Beziehung zu einer starken archetypischen Kraft aufzubauen, die sich in der indianischen Mythologie und in der Göttin der wilden Tiere manifestierte. Der innere Kontakt zu dieser wilden Frau befähigte sie, ihre Vaterbezogenheit aufzugeben und ihre lebendige, instinktbestimmte Seele zu spüren und für sich einzufordern. Sie bat mich, sie an die Hand zu nehmen, und wir wanderten gemeinsam durch den abgedunkelten Raum, in unserer Vorstellung umgeben von den starken Tieren des Waldes und des Dschungels.

Archetypische Penetration des Weiblichen

Bei Frauen geht dem Todeserlebnis manchmal eine numinose Vergewaltigung durch ihr tieferes, archetypisches Unbewußtes voraus. Bei diesem Akt dringt eine individuierende Kraft in sie ein. Neumann schrieb: «Eine penetrierende Kraft ergreift von ihr Besitz und hält sie gepackt, die ohne personalen Bezug zu einem konkreten Mann ist, sondern als ein anonymes überpersönliches Numen empfunden wird.» (o. D., S. 13) Die körperliche Erfahrungswelt der Frau wird so um eine geistige Dimension erweitert. Die Seelenweisheit der Frau vereinigt sich mit dem solaren geistigen Bewußtsein.

Der griechische Gott Zeus ist ein mythisches Ursymbol für diese Form der Penetration, ob er nun in Gestalt eines Schwans auftritt wie bei Leda, als Stier bei der Vergewaltigung der Europa, als Wolke bei Io oder als Bündel lebensspendender goldener Strahlen, die in Danae eindringen.

Eine Patientin, die daran arbeitete, die sexuelle Seite ihres Frauseins zu entdecken und zu integrieren, lag auf dem Rücken auf dem blauen Teppich in meinem Zimmer, die Füße auf den Boden gestützt. Auf einmal breitete sich eine ganz besondere Stille im Raum aus, dann wurde er deutlich von einer numinosen Energie erfüllt. Die Schenkel der Frau öffneten sich, um zu empfangen. Nachher schilderte sie, was sie empfunden hatte. Sie sagte, es sei ein Gefühl gewesen, als ob sie von goldenen Lichtstrahlen durchdrungen werde, die ihr Inneres erleuchteten, so daß sie sich bis in ihre tiefsten Tiefen erkannt und wahrgenommen fühlte.

Das christliche Pendant dazu ist die Heimsuchung Mariä durch den Heiligen Geist, der häufig als goldenes Licht dargestellt wird. Eine solche Heimsuchung wurde einer Frau zuteil, die in der dramatischen Improvisation nach ihrem verstorbenen Vater rief. Gleichsam als Antwort schoß ein numinoser Lichtstrahl von ihrer Vagina ausgehend ihre Wirbelsäule empor wie ein Strahl Kundalini-Energie und schenkte ihr die Erkenntnis, daß der Große Vater aller Menschen sie kannte und liebte. Schon im Alten Testament ist die Erfahrung des Erkanntwerdens eine zugleich körperliche und psychische Erfahrung.

Die Erfahrung der Hölle

Alle Personen, die den Abstieg in Dunkelheit und Tod auf sich nehmen, berichten übereinstimmend, daß sie irgendwann an einen höllischen Ort gelangen. Die dualistische Sicht des Judentums und des Christentums spaltet die taoistische Einheit der Gegensätze auf in Jahwe und Satan, Christus und den Teufel.

In einer Gruppe, die mit authentischem Klang, authentischer Bewegung und Dramatherapie arbeitete, kauerten drei Frauen am Boden. Wie die drei Hexen über einem Kessel schwatzten sie verschwörerisch miteinander und zerhackten, was sterben mußte. Dann intonierten sie einen improvisierten Beschwörungsgesang: «Zerstampfe die Knochen, zermalm die Gebeine, zermahl sie ganz fein», während sie Arm in Arm tanzten und stoßende, stampfende Bewegungen machten, bis nur noch Staub unter ihren Füßen übrig war. Diesen Staub nahmen sie mit den Händen auf und bliesen die imaginäre *prima materia* in alle vier Himmelsrichtungen.

Ein Mann verbrachte während der analytischen Arbeit viele Monate in der «Hölle» und gelangte dadurch zu einem sehr viel umfassenderen Verständnis seiner selbst, aber auch dieses Ortes, als ihm im Rahmen seiner religiösen Erziehung vermittelt worden war. Wiederholt stürzte er in Alpträumen und Visionen tiefe Schächte hinunter, in denen ihm viele Schatten begegneten, die schreiend und stöhnend nach ihm griffen. Er hatte lange Zeit seines Lebens in der Furcht gelebt, als Kind mißbraucht worden zu sein. In einer Gruppensitzung, in der wir wie immer mit authentischer Bewegung und Improvisationsdrama arbeiteten, verspürte ich, angetrieben durch Signale der somatischen Gegenübertragung, den Impuls, ihm ein Schwert in die Hand zu drücken. Ich hatte keine Ahnung, warum ich es tat, bis er das Schwert in den Händen hielt. Von diesem Augenblick an hatte ich das Gefühl, daß er zu Artus und ich zu seiner *Lady of the Lake* geworden war, wie er mir später auch bestätigte. Als Held jagte er nun den höllischen Wesen nach, die sich ihm auf seiner persönlichen Lebensreise in den Weg stellten.

Ganz allmählich lernte der Patient, seine Angst vor den Geschöpfen der Nacht zu überwinden. Ratten und Wölfe wurden ihm in seiner Vorstellung zu Freunden, die er in seinen Alltag einbezog und um ihre Meinung zu bestimmten Situationen und

Abb. 10.7   Starker Wolfsmann.

Personen fragte. Eines dieser Wesen der Finsternis nach dem anderen trat ihm entgegen, Wolfmenschen, Dracula, Zombies; er ließ sich auf sie ein und entdeckte ihre Geheimnisse. Statt Werwölfe für etwas Zerstörerisches zu halten, begann er zum Beispiel ihre Fähigkeit zur Verwandlung zu bewundern und begriff, welch heilsame Kraft darin steckte. Er lernte es, in seiner Imagination Wölfe um sich zu sammeln, ihre Stärke und ihren Mut in sich zu spüren, und erlebte, wie er daraus «ungewöhnliche Kraft» schöpfte, die ihm half, Ängste zu überwinden und anderen zu helfen *(siehe Abb. 10.7)*. Ein Satz des Apostels Paulus aus dem Römerbrief wurde ihm in diesem Zusammenhang sehr wichtig: «Ich weiß und bin gewiß in dem Herrn Jesus, daß nichts unrein ist an sich selbst; nur für den, der es für unrein hält, ist es unrein.» (Röm 14,14)

Zugleich begriff er die Wahrheit, die sich hinter dem Satz verbirgt: «Durch dieselben Taten, die manche Menschen Jahrtausende in der Hölle schmoren lassen, erringt der Yogi ewige Erlösung.» (Testani 1990, S. 59) Dieser Mann machte dieselbe Erfahrung, die ich in über fünfundzwanzigjähriger Arbeit auf diesem Gebiet immer wieder gemacht habe: Je tiefer eine Person in sich hinabsteigt und je länger sie in der Tiefe verweilt, desto machtvoller ist der Aufstieg und desto größeres geistiges und spirituelles Bewußtsein wird erlangt.

Aufstieg, Auferstehung und Wiedergeburt

Jung schrieb über diesen alchemistischen Prozeß: «Die Schwärze respektive der unbewußte Zustand, der sich aus der Vereinigung der Gegensätze ergab, erreicht einen Tief- und zugleich Wendepunkt. [...] Der Abstieg in ein immer tieferes Unbewußtes geht über in eine Erhellung von oben. [...] Die vorausgehende Vereinigung der Gegensätze hat es bewirkt, daß zum Dunkel sich auch das Licht gesellt, das ja, wie immer, aus der Nacht hervorgeht. (1971 a, § 493).

Es ist für mich immer wieder faszinierend zu beobachten, daß meine Patienten, solange sie darum kämpfen, aus den dunklen Gestaden ihrer «nächtlichen Meerfahrten» herauszugelangen, unweigerlich wieder zurückgeworfen werden. Erst wenn sie sich darein ergeben, an diesem düsteren Ort zu sein, erblicken sie schließlich das Licht der Auferstehung.

Der Patient spricht in der Regel in dieser Zeit sehr wenig. Wir empfinden beide die Reglosigkeit und Schwere des Todes. Wenn ich diesen Weg und seinen zyklischen Verlauf nicht kennen würde, wäre ich vielleicht versucht, ihn aus dieser notwendigen Depression herauszureißen, bevor er zum Tiefpunkt gelangt ist. Doch wenn dieser tiefste Punkt erreicht ist, sind weder der Patient noch ich imstande zu irgendeiner Bewegung. Leben kann dann nur noch aus der Gnade des Göttlichen kommen. Und in der Tat, unmerklich und doch mit ungeheurer Macht strömt neues Leben in das alchemistische Gefäß der Therapie zurück.

Die Alchemisten des *Rosarium* faßten diesen Vorgang in das Bild der Rückkehr von Geist und Seele in die nun vereinten Körper von Sol und Luna.

Eine Patientin in der Abschlußphase der Therapie erlebte das «über ihr schwebende Selbst» bei der Rückkehr von Seele/Geist in den Körper. Sie hatte einen Traum erzählt, in dem sie ihre männliche und ihre schöpferische weibliche Seite verkörperte (ihre persönliche Version der Geburt des hermaphroditischen Selbst). Eine tiefe Stille lag über dem Raum. Die Frau schaute aus dem großen Fenster hinter meiner rechten Schulter und sagte etwas über den Wind, der sich sanft, aber unüberhörbar bemerkbar machte. Der Wind, häufig religiöses Symbol für den Atem des lebensspendenden Geistes der Gottheit, schien dabei plötzlich in den Raum zu strömen. Jung schreibt in *Die Psychologie der Übertragung* über die Rückkehr der Seele im alchemistischen Prozeß: «Vom Himmel fliegt die Seele, das Vereinigende der Zwei, herunter, um den Leichnam wieder zu beleben.» (1971a, § 494)

Ich spürte das zwingende Bedürfnis, Blickkontakt mit der Patientin herzustellen. Langsam wanderten ihre Augen von draußen zurück in den Raum und zu mir herüber. Unsere Augen blieben wie durch eine wundersame Energieübertragung aufeinander fixiert. Ich hatte das Gefühl, als ob mein Körper sich auflöse: Es war, als ob meine Augen in den Dienst einer allmächtigen objektiven Psyche gestellt würden und als ob ich aus dem Selbst herausblicke. Unter meinem fest auf sie gerichteten Blick wurde ein wellenartiger Energiestrudel über dem Kopf der Patientin sichtbar. Während er über ihr verharrte, füllte sich der Raum mit einem strahlend hellen Licht. Als es wieder verschwand, sah ich, wie die Energie in ihren Körper überging. In die eingetretene Stille hinein sagte sie: «Da war noch etwas außer uns beiden im Raum.» Ich nickte. Sie fuhr fort: «Ich hatte das Gefühl, als ob ich selbst oder irgend etwas über mir schwebte. Es war fast wie eine außerkörperliche Erfahrung. Dann drang es in mich ein. Jetzt fühle ich mich ganz und voller Frieden.» Ich selbst hatte das Gefühl, daß der Zwischenraum zwischen jeder Zelle, jedem Atom meines Körpers leuchtete. Auch ich empfand dabei eine große Klarheit und Ruhe. Wenn sich das Archetypische manifestiert, heilt es alles um sich herum.

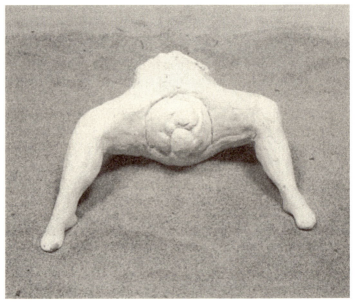

Abb. 10.8   Die androgyne Geburt.

Die Geburt der Vereinigung der Gegensätze wurde von einer Patientin in einer faszinierenden Skulptur dargestellt, die ein Ausdruck der ihr in diesem Prozeß zufließenden inneren Kraft ist: Aus dem Geburtskanal hervordringend erblickt die Einheit von Yin und Yang das Licht der Welt *(siehe Abb. 10.8)*.

Diese Wiedergeburt oder Wiederbelebung ist ein Resultat der höheren Vereinigung. Harding schreibt: «Zur Ekstase gehört das Sichverlieren in etwas jenseits von uns. [...] Was dabei erlebt wird, ist nicht die Vereinigung mit dem Geliebten, sondern die völlig getrennte und trennende Absorption in einem inneren Geschehen von größter Bedeutung.» (1947, S. 149) Man empfindet diese Selbstaufgabe nicht als Verlust, sondern als Gewinn, als ob man dadurch erneuert, transformiert oder ganz würde. «Das Ich wird von seiner Kleinheit und Abgeschiedenheit geheilt und durch die Vereinigung mit dem nicht-personalen Dämon des instinktiven Lebens zur Ganzheit geführt.» (a.a.O., S. 155)

Das Batikbild einer Patientin bildet diese höhere *coniunctio* eindrucksvoll ab: die numinose Vereinigung von Sonne – Geist – Sol und Mond – Seele – Luna, die zugleich die taoistische Vereinigung aller Gegensätze repräsentiert. Wenn diese höhere Vereinigung sich vollzieht, eröffnet sich dem Menschen die tiefste Schicht des Archetypischen in heilender und verwandelnder Weise *(siehe Abb. 10.9)*.

Edinger (1980) spricht vom Prozeß der höheren *sublimatio* als «einer Überhöhung in die Ewigkeit» (S. 66), «einer Begegnung mit dem Numinosum», die den in die Materie gebannten Geist freisetzt.

Diese Erfahrung ist mit aufwärts gerichteter Bewegung verbunden, wie Aufstieg, Fliegen, Auftrieb, Schwerelosigkeit und das im schamanistischen Ritual vorkommende Nach-oben-Steigen mit dem Ziel der Erleuchtung. Ich habe dieses Phänomen immer wieder bei Einzelpersonen und Gruppen beobachten und miterleben können, die die Möglichkeit hatten, ihre persönliche Individuationsreise im imaginativen Raum zu vollziehen. Wenn

Abb. 10.9 Höhere Coniunctio.

an irgendeinem Punkt archetypische Energie in den Raum strömt, springt sie jedesmal auch auf mich über.

Es kam vor, daß meine Brust so stark vom Atem des Geistarchetyps erfüllt war, daß ich einfach aufstehen mußte. Meine Arme bewegten sich automatisch in ekstatischer Freude nach außen und oben. Es ist unmöglich, die numinose Energie, die die archetypische Bewegung wecken kann, in Worte zu fassen. Die Kraft dieser Energie ist nur im persönlichen Erlebnis erfahrbar.

Ich habe die archetypische Bewegung des Sammelns der Seele der Erde und das Sich-Aufrecken, um den ewigen, universalen Geist zu erfahren, immer wieder beobachtet, wenn Patienten zu größerer Ganzheit und Selbstheit durchdringen. Das ist das wahre Gold des alchemistischen *opus*, der *lapis philosophorum*.

Edinger (1980) zitiert ein Stück aus dem alten Text *Emerald Tablet of Hermes* zu diesem Phänomen. Dort heißt es:

> «Es steigt von der Erde auf zum Himmel und steigt wieder hinab auf die Erde und empfängt die Kraft von oben und von unten. So wirst du die Herrlichkeit der ganzen Welt haben. Deshalb wird alle Finsternis von dir fliehen.» (S. 73)

Im Rahmen einer Therapiegruppe, in der wir mit authentischem Klang, dramatischen Elementen und Bewegung arbeiteten, fühlte ich mich durch die somatische Gegenübertragung veranlaßt, eine tibetische Klangschale, die sich im Raum befand, darzubringen. Obwohl ich anfänglich keine genaue Vorstellung hatte, was ich tun wollte oder warum ich es tat, ließ ich mich nicht in meinem sakralen Tanz beirren.

Die Bewegungsabfolge, die ich vollzog, nahm das oben beschriebene archetypische Seele-Geist-Muster auf. Ich kniete nieder und machte einsammelnde, herholende Bewegungen um das Gefäß der Schale herum. Dann schloß ich beide Hände darum und hob sie hoch, dem Himmel entgegen. Ich wiederholte diese Bewegungen mehrmals und hatte dabei oft das Gefühl, daß mir die Schale aus den Händen genommen wurde, wenn ich sie hochhob. Ich behielt die Arme oben und spürte nach kurzer Zeit, wie die Schale wieder in meine Hände gelegt wurde.

An einem Punkt fühlte ich mich gedrängt, zu einer Teilnehmerin hinüberzugehen, die zusammengekauert in einer Ecke saß. Ein Mann kam ebenfalls herüber. Wie ich später erfuhr, war er es gewesen, der die Klangschale aus meinen Händen genommen hatte. Wir knieten beide vor der Frau nieder, die Klangschale zwischen uns, und begannen die Frau mit imaginärem Wasser aus der Schale zu salben, zu reinigen und zu taufen. Wieder hatte ich das Empfinden, daß eine fremde Gegenwart sich meiner bemächtigte, doch diesmal löste sie ein Gefühl tiefer Liebe und großer Traurigkeit aus. Ich mußte weinen, und der Mann und die Frau weinten ebenfalls. Nun fingen wir an, uns gegenseitig mit imaginärem Wasser zu berühren, als ob wir alle miteinander durch die Hölle gegangen wären und der Heilung bedürften, um zu neuem Leben befreit zu werden.

Mit der Zeit wurde mir klar, daß ich die verstorbene Mutter der Teilnehmerin verkörperte und der Mann neben mir ihren Vater, der ebenfalls gestorben war. Zum erstenmal war sie imstande gewesen, um ihre Eltern zu trauern und den Schmerz, der seit ihrer Kindheit wie eingefroren in ihr saß, auszudrücken.

Wenn ich Zeugin solcher eindrucksvollen Erfahrungen des Numinosen werde, empfinde ich stets ein Gefühl der Demut und Dankbarkeit, weil ich mich selbst dabei geheilt fühle. Archetypische Themen bewegen uns immer in unserem innersten Kern und beziehen uns in die Dramen ein, die die menschliche Suche nach Individuation begleiten. Wenn Patient und Therapeut sich in dieser Situation der Beziehung zum Selbst öffnen, erfolgt unweigerlich tiefgreifende Transformation.

Der göttliche Kreislauf von Tod und Wiedergeburt spiegelt sich in den Religionen der Welt, von Ägypten bis zu den Maya in Mexiko. So steigt der ägyptische Gott Osiris nach seiner Vereinigung mit Isis in die Tiefe und wird zum Gott der Unterwelt. Als Gott des Leidens verkörpert er die Macht *in potentia;* wie die schwarze Erde ist er die *prima materia,* die alles in sich trägt, was zum ewigen Leben nötig ist. Die – nun ins wachstumverheißende Grün umgeschlagene – Symbolik des Osiris in seiner Personifikation als ewiger Fruchtbarkeitsgott geleitet die Toten in die Ewigkeit.

Im klassischen Griechenland wurden die Auferstehung des Dionysos und Persephones Rückkehr in großangelegten Mysterienritualen begangen. Dionysos führte die Initianden dabei in ihrem ekstatischen Tanz an. Nach der Darstellung der Verstümmelung und des Begräbnisses des Gottes wurden sie zu Persephone in das Land der Toten gebracht, um in die größeren Mysterien von Eleusis eingeführt zu werden, in denen sich schließlich die Wiedergeburt vollzog. Im Rahmen dieser größeren Mysterien wurde das mystische Schwein geschlachtet und das Vlies eines Widders als Symbol der Reinigung über den Kopf des Einzuweihenden gehalten. Danach huldigte der Initiand der großen, zusammengerollten Schlange der thronenden Demeter und erblickte eine aufgereckte Kornähre als Symbol der neuen Geburt.

Anläßlich eines Wochenendworkshops an einem Jung-Institut vollzog eine Gruppe unbewußt die Eleusinischen Mysterien nach. Unsere gemeinsame Arbeit gipfelte in einem improvisierten Tanz, der von einer afrikanischen Trommel begleitet wurde. Davor hatten die Teilnehmer Traumfragmente beigesteuert, die ich zu einem Gruppendrama verwob. Themen, in denen es um Tod und Abstieg ging, hatten uns auf der Suche nach dem tieferen Selbst in Höhlen fern der Heimat geführt.

Nun gaben sich sämtliche Teilnehmer mit Leib und Seele dem Tanz hin. Auf einer Seite des Raumes tanzten mehrere Frauen in Ekstase um einen Mann herum. Rasch schloß ich mich dem Kreis an. Dabei spürte ich, wie die kollektive Kraft der dionysischen Energie auf mich übersprang. Während mein beobachtendes Ich Distanz wahrte, überließ ich mich mit meinem übrigen Sein der archetypischen Bewegung. Der Mann sank langsam in einer todesähnlichen Starre zu Boden. In diesem Augenblick veränderte sich das Bewegungsmuster des Tanzes radikal. Die Frauen knieten nieder, bedeckten seinen Körper mit Tüchern und strichen sanft über ihn hin, als ob sie ihn mit Salböl einrieben. Dann hoben sie ihn langsam in Brusthöhe hoch und stellten ihn schließlich auf die Füße. Während er noch von den aufgerichteten Körpern der Frauen gestützt wurde, schlug er die Augen auf und trat mit einem gesammelten, zentrierten Ausdruck nach vorn in den Raum.

Aus christlicher Sicht ist der auferstandene Christus das Symbol einer individuellen Wiedergeburt. Er wird häufig dargestellt, wie er über dem Abgrund der Hölle steht. An der einen Hand hält er Adam und an der anderen Eva, die alttestamentlichen

Prototypen des Männlichen und des Weiblichen, um sie an der Wiedergeburt der Ganzheit teilhaben zu lassen.

Für die Psychologie des Weiblichen ist darüber hinaus Marias Himmelfahrt besonders bedeutsam, da von Maria, im Gegensatz zu Christus, dessen «Geist» gen Himmel fuhr, gesagt wird, sie sei *in corpore*, leiblich, zum Himmel aufgefahren. Bei der Krönung der Jungfrau wurden denn auch ihre Seele und ihr Leib miteinbezogen. Sie wurde dreifach gekrönt als Himmelskönigin, Mutter Christi und Gemahlin des Heiligen Geistes.

Ein Beispiel für die Erfahrung innerer Auferstehung und Wiedergeburt nach einem todesähnlichen Abstieg ist der Individuationsprozeß des zuvor erwähnten Mannes, der monatelang in der Hölle ausharrte. Er hatte seine Angst vor diesem düsteren Ort allmählich überwunden und sich darin eingerichtet. Als er diese innere Aussöhnung mit seinem Zustand erreicht hatte, machten seine Träume eine machtvolle Wandlung in Richtung *sublimatio* und Aufstieg durch. Es begann mit einem Traum, in dem sein Bruder ihm den Sinn des Christentums zeigte. In der aktiven Imagination fragte er seinen Bruder, was dieser Sinn sei. Als sein Bruder antwortete er: «Du stirbst nie.» Er sagte aber auch, daß Christus wolle, daß sein Ich/Selbst/Bruder «näher zu ihm komme».

In seinem nächsten Traum fuhr er in einem Lift nach oben. Als die Tür aufging, sagte der Türsteher: «Sie können herauskommen, wenn Sie schizophren sind.» Der Mann protestierte und wollte nicht. Ich schlug ihm vor, in die Rolle des Torwächters zu schlüpfen, während ich ihn selbst darstellen wollte. In dem sich nun entspinnenden Drama wurde dem Türhüter begreiflich gemacht, daß ich/der Patient meine/seine Aufgabe erfüllt hatte, das heißt, daß er in die Hölle hinabgefahren war, stabile Ichgrenzen aufgebaut hatte und daher imstande war, den Himmel zu betreten.

Im nächsten Traum erfuhr der Patient, daß das Leben allgegenwärtig ist und sein Pulsschlag in allen Dingen vibriert. In der anschließenden Sitzung erzählte er, daß er erneut in die Fänge seiner dysfunktionalen Herkunftsfamilie geraten sei, als er versuchte, einen jüngeren Bruder davor zu bewahren, mißbraucht zu werden. In der darauffolgenden Nacht träumte er, daß sein verstorbener Großvater in seinem Elternhaus die Treppe herunterkam und ihn mehrmals um die eigene Achse drehte mit den Worten: «Du bist auf der falschen Bahn. Ich will dich wieder zurechtrücken.» Danach passierte er eine Art Raum-Zeit-Schleife und fand sich auf einer Wiese mit einem Springbrunnen in der Mitte wieder. Ein mächtiger Hirsch mit einem vielendigen Geweih kam auf ihn zu. Die Tatsache, daß der Hirsch als Symbol der Unsterblichkeit und

Abb. 10.10 Gemalte Traumerfahrung «Ich bin das Licht».

Reinheit und als Symbol Christi gilt, war dem Mann, der unbefangenen Art nach, in der er diesen zutiefst archetypischen Traum erzählte, offensichtlich völlig unbekannt.

Ich ermutigte ihn, den Traum in der aktiven Imagination fortzusetzen. Er berichtete, daß der Hirsch zu ihm sagte, er sei nun daheim, und ihn zu einem riesigen Bauwerk brachte, das ganz aus Licht zu bestehen schien. Ich beließ ihn in seiner Ahnungslosigkeit, was die Aussagekraft dieses Bildes betraf, und redete ihm zu, seine neue Heimat zu betreten. In diesem Augenblick veränderte sich die Energie im Zimmer dramatisch. Das Numinosum erfüllte den Raum und jedes Atom meines Wesens. Zeit und Raum verschwanden. Als der Patient mich verließ, ging ein Strahlen von ihm aus. Am selben Abend rief er mich an. In seiner Stimme schwang eine ekstatische und doch ruhige Freude. Wie in einem alten irischen Gebet sagte er, es sei gewesen, als ob der Weg ihm entgegengekommen war und nicht er selbst nach Hause fuhr. Er gab an, eine tiefe Liebe für alle Dinge und Menschen um ihn herum zu empfinden. Und dann sagte er: «Jetzt weiß ich, was der Satz, der mir als Kind beigebracht wurde, wirklich bedeutet. Man begreift ihn wirklich erst, wenn man ihn am eigenen Leib erfahren hat. Ich meine die Aussage Christi: ‹Ich bin das Licht›.» *(Siehe Abb. 10.10)*

Kapitel 11

Die Ich-Selbst-Achse und der Stand der Gnade

Ein Patient, der in der Therapie seine ganz persönliche Suche nach dem Heiligen Gral durchgemacht hatte, erzählte einen Traum, in dem er sich an einer archäologischen Grabungsstelle befand. Die Leute dort gruben irgendwelche antiken Bruchstücke aus und reichten sie ihm. Er wußte immer sofort, um was es sich handelte, und jedesmal, wenn das der Fall war, ging ein leuchtender Glanz von dem betreffenden Gegenstand aus. Ich bat ihn, den Schluß des Traumes noch einmal zu durchleben. Dabei spürten wir beide, wie eine machtvolle erleuchtende Energie in uns einströmte. Die Erfahrung begleitete den Mann die ganze Woche über, bei der Arbeit und in seiner Freizeit.

Als er zur nächsten Sitzung kam, berichtete er von einem wundersamen Erlebnis. Er war Auto gefahren und hatte dabei über die Zustände in der Welt nachgedacht. Er dachte, Christus sollte wiederkommen; er würde wirklich dringend gebraucht. Darauf vernahm er eine eindringliche Stimme, die eindeutig nicht aus seinem Inneren, sondern von außen kam und fragte: «Würdest du mir folgen?»

Christus als Individuationsfigur, die den Tod, den Abstieg in die Hölle und die Auferstehung erfahren hat, berief nun, als Inbegriff der Ganzheit und des spirituellen Bewußtseins, diesen Mann in seine Nachfolge. Auch wenn der Mann sich Christus danach immer stärker näherte, wurde er deshalb nicht auf einmal zum wiedergeborenen Christen, der mit seiner Religiosität hausieren ging; ihm wurde vielmehr klar, was es eigentlich heißt, Christus nachzufolgen. Er begann, sich von der Fixierung auf seine persönlichen Belange, Liebhabereien und Sorgen zu lösen und die Welt aus einem sehr viel weiteren Blickwinkel zu be-

Abb. 11.1   Ich-Selbst-Achse. Monoprint.

trachten. Es war, als ob er einen erhöhten Standpunkt eingenommen hätte und nicht mehr nur sein eigenes Leben, sondern alles Leben von einer höheren Warte aus wahrnehme.

Dieser tiefgreifende Gesinnungswandel ist freilich alles andere als wohlfeil, denn um Christus oder Buddha oder dem Tao oder dem, was die Jungianer als «Selbst» bezeichnen, zu folgen, muß das Ich in fortwährender Verbindung mit einer archetypischen, Ordnung schaffenden Energie stehen, die die Person auf ihrem Weg zur Ganzheit und Bewußtheit voranbringt. Eine Analysandin stellte in einem Bild dar, wie sie die Beziehung zwischen dem Ich und dem Selbst wahrnahm *(siehe Abb. 11.1).*

Wer ein Sucher sein will, ein Alchemist – sei er nun Patient oder Therapeut –, muß deshalb in aller Demut in ständiger Beziehung zum Selbst als Quelle bleiben. Jung schreibt in seiner Schrift *Mysterium Coniunctionis* zu diesem Prozeß:

> «Das Selbst, das sich verwirklichen möchte, greift nach allen Seiten über die Ichpersönlichkeit hinaus; es ist seiner umfassenden Natur gemäß heller und dunkler als diese und stellt demgemäß das Ich vor Probleme, denen es am liebsten ausweichen möchte. Entweder versagt der moralische Mut oder die Einsicht oder beides, bis das Schicksal schließlich entscheidet. Nie mangelt es dem Ich an moralischen und rationalen Gegengründen, die man so lange nicht zur Seite schieben kann und darf, als man sich daran zu halten vermag. Nur dann nämlich kann man sich auf sicherem Weg fühlen, wenn sich die Pflichtenkollision sozusagen von selbst erledigt und man das Opfer einer Entscheidung geworden ist, welche über unseren Kopf oder über unser Herz hinweg gefällt worden ist. Darin offenbart sich die numinose Stärke des Selbst, die anders wohl kaum zu erfahren ist. *Deshalb bedeutet das Erlebnis des Selbst eine Niederlage des Ich.*» (1971, § 433)

Die Ich-Selbst-Achse, wie Edinger (1982) sie begreift, ist genauso schwer aufrechtzuerhalten wie herzustellen. Wenn die Ichgrenzen des Individuums nicht stark genug sind, kann es zum Ausbruch einer paranoiden Psychose kommen, in der die Person dem Wahn verfällt, sie selbst sei der Archetyp. Andere, deren Selbstempfinden nie angemessen ausgebildet wurde und die wiederholtem Mißbrauch ausgesetzt waren, sei es durch das Einimpfen von Schuldgefühlen oder dadurch, daß ihre primäre Bezugsperson ihre narzißtischen Allmachtsphantasien nie relativierte, werden durch die Begegnung mit dem Archetypischen inflationär. Das ist häufig bei sogenannten spirituellen Führern oder Gurus zu beobachten, die sich mit der Gottheit identifizieren und das Bedürfnis haben, sich selbst zu erhöhen, indem sie Geld, Macht oder sexuelle Eroberungen anhäufen.

Umgekehrt ist Individuen, deren Selbstempfinden eher nach unten tendiert und von Minderwertigkeitsgefühlen bestimmt ist, eine so unmittelbare Erfahrung der Verbundenheit mit dem Selbst und dem Archetypischen verwehrt.

Der Weg zu einer Beziehung zum Selbst stellt sich als eine äußerst beschwerliche Reise dar, die um so problematischer wird, wenn der begleitende Therapeut keine Verbindung zum archetypischen Tao hat. Insofern muß sich zunächst der Therapeut als Sucher begreifen, denn erst wenn der Therapeut/Alchemist in Beziehung zur Quelle, zum Selbst, als maßgebendem Archetyp der Ganzheit steht, läßt sich im Rahmen der Therapie jener heilige Raum oder *temenos* schaffen, der so wichtig für die innere Entwicklung des Patienten ist. Daß der Therapeut dabei aus einer überpersönlichen Perspektive heraus arbeitet, bedeutet, daß er aus dem Bewußten und Unbewußten des Patienten nicht nur persönliches Material empfängt, sondern sich zugleich als Medium des Archetypischen versteht.

Wenn das Archetypische in Patienten mit angemessen ausgebildetem Ich geweckt wird, steigen universale Themen, Bilder und Bewegungen in ihrem Inneren auf und zwingen sie zu Transformation und Ganzwerdung. Die archetypische Energie überwindet die archaischen Widerstände im Patienten und macht ihn frei, in seinem Individuationsprozeß voranzuschreiten. Die Hingabe an die Suche erfordert allerdings totale Bewußtheit – beim Therapeuten wie beim Patienten.

Ein Patient pflegte mit einer knabenhaften, übersprudelnden Energie in die Sitzungen zu kommen. Ich reagierte darauf, indem ich im Geist aus meinem Rückgrat eine Wurzel tief in den Mittelpunkt der Erde hineinwachsen ließ. Durch meine stille, zentrierte Ruhe führte ich ihn zurück auf seinen Weg im imaginativen

Raum. In seinem letzten Traum besuchte er Georgia O'Keefes Haus im Südwesten der USA. Schließlich kam er an einen Fluß und ging langsam in einer Schar anderer Menschen an seinem Ufer entlang. O'Keefe war für diesen Mann der Inbegriff androgyner, in sich ruhender Kraft und Anmut. Ich forderte ihn auf, sich wieder in den Traum zu versetzen und weiter an dem Flußufer entlangzugehen. Stille senkte sich über den Raum. «Es sind Pilger», sagte er plötzlich. «Wir sind auf dem Weg zur Quelle.» Er verharrte den Rest der Stunde schweigend bei dieser Pilgerfahrt und machte nur am Schluß eine nachdenkliche Bemerkung. «Es ist komisch», sagte er, «man braucht überhaupt nichts dafür tun, um hierzusein, aber es ist eine Menge Anstrengung nötig, um herzukommen.»

An diesem Ort zu sein heißt, im Stand der Gnade zu sein. Die überpersönliche göttliche Energie umgibt und durchdringt diese Menschen nicht nur, sie schenkt ihnen auch den Zugang zu ewigem Wissen. Mit diesem Wissen geht ein demütiges Gefühl der Verantwortung für den Planeten Erde und das Universum einher. Manche dieser Menschen nutzen ihre Fähigkeit als Heiler. Andere arbeiten für das Überleben der Erde. Wieder andere kehren in ihr bisheriges Leben zurück und strahlen in aller Stille einfühlendes Verständnis und Wahrhaftigkeit aus. Ein Beispiel dafür ist ein Mann, der in der High-Tech-Branche arbeitet. Eines Tages kamen seine Kollegen auf ihn zu und schlugen ihn als Vorgesetzten vor. «Wir vertrauen Ihnen», sagten sie. «Sie haben etwas an sich, wir wissen auch nicht genau, was, aber da ist etwas an Ihnen...»

Teil III

Das Hohelied

Kapitel 12

Nachwort

In den Liebesgedichten des *Hohenliedes* sind Persönliches und Archetypisches unauflöslich miteinander verwoben, und eines unterstützt und nährt das andere. So verhält es sich auch mit den Menschen, die den Prozeß der Individuation durchlaufen haben und in einer Ich-Du-Beziehung zum Göttlichen stehen. An ihnen wird sichtbar, daß es möglich ist, zugleich instinktbezogen-menschlich und spirituell-bewußt zu sein, das heißt, mit beiden Beinen fest auf der Erde zu stehen, die Arme ausgestreckt nach dem Ewigen.

Einer meiner Patienten war in der Tiefenarbeit so weit gekommen, daß er in die tiefsten persönlichen Schichten seines imaginativen Raums hinabtauchen konnte. Dort sah er mit den Augen seines inneren Kindes tapfer zu, wie sein Elternhaus in einem notwendigen Transformationsprozeß in Flammen aufging. Davor hatte er die bösen Eltern getötet und sich so von den subtilen, aber zerstörerischen Schrecken seiner Kindheit freigemacht. Wir waren beide innerlich bewegt von dem dramatischen Geschehen. In der folgenden Woche erzählte der Mann, daß er zu einem aggressiver-spielerischen Umgang mit seiner Frau gefunden habe und sich offener, spontaner und lebendiger fühle. In dieser Stunde drang er sogar noch tiefer in sein Inneres vor. Er berichtete von der spirituellen Suche seiner Collegejahre und von seiner intensiven Beschäftigung mit verschiedenen Religionen. Er sagte: «Ich mußte mit der Zeit alles religiös Institutionalisierte, alles Liturgische über Bord werfen. Und mir wurde bewußt, daß mein Intellekt als Erkenntnisinstrument nicht taugt. Übriggeblieben ist nur eins, das aber ist mir dafür um so wichtiger – das Erleben dessen, was da ausgesagt wird. Solange ich etwas nicht erlebt habe, ist es wertlos für mich.» Dann sprach er von einer Zeit des Übergangs in seinem Leben, in der nichts selbstverständlich war und alles möglich. Ich glaube, er befand sich damals in jenem Stand der Gnade, in dem das persönliche Ich aufgegeben wird zugunsten des Selbst, des inneren Buddha oder Christi, der das Individuum zur Ganzheit hinführt. Ohne daß wir es aussprachen, wußten wir beide, daß er nun dabei war, sich wieder mit diesem göttlichen Zustand zu verbinden.

Um dem Pfad der Transformation zu folgen, müssen Patient und Therapeut in Beziehung zu der Quelle stehen, die Weisheit schenkt. Das ist ganz sicherlich nicht der rationale Bereich, und ebensowenig hat es mit dem Verständnis irgendwelcher Vorstellungen zu tun, seien sie nun spiritueller oder wissenschaftlicher Natur. Jung gebrauchte in diesem Zusammenhang die Metapher des Alchemisten als Sucher und des alchemistischen Prozesses als Sinnbild des persönlichen Weges zu Ganzheit und spirituellem Bewußtsein:

«Es ist nämlich durchaus zweifelhaft, ob der Verstand in letzter Linie das geeignete Instrument dafür ist oder nicht. Nicht vergebens bezeichnet sich die Alchemie als ‹Kunst›, im richtigen Gefühl, daß es sich um Gestaltungsvorgänge handelt, die nur im Erleben wirklich erfaßt, intellektuell aber nur bezeichnet werden können. Die Alchemisten selber sagten: ‹Rumpite libros, ne corda vestra rumpantur› [Zerreißt die Bücher, damit euere Herzen nicht zerbrochen werden], obschon sie anderseits gerade auf dem Studium der Bücher insistierten. Es ist wohl eher das Erlebnis, welches in die Nähe des Verstehens führt.» (1972, § 564)

Ich hoffe, daß dieses Buch nicht einfach nur als eine Art Informationssammlung dient, sondern Ihren liminalen Raum aktiviert, den schöpferischen Prozeß in Ihnen, der zu Ihrer Heilung und vielleicht auch zur Transformation anderer beizutragen vermag.

Wenn ich von den Entwicklungswegen anderer Menschen berichtet habe, so tat ich es in der Hoffnung, daß diese Fallgeschichten – ähnlich wie die Mythen und Märchen – eine Hilfe sein können, die Verbindung zur universalen Seite der menschlichen Entwicklungsreise und zum schöpferischen imaginativen Raum herzustellen.

«Das Unbewußte liegt im Körper», behauptete Jung, und da es das Unbewußte ist, das den Patienten und den Therapeuten leitet, muß der Weg zur Bewußtheit in der Körpererfahrung gesucht und ausgedrückt werden. Wandlung kann nicht einfach durch das «therapeutische Gespräch» über Ereignisse und Gefühle stattfinden, mögen diese von außen oder von innen kommen. Nach Campbell (1988) wird der transzendente Akt nicht durch Worte erfahrbar, sondern vielmehr durch die Reise selbst. Aus diesem Grund hatte ich auch nie den Wunsch, mich als «Analytikerin» zu sehen, da der Begriff «Analyse» dem, was bei meiner therapeutischen Arbeit geschieht, geradezu antithetisch entgegensteht.

Der Patient oder die Gruppe nimmt durch Körpererfahrung im imaginativen Raum am fortschreitenden Prozeß der Individuation teil, während ich diesen Erlebnisprozeß fördere, soweit ich kann. Niemals töte ich ihn ab. Mit Abtöten meine ich so schreckliche Dinge, wie über die Erfahrung des Patienten im Umgang mit den künstlerischen Ausdrucksmitteln zu reden, das Erlebnis zu sezieren oder zu interpretieren.

Ein solches Vorgehen halte ich nur in einem einzigen Fall für gerechtfertigt, dann nämlich, wenn der Patient ein schwaches oder abwesendes Ich oder schwache Ichgrenzen hat und ein «Austrocknen» der Wellen des flüssigen Unbewußten notwendig ist. Das kommt in meiner Arbeit allerdings äußerst selten vor, da meine Patienten im großen und ganzen genügend Ichstärke mitbringen, um sich auf die Tiefenarbeit einzulassen.

Meine psychotherapeutischen Verfahren sind einfach. Meiner Ansicht nach ist eine Technik um so einschränkender, je komplizierter sie ist. Je einschränkender sie aber ist, um so eher versucht sie, den ganzheitlichen Ausdruck des Imaginativen und seine transformierende Kraft zu kontrollieren und/oder zu beschneiden. Ich arbeite mit authentischer und improvisierter Bewegung, mit Klängen, psychodramatischen Elementen, mit dem Durchspielen von Träumen und anderen künstlerischen Ausdrucksformen im Übergangsraum, mit der Wiederdarstellung früherer Erfahrungen und der Neugestaltung dessen, was Heilung bringt und die normale Entwicklung fördert. Dabei beziehe ich nicht nur den äußeren Ausdruck des Imaginativen ein, sondern auch Reisen innerhalb des liminalen Raums in das Körperinnere, in seine Gewebe und Organe. Diese Techniken kommen nicht nur meinen Patienten, sondern auch mir selbst entgegen, da ich überzeugt bin, daß das Unbewußte des Patienten auch auf meinen Körper übergreifen und ihn lenken kann, sei es nun, daß ich mich äußerlich spiegelnd zu ihm bewege oder mit somatischer Gegenübertragung arbeite.

Auf diese Weise wird der imaginative Raum zwischen mir und dem anderen konstelliert. In diesem intermediären Raum sind wir beide Mitspieler in dem Drama, das sich zwischen Unbewußtem und Unbewußtem entspinnt und in den Heilungsprozeß mündet (Lewis Bernstein 1985). Der Therapeut kann in die aktive Imagination des Patienten eingreifen, indem er persönliche und archetypische Elemente daraus personifiziert und Gestalten, die in den Bildern, im Sandspiel, in schriftlichen Zeugnissen oder in den Träumen des Patienten auftauchen, verkörpert. Durch das Darstellen übertragener elterlicher Komplexe oder abgespaltener Aspekte der Psyche des Individuums wird dieses in die Lage versetzt, sich mit den transformierten Teilen auseinanderzusetzen und sie schließlich wieder zu internalisieren.

Wenn der Therapeut in Beziehung zum Archetypischen steht, kann überpersönliche Weisheit und Ganzheit in und durch seinen Körper strömen und in das alchemistische Gefäß der Therapie fließen. Der Patient erhält so die Möglichkeit, seinerseits in Kontakt mit der Weisheit spirituellen Bewußtseins zu treten. Damit Wandlung geschehen kann, müssen das persönliche und das archetypische Unbewußte einen körperlichen Ausdruck finden. Der Tanz zwischen dem Persönlichen und dem Archetypischen ist der große *Pas de deux* im Leben jedes Menschen, der auf dem Weg zur Bewußtheit ist.

Beide Schichten, das Persönliche und das Archetypische, übernehmen dabei wichtige Funktionen füreinander. Das persönliche Unbewußte ermöglicht es, den universalen Themen, die aus dem Archetypischen aufsteigen, eine individuelle Gestalt zu geben. Der Mensch braucht, zumindest in jüngeren und mittleren Jahren, eine solche persönliche Schicht seines Unbewußten, und zwar nicht nur zur Bildung seiner Persönlichkeit, sondern auch als Puffer gegen die ehrfurchtgebietende Macht des Unbewußten. Ein Fehlen des persönlichen Unbewußten ist bei manchen Psychotikern, bei autistischen Kindern und bei Menschen zu beobachten, die während der ersten Lebensmonate eine unzulängliche Bemutterung erfuhren und deren Psyche deshalb in bestimmten Bereichen Defizite aufweist.

Die Schicht des Archetypischen wiederum ist notwendig, um die rigiden archaischen Schichten des persönlichen Unbewußten eines Menschen zu durchstoßen, zu lockern, niederzubrennen oder auf andere Weise umzugestalten. So können alles beherrschende Komplexe einer Person wie der «innere Richter» oder der «Mißbraucher» oder die internalisierte erstickende oder im Stich lassende Mutter transformiert, eingeschliffene emotionale Muster der Kindheit können abgeschält und neue, angepaßtere entwickelt werden. Wo es keinen Zugang zum Archetypischen gibt, ist keine Wandlung möglich. Das ist bei Menschen der Fall, die sich davor scheuen, sich auf das innere Mysterium des Lebens einzulassen. Diese Menschen nehmen häufig alles sehr wörtlich und halten die empirische Realität für die einzig existierende. Mythos, Metapher und Intuition haben in ihren Augen keinen Wert. Die innere Verarmung, unter der sie leiden, verdrängen sie häufig durch Sucht oder die Anhäufung materieller Güter.

Im intermediären Raum der Imagination liegt die Möglichkeit zu Heilung und Transformation. Im Gefäß des künstlerischen Ausdrucksmittels, ihres eigenen Körpers, des Körpers des

Therapeuten beim Einsatz der somatischen Gegenübertragung, durch das bipersonale Feld zwischen Patient und Therapeut und durch die Arbeit in der Gruppe gelangen Menschen vom Chaos zur Klarheit und von der Klarheit zur Wandlung, indem sie ihre Objektbeziehungen und ihre persönliche Heldenreise dramatisch gestalten. Indem Männer und Frauen machtvolle Komplexe bekämpfen und unterwerfen und ihre Instinkte zähmen und integrieren, schaffen sie mehr psychischen Raum für ihr Ich/Selbst. Und wenn sie in die Tiefe hinabsteigen und zulassen, daß ihre alten Prinzipien und Muster sterben, tun sie einen weiteren Schritt auf dem Weg zu einer Beziehung zum Selbst – dem Archetyp der Ganzheit, der durch sein Wissen zum Führer eines jeden Menschen zu seiner ganz eigenen, einzigartigen Wahrheit wird.

An diesem Punkt kann in der ewigen *circulatio* des Großen Rades eine neue Drehung beginnen. Mit jedem tieferen Abstieg werden weitere Teile des Selbst integriert, wobei das erweiterte Selbst alles mit einem goldenen Glanz überzieht. Wenn es genügend Ganzheit erlangt hat, kann das Ich/Selbst in eine dauernde Beziehung zum Göttlichen treten. Und es kann zum Tao der Erde in ihrem Kampf ums Überleben beitragen und zum Tao des Universums durch die Erfahrung der Einfachheit seiner Wahrheiten.

Bibliographie

Bell, J. 1984. Family therapy in motion: observing, assessing and changing the family dance. In: *Theoretical Approaches in Dance-Movement Therapy,* Bd. 2, hrsg. von P. Lewis. Dubuque, Iowa: Kendall/Hunt.

Brownell, A. und Lewis, P. 1990. The use of the KMP in vocal assessment. In: *The Kestenberg Movement Profile: Its Past, Present, and Future Applications,* hrsg. von P. Lewis und S. Loman. Keene, N. H.: Antioch University.

Budge, E. A. 1969. *The Gods of the Egyptians.* New York: Dover.

Campbell, J. 1989. *Die Kraft der Mythen: Bilder der Seele im Leben des Menschen.* Zürich: Artemis.

Edinger, E. F. 1978. Psychotherapy and alchemy I and II. *Quadrant* 11, 1:5–38.

– ders. 1980. Psychotherapy and alchemy V. *Quadrant* 13,1:57–75.

– ders. 1981. Psychotherapy and alchemy VI. *Quadrant* 14, 1:23–45.

– ders. 1982. *Ego and Archetype.* New York: Penguin Books.

Erikson, E. H. 1979. *Kindheit und Gesellschaft.* Stuttgart: Klett-Cotta.

Fairbairn, R. 1976. *Psychoanalytic Studies of the Personality: The Object Relation Theory of Personality.* London: Kegan Paul.

Franz, M.-L. von. 1986. *Psychologische Märcheninterpretation.* München: Droemersche Verlagsanstalt Th. Knaur Nachf.

– dies. 1982. *Individuation in Fairytales.* Dallas: Spring.

Freud, A. 1971. *Wege und Irrwege in der Kinderentwicklung.* München: Gemeinschaftsverlag Hans Huber, Bern und Ernst Klett.

Greenson, R. R. 1975 *Technik und Praxis der Psychoanalyse.* Bd. 1., Stuttgart: Klett.

Grotstein, J. 1981. *Splitting and Projective Identification.* New York: Jason Aronson.

Hall, N. 1980. *The Moon and the Virgin: Reflections on the Archetypal Feminine*. New York: Harper and Row.
Hamilton, E. 1969. *Mythology*. New York: New American Library.
Harding, E. 1947. *Psychic Energy*. Princeton, N. J.: Princeton University Press.
– dies. 1979. *Frauen-Mysterien*. Zürich: Rascher.
Johnson, D. R. 1982. Developmental approaches in drama therapy. *The Arts in Psychotherapy* 9:1971–181.
Jung, C. G. 1971. *Mysterium Coniunctionis*. GW 14/I–III. Olten: Walter.
– ders. 1971 a. Die Psychologie der Übertragung. In *GW 16:* 167–319. Olten: Walter.
– ders. 1972. *Psychologie und Alchemie*. GW 12. Olten: Walter.
– ders. 1985. Die Lebenswende. In *GW 8:* 427–442. Olten: Walter.
Jung, C. G. u. a. 1968. *Der Mensch und seine Symbole*. Olten: Walter.
Kestenberg, J. und Buelte, A. 1956. On the development of maternal feelings in early childhood. In: *The Psychoanalytic Study of the Child*. New York: International Universities Press, S. 275–291.
– ders. 1977. Prevention, infant therapy, and the treatment of adults. *International Journal of Psychoanalytic Psychotherapy* 6:339–396.
Kestenberg, J. und Sossin, M. 1979. *The Role of Movement Patterns Development II*. New York: Dance Notation Bureau.
Klein, M. 1997 ff. *Gesammelte Schriften*, hrsg. von Cycon, R. Stuttgart: Frommann-Holzboog.
Kohut, H. 1971. *Narzißmus*. Frankfurt/M: Suhrkamp.
Kohut, H. und Wolf, E. 1978. The disorders of the self and their treatment: An outline. *International Journal of Psychoanalysis* 59:413–425.
Leonard, L. S. 1988. *Töchter und Väter: Heilung und Chancen einer verletzten Beziehung*. München: Kösel.
Lewis Bernstein, P. 1980. The union of the gestalt concept of experiment and Jungian active imagination. *The Gestalt Journal* 3:2,36–45.
– ders. 1982. Authentic movement as active imagination. In: *The Compendium of Psychotherapeutic Techniques*. Hrsg. von J. Harriman. Springfield, Ill.: Charles C. Thomas.
– ders. 1985. Embodied transformational images in movement therapy. *Journal of Mental Imagery* 9,4:1–8.
Lewis Bernstein, P. und Bernstein, L. 1973–1974. A conceptualization

of group dance movement therapy as a ritual process. *Writings on Body Movement and Communication* 3:120–133. Columbia: American Dance Therapy Association.

Lewis Bernstein, P. und Hall, L. 1977. Cross-cultural puberty rituals and Jungian dance therapy: A comparative study. International Dance Movement Therapy Conference, Toronto.

Lewis Bernstein, P. und Singer, D., Hrsg. 1983. *The Choreography of Object Relations*. Keene, N. H.: Antioch University.

Lewis, P. 1981. Moon goddess, medium, and earth mother: A phenomenological study of the guiding archetypes of the dance movement therapist. In: *Research as Creative Process*. Columbia: American Dance Therapy Association.

– dies. 1984. *Theoretical Approaches in Dance-Movement Therapy*. Bd. 2. Dubuque, Iowa: Kendall/Hunt.

– dies. 1985. Myths of alchemical transformation in the development of ego consciousness in art, movement, and drama therapy. National coalition of Arts Therapy Associations, Joint Conference on the Creative Arts Therapies, New York.

– dies. 1986. *Theoretical Approaches in Dance-Movement Therapy*, Bd. 1. Überarbeitete Auflage, Dubuque, Iowa: Kendall/Hunt.

– dies. 1987. The expressive arts therapies in the choreography of object relations. *The Arts in Psychotherapy Journal* 14:312–331.

– dies. 1988. The transformative process in the imaginal realm. *The Arts in Psychotherapy Journal* 15:309–316.

– dies. 1990. Recovery from codependency through the creative arts therapy. Washington, D. C.: National Coalition of Arts Therapy Associations.

– dies. In Vorbereitung. A Jungian object relations developmental approach in drama therapy. In: *Drama Therapy*, hrsg. von E. Irwin. New York: Brunner/Mazel.

Lewis, P. und Loman, S., Hrsg. 1990. *The Kestenberg Movement Profile: its Past, Present Applications and Future Directions*. Keene, N. H.: Antioch University.

Mahler, M. S. 1972. *Symbiose und Individuation*. Bd. 1: Psychose im frühen Kindesalter. Stuttgart: Klett.

Mahler, M. und McDevitt, J. 1982. Thoughts on the emergence of the self with particular emphasis on the body self. *Journal of the American Psychoanalytic Association* 30,4.

Masterson, J. F. 1980. *Psychotherapie bei Borderline-Patienten.* Stuttgart: Klett-Cotta.
Melody, P. und Miller, A. W. 1989. *Recovery from Codependency.* San Francisco: Harper and Row.
Miller, J. B. 1984. *The development of a woman's sense of self.* Wellesley, Mass.: Stone Center.
Monick, E. 1987. *Phallos: Sacred Image of the Masculine.* Toronto: Inner City Books.
Neuman, E. 1949. *Ursprungsgeschichte des Bewußtseins.* Zürich: Rascher.
– ders. 1963. *Das Kind.* Zürich: Rhein.
Perera, S. B. 1990. *Der Weg zur Göttin der Tiefe.* Interlaken: Ansata.
Racker, H. 1978. *Übertragung und Gegenübertragung: Studien zur psychoanalytischen Technik.* München: Reinhard.
Ranke-Graves, R. von. 1960. *Griechische Mythologie.* Reinbek: Rowohlt Tb.
Schwartz-Salant, N. 1982. *Narcissm and Character Transformation.* Toronto: Inner City Books.
– ders. 1983–1984. Transference and Countertransference. C. G. Jung Institute of New York.
Searles, H. 1981. *Countertransference and Related Subjects.* New York: International Universities Press.
Stein, M. 1984. Power, shamanism, and maieutics in the countertransference. In: *Transference/Countertransference,* hrsg. von N. Schwartz-Salant und M. Stein. Wilmette, Ill.: Chiron Publications.
Stern, D. 1992. *Die Lebenserfahrung des Säuglings.* Stuttgart: Klett-Cotta.
Surrey, J. L. 1985. Self-in-relation: A theory of woman's development. Wellesley, Mass.: Stone Center.
Testani, D. 1990. *Hell!* M. A. diss. Lesley College, Cambridge, Mass.
Turner, V. 1989. *Das Ritual: Struktur und Anti-Struktur.* Frankfurt/M.: Campus.
Whitmont, Edward C. 1989. Die *Rückkehr der Göttin. Von der Kraft des Weiblichen in Individuum und Gesellschaft.* München: Kösel.
Winnicott, D. W. 1979. *Vom Spiel zur Kreativität.* Stuttgart: Klett-Cotta.

Wyly, J. 1989. *The Phallic Quest*. Toronto: Inner City Books.
Zabriskie, B. 1985. Egyptian mythology. C. G. Jung Institute of New York.
Zwerling, I. 1979. The creative arts therapies as real therapies. In: *Hospital and Community Psychiatry*.

Register

Abstieg 6, 118, 239, 241, 244, 247, 250, 257f., 261, 274
Adam 122, 172, 257
Adoleszenz 198f., 204, 215ff.,
Alchemie 73, 75, 81, 118, 132, 245, 270
Amazone 197, 223, 231
Amor 176, 229, 231
Anima 36, 41, 119, 167, 175f., 179, 181, 187, 193, 197, 201, 204, 217, 223, 225ff., 229, 231ff., 237f.
Animus 41, 119, 165, 175, 196f., 201, 204, 208, 213ff., 217, 220, 223, 228, 231, 238
Anorexie 107
Aphrodite 176, 229
Apoll 197, 227
archetypische Bewegung 71, 254f., 257
archetypisches Bild 75, 103, 178
Aristoteles 186
Artemis 221
Artus 248
Artussage 177
Atem 43, 72, 113, 165, 251, 254
Athene 197, 221, 223, 227f.

Aufstieg 250, 253, 258
authentische Bewegung 26, 28, 30, 36, 44, 48, 54, 77, 81, 117, 134, 136, 142ff., 147, 154, 161, 170, 179, 189f., 205, 207, 227, 241, 245f., 248
Autonomie 54, 58, 65, 71, 101, 121ff

Bat Mizwa 201
beißen 109, 125
Bewußtsein 10, 20, 26, 39, 44, 51, 74, 77, 99, 104f., 108, 114, 141, 143, 145, 149ff., 169, 171f., 195, 208, 214f., 217, 222, 228, 231, 247, 250, 261, 270, 272
Bezugsperson 15, 47, 54, 84f., 99, 101, 117, 120, 128f., 136, 139, 146, 149f., 198, 263
Bildgedicht 157
Bildhauerei 15, 46
Bloßsteller 103, 105
Bly, R. 213, 220
Brownell, A. 72, 142
Buddha 24, 262, 270
Budge, E. 76, 165f.

calcinatio 132 ff., 146
Campbell, J. 220, 271
chthonische Phase 151, 163
Circe 167
circulatio 274
coagulatio 103
coniunctio 81, 119, 232, 238, 253
Cupido 176, 197

Danae 247
Demeter 197, 206, 257
Die Kleine Meerjungfrau 181
Die Schöne und das Biest 44, 187
Differenzierung 58, 79, 101, 103, 106, 109 ff., 115, 120, 141, 149
Dionysos 36, 170 f., 205, 240 f., 256
Drache 59, 177, 179, 189, 191, 193, 224 f.
Dracula 249
Dramatherapie 248
Drogenabhängigkeit 123
duale Einheit 85
dysfunktionale Familie 22, 150, 152, 199

Edinger, E. 73, 133, 245, 253, 255, 263
Eisenhans 213 f.
Eleusinische Mysterien 257
enaktive Kognition 47
Engel 190, 237
Ereschkigal 206
Erikson, E. 65, 153
Eros 17, 30, 176, 197, 229

Eßsucht 123
Eucharistie 240
Europa 247
Eurynome 77
Eva 80, 122, 172, 257

Fairbairn, R. 66
Familienskript 147
Familientherapie 22, 137
Fegefeuer 132
Fingerfarben 54, 58, 120
Firmung 201
freie Assoziation 153 f.
Freud, A. 54, 65, 88
Fruchtbarkeitsgöttin 172, 174
Furcht 30 f., 39, 105, 108, 136, 177, 212, 248

Geb 232
Geburtshelferin 79
Gegenübertragung, persönliche 30
–, somatische 18, 21, 33 f., 46, 71, 81, 90, 95, 100, 114, 127, 161, 187, 226, 232, 239, 248, 255, 272, 274
Geist 19, 26, 30, 73, 78, 81, 148, 153, 179, 204, 212, 228, 240, 245, 251, 253, 255, 258, 264
Genesis 75 f.
Geschlechtsrollenidentifizierung 59
Gethsemane 241
Gnosis 226
Grenzen 28, 34, 38, 51, 72, 89, 95, 104 f., 109, 111 f., 116, 117, 121, 124, 140 ff., 146,

149 ff., 153 ff., 182, 194 f., 212, 217
Grollen, das 28, 58, 186
Große Mutter 19, 68, 76, 127, 130, 163
Großer Vater 247
Grotstein, J. 90
Gruppentherapie 136

Hades 206
Hänsel und Gretel 152
Harding, E. 66, 207, 220, 253
Hathor 92, 205
heilige Margarete von Antiochia 189
Heiliger Geist 247, 258
heiliger Georg 177
Herakles 208
Hermaphrodit 119
Hermes 167 f., 197, 255
Hetäre 231
Hexe 109, 146, 163, 167, 178, 181, 224 f., 248
Himmel 77, 92, 113, 118, 148, 161, 166, 191, 227, 233, 251, 255, 258
Hirsch 259 f.
Hölle 45, 126, 233, 247 f., 250, 256 ff., 261
homosexuell 216, 233
Hydra 181

I Ging 244
Ich 11, 18, 31 ff., 35 f, 40, 49 f., 52, 58, 68, 73, 78, 80, 84, 101, 103, 105 f., 108, 114, 117, 119, 132, 136, 140, 153, 156, 161, 175, 177, 179 f., 185, 194 f, 197, 215, 219 f., 223, 226, 229, 231 f., 253, 257 f., 263 f., 270 f., 274
Ich- und Hautgrenzen 103
Ich-Selbst-Achse 261, 263
Ikarus 161, 244
imaginativer Raum 10, 13, 15 ff., 29, 34, 43, 46, 69 ff., 75, 92, 116, 126, 132, 147, 150, 152, 165, 180, 183, 185, 194, 214, 253, 265, 269, 271 f
Improvisationsdrama 248
improvisierte Bewegung 272
Inanna 197, 206
Initiation 19, 204 f., 212, 218
Initiative 151 ff.
inneres Kind 49, 53, 70 f., 96, 115, 125, 157, 174
intermediärer Raum 19, 35, 41, 69, 272 f.
internalisiertes Objekt 52, 66 f., 151
interozeptives Zentrum 101
Inzest 199
Io 247
Irwin, E. 57
Ischtar 197
Isis 92, 197, 232, 256
Isolation 16, 117, 141, 179
Isolierung 117, 200

Jahwe 122, 172, 248
Johnson, D. 47
Jung, C. G. 11, 16, 29, 66, 69, 71, 81 f., 96, 118, 161, 175,

200, 228, 238, 245, 250f.,
  257, 263, 270f.

Kain 232
Kali 103
Kauen 58, 109, 125
Kestenberg, J. 86ff., 97, 111,
  171
Kinesphäre 141
kinetische Familienskizze
  167
Klein, M. 66
Koabhängigkeit 104, 226
König 79, 177, 221, 228
Körper 251f., 257, 271ff.
Körperbild 20, 101, 114
Körperpanzer 128
Kohut, H. 120, 130
Kojote 221
Komplex 50, 104f., 109, 114f.,
  175, 180, 184, 272ff.
Komposition 15, 46
Krieger 181, 210
Kriegerin 158, 223, 227
künstlerische Ausdrucksmittel
  46f., 53, 65, 69f., 75, 121,
  154, 194, 271, 273
Kundalini 247

Labyrinth 243f.
lapis philosophorum 255
Latenz 60, 175, 198, 200
Leda 247
Leonard, L. 222
lesbisch 216
Liebessucht 105
Liebhaber 197, 220
Lilith 172

liminaler Raum 18, 115, 270,
  272
Liminalität 19
Logos 17, 226
Luna 17, 118, 228, 237, 245,
  251, 253
lunar-zyklische Phase 204

Macht und Kontrolle 54f., 58,
  121
Mänaden 240
Märchen 15, 21, 44, 47, 66, 70,
  108, 118, 152, 165, 177,
  187, 206, 213, 271
magisch-kriegerische Phase
  175f., 181, 183, 185, 198
magisch-schöpferische Phase
  175, 187, 193, 198, 231
Mahler, M. 32, 34, 66, 85, 87,
  95, 101, 152
Malen 36, 54, 81, 200
Maria 93, 258
Mars 36
Masterson, J. 132, 151
Medusa 45, 189ff.
Melody, P. 151f.
Merkur 167, 197
Miller, J. 16, 124, 151ff.
Milton, J. 76
Minotaurus 208, 211
Mißbrauch 37, 96, 99, 144f.,
  149f., 156, 200, 217, 222,
  263
Mißbraucher, innerer 125, 138,
  145, 217
Monick, E. 213
mortificatio 245f
mundificatio 118

mundus imaginalis 16, 163
Muse 178, 191
Mutter Erde 149, 171, 178
Mutter Kirche 181
Mutterkomplex 67f., 98, 116, 119, 166f., 176, 180, 183f., 189, 197, 229f., 235
mysterium coniunctionis 69
Mythos 76, 113, 161, 176, 191, 206, 229, 231, 243, 273

Narziß 130
narzißtische Mutter 87, 101, 126, 176, 181, 191
Nephthys 232
Neumann, E. 66, 113, 175, 246
Nias 202
Numinose, das 19, 22, 256, 260
Nut 232

Objektkonstanz 59, 66, 151, 157, 174
Odysseus 167
O'Keefe, G. 265
Opfer 73, 104f., 130, 149, 164, 190f., 201, 204, 217, 263
opus 73, 81, 255
Orpheus 234
Osiris 170, 232, 256
Ozeaniden 169

Paartherapie 24, 114, 171, 224
Pan 169f.
Paradies 84, 122f.
paranoide Psychose 263

participation mystique 101
Pegasus 45, 191
Perera, S. B. 204, 227
Persephone 206, 256f.
Persona 147
Phallus 176, 178, 184, 212ff., 232
Poseidon 189
prima materia 81, 97, 248, 256
primäres Objekt 84
Psyche 16, 36, 41f., 55, 103, 161, 167, 175f., 189, 196, 214, 220, 229, 231, 252, 272f.
psychische Energie 33, 50, 68, 80, 86, 90f., 104, 106, 124, 134, 140, 150, 155, 180
Psychodrama 52, 56, 70, 81, 145, 161, 194
Psychose 10
Pubertät 198f., 202, 204, 206, 212, 216
puella aeterna 161
puer aeternus 161, 197
Puppen 164

Ra 165f.
Racker, H. 35
Rangi 103
Rapunzel 109, 152, 225
Ratte 190, 248
Requisiten 56, 134, 194
Rhythmus, genitaler 86, 90
–, innergenitaler 171
–, oral-aggressiver 58
Ritter 177f.
Ritual 66, 170, 203, 210, 253

Rosarium philosophorum 96, 118, 228
Rubin, J. 57

Sandspiel 24f., 46, 49, 54ff., 59f., 70, 76, 79, 81, 120, 137, 142, 165, 170, 185f., 190, 198, 237, 245f., 272
Satan 248
Scham 58, 139, 147, 152, 174
Schatten 16, 36, 40, 50, 130, 161, 165, 206, 219f., 243, 248
Schlange 79ff., 96, 180, 189, 214, 257
Schneewittchen 108
Schöpfergott 184
Schuld 127, 139, 152
Schulphobie 22f.
Schwartz-Salant, N. 21, 30f., 34, 129
Schwert 181, 248
Searles, H. 35
Seele 11, 99, 108, 119, 123, 148, 157, 194, 226, 228, 237, 245f., 251, 253, 255, 257f.
Sekhmet 165, 185
Selbst 10, 16, 20f., 26, 31ff., 38ff., 43, 46, 50f., 53, 58, 61, 68, 73, 75, 84, 86f., 91ff., 95, 99f., 102, 105, 107ff., 115ff., 119, 122, 124f., 127, 129ff., 137, 143, 145f., 150ff., 154ff., 159, 162, 171, 179, 191, 193, 197, 200f., 215, 219, 223, 228, 231, 251f., 256ff., 261, 263f., 270, 274
Selbstdarstellung 58, 121
Selbstsicherheit 20, 23, 28, 35f., 58f., 71, 108, 124, 145
Selbstwertgefühl 104, 121, 153
separatio 118
serpens mercurialis 96
Seth 232
Sexsucht 125
Sexualität 35, 125, 169ff., 176, 194, 201, 205, 213, 216
sexuelle Vorlieben 216
Shu 113
Sirenen 167
Sol 118, 228, 245, 251, 253
solutio 228
Sophia 197
Sossin, M. 86, 88, 111, 171
spiegeln 39, 131, 193
Stand der Gnade 261, 265, 270
Star Wars 183
Stein, M. 21, 85
Stern, D. 49, 97
sublimatio 103, 253, 258
Sucher 73, 81, 223, 263f., 270
Sucht 123f., 185, 216, 226, 273
Surrey, J. 16, 124
Symbiose 85, 100, 116, 136
Synchronizität 245

Tai Chi 244
Tanz 13, 15, 20, 46, 89, 92, 123, 142, 170, 183, 202, 205, 207, 255ff., 273
temenos 16, 20, 134, 215, 264
theriomorph 168

Theseus 197, 208, 211
Tod 225, 228, 239 ff., 243 ff., 247, 256 f., 261
Ton 20, 54 f., 58, 89, 93, 97, 121
Träume 15 f., 71, 91, 102, 133, 154, 163, 166, 178, 195, 210, 214, 244, 258
Transformationsprozeß 13, 47, 69, 186, 228, 269
Turner, V. 19, 202

Übergangsobjekte 157
Übergangsriten 15, 17, 44, 57, 198, 200 ff., 206, 218
Übertragung 29, 40 f., 87, 97, 110, 136, 167 f., 177, 187, 235, 238, 251
Übung 58, 120, 149
Ulanov, A. 229
Ungeheuer 30, 42 f., 59, 114, 177, 189, 208, 212
Uräus-Schlange 79, 186
uroborisch-pleromisches Paradies 58
Uroboros 81 f.

vagina dentata 182
Vater 37 f., 84, 99, 131, 134, 137, 142 ff., 164, 181, 186 f., 193 ff., 200, 208, 210 ff., 216, 220 f., 232, 241, 246 f., 256
Vatergott 185

Verlassenheitsangst 132, 154, 191
Verlassenheitsdepression 133, 155
Verlassenwerden 91, 136
verschlingende Mutter 34, 39, 91 f., 154, 216
Verstümmelung 165, 241, 256
Vertrauen 40, 58, 65, 84, 121, 168, 200, 239

Weaver, S. 183 f.
Werwölfe 249
Whitmont, E. 170, 204, 213, 220, 240
Wiederannäherung 58, 71, 120 f., 149
Wiedergeburt 71, 132, 228, 241, 243, 250, 253, 256 ff.
wiegen 53, 59, 87 f., 90
Winnicott, D. W. 18 f., 48, 57, 66, 69, 87, 95, 101, 152
Wölfe 248, 250
Wyly, J. 213, 215

Yang 253
Yin 253

Zabriski, B. 232
Zauberer von Oz 146
Zeus 247
Zombie 163 f., 249
Zwerling, I. 49